金融数字化赋能乡村振兴

沈建光　朱太辉　张彧通◎著

中国金融出版社

责任编辑：肖　炜
责任校对：孙　蕊
责任印制：丁淮宾

图书在版编目（CIP）数据

金融数字化赋能乡村振兴/沈建光，朱太辉，张彧通著. —北京：
中国金融出版社，2022.9
ISBN 978 – 7 – 5220 – 1698 – 6

Ⅰ.①金…　Ⅱ.①沈…②朱…③张…　Ⅲ.①金融业—数字化—
应用—农村—社会主义建设—研究—中国　Ⅳ.①F320.3 – 39

中国版本图书馆 CIP 数据核字（2022）第 134336 号

金融数字化赋能乡村振兴
JINRONG SHUZIHUA FUNENG XIANGCUN ZHENXING
出版
发行　**中国金融出版社**

社址　北京市丰台区益泽路 2 号
市场开发部　（010）66024766，63805472，63439533（传真）
网 上 书 店　www.cfph.cn
　　　　　　　（010）66024766，63372837（传真）
读者服务部　（010）66070833，62568380
邮编　100071
经销　新华书店
印刷　河北松源印刷有限公司
尺寸　169 毫米 × 239 毫米
印张　17.25
字数　212 千
版次　2022 年 9 月第 1 版
印次　2022 年 9 月第 1 次印刷
定价　58.00 元
ISBN 978 – 7 – 5220 – 1698 – 6
如出现印装错误本社负责调换　联系电话（010）63263947

序　言

乡村振兴已成国家战略，金融服务是乡村振兴的重要推手，其作用表现至关重要。一直以来，农村金融都是整个金融体系发展的短板，其背后既有农村金融机构体系、产品创新和抵押担保等方面的原因，也有制度保障不健全、基础设施不完善等因素的影响。但从金融发展理论（金融体系与实体经济关系）的大框架来看，其根本原因在于金融服务供应链与农村产业供应链在"人—客户、货—产品、场—渠道"上缺乏联动，商流、物流、资金流和信息流没有得到充分的积累、挖掘和利用。随着数字化转型的快速推进，数据要素化和要素数据化将推动各行各业进入广泛链接和融合发展的新阶段，在金融数字化、产业数字化、数字乡村建设同步推进的大趋势下，农村金融发展有望迎来金融供应链与产业供应链"双链联动"的新阶段，将成为金融服务乡村振兴的重要抓手。

一、乡村振兴释放农村金融发展新空间

支持乡村振兴已成为金融机构的使命担当，对于本已发展相对滞后的农村金融而言，无疑又增加了农村金融服务的压力。但若从长期发展来看，全面乡村振兴无疑将扭转不断萎缩的农村金融市场，打开农村金融发展的"天花板"。

农村金融服务本已存在供给短板

我国农村金融服务长期面临着有效供给不足、供需缺口较大的问

题。在农村金融发展实践中，由于农户、涉农小微企业等农业经营主体长期存在着贷款主体现金流不稳定、贷款主体的信息收集难度大、财务报表不规范、抵质押物缺乏等问题，金融机构的风险防控压力大，金融服务能力和意愿均受到了极大抑制，缺乏敢服务、愿服务、能服务、会服务的长效机制。我们对全国各地农村中小银行的调研显示，超过50%的农村中小银行认为贷款主体信息收集难度大、现金流不稳定是制约农村金融业务发展的主要原因。

体现在宏观数据上，我国涉农贷款余额2021年底虽已达到43.21万亿元，但同比增速仍处于近年来的低位，占各项贷款比重更是持续下降；农村居民人均贷款获得量不足城镇居民的50%，农业的企业贷款余额占其增加值的比重、企业户均贷款获得量都显著低于工业和服务业。这背后虽有城镇化快速推进、农村产业规模相对缩小的影响（疫情前农业对GDP增长的贡献率已经回落到2019年的3.95%），但也在很大程度上反映出农村金融发展面临着重重困难。

全面乡村振兴提出更多金融需求

2021年6月，《乡村振兴促进法》正式实施，全面乡村振兴成为我国的法定战略，并明确了严格的乡村振兴落实考核机制。在金融领域，金融监管部门从组织体系、产品服务、政策支持、评价考核等多个方面，对金融机构服务乡村振兴提出了具体要求。金融机构服务好乡村振兴已经是不得不做，而且是不得不做好的事情。

一是完善机构体系，持续深化农村金融改革，健全适合农业农村特点的农村金融体系，更好地满足乡村振兴多样化金融需求。二是健全农村金融产品体系，明确将普惠金融重点放在乡村，积极发展农户信用贷款、农业保险和再保险等服务。三是强化金融服务方式创新，引导持牌金融机构通过互联网和移动终端提供普惠金融服务，促进金融科技与农村金融规范发展强化金融科技赋能乡村振兴。四是完善保障考核体系，在原有差异化存款准备金、不良贷款容忍度和财税支持政策的基础上，2021 年 6 月人民银行和银保监会联合发布《金融机构服务乡村振兴考核评估办法》，明确了金融机构服务推进乡村振兴的量化考核体系。

二、农村金融发展滞后的根源在于金融供应链能力不足

从金融体系与实体经济相互依存、促进的关系来看，农村金融服务发展滞后的根源是金融机构的金融服务供应链在贷前贷中贷后的各个环节缺乏有效联动，农村金融供应链与乡村产业链缺乏有效联动。

农村金融发展需要从整个供应链来理解

已有研究关于农村金融发展缓慢、供需缺口持续较大的原因分析，不够深入和系统。在很多研究看来，我国农村金融发展滞后主要是以下四方面的原因：农村金融服务的覆盖面和渗透率不高，商业可持续性不够；农村金融服务的多层次市场建设和机构建设滞后，产品创新不够；金融基础设施建设薄弱，信用信息体系不完善，金融法律法规体系不健全；支持政策体系不完善，金融消费者权益保护和金融素养教育不足等。

上述影响因素大多是外部环境因素，农村金融发展的分析还需要放在"金融体系与实体经济关系"的大框架下，深入到农村金融服务供应链中去。事实上，乡村振兴金融服务是涉及"产品设计—资金供给—营销获客—风险决策—交易支付—贷后管理"的全链条。上述认识没有抓住问题的根源，在此基础上提出的政策建议大都是碎片化和割裂的，难以带来系统性改变。

农村金融发展滞后的关键在于金融供应链存在缺失

农村金融发展水平滞后的实质在于，金融服务供应链既存在流程缺失，又存在协同缺失。以信贷业务为例，产品设计、资金供给、营

销获客、征信审批、风险定价、交易支付、客户运营等各个环节都存在着不足。比如，在产品设计环节，缺少适合农民和农业的信贷产品，也缺少创新信贷产品的能力；在营销获客环节，缺少线上和线下全渠道触达客户和精准化挖掘客户需求的模式；在风险定价环节，缺少抵质押物等风控抓手；在客户运营环节，缺乏留客、活客的思维和工具。各个环节的能力不足共同作用，导致金融供应链的缺失问题越加严重。

金融服务供应链的缺失直接影响金融服务中资金流、信息流和数据流的交互，最终制约了农村金融服务的广度、深度、效率。不少金融机构已经意识到通过数字化转型来促进金融服务供应链各个环节的良性交互，但是作为农村金融服务的主力银行，大多数城商行、农商行的数字化转型面临不少挑战。我们对全国农村中小银行的调研显示：接近40%的农村中小银行高管认为，当前的业务理念和逻辑难以适应数字化转型的要求，组织形态、技术能力、人员素质等也都是数字化转型推进缓慢的主要壁垒。

农村金融供应链缺失的根本在于缺乏与乡村产业链的协同

农村金融服务供应链存在缺失的源头不在金融行业，而在金融服务供应链与乡村产业链缺乏协同。相比较城市地区，农村地区的产业链供应链、乡村治理、基础设施等方面的发展都比较滞后。缺少实体层面的需求和发展支撑，农村金融服务存在"巧妇难为无米之炊"的困难。例如，农产品生产环节和流通环节往往存在不匹配，农村信贷服务只能考虑农户"种""养"单一环节的风险，无法获取农产品在"运"和"卖"等其他环节的增量信息，而农产品的存量信息也由于缺乏有效存储手段而无法有效沉淀。因此，近年来一些金融机构在开展农村金融业务时，将完善和整合乡村产业链作为了业务突破口和打造竞争力的重点。

具体到服务乡村振兴上，当前很多金融机构也都没有建立金融业务与乡村振兴的深度融合机制。我们对农村中小银行的调研发现，当前有1/3左右的农村中小银行专门规划并明确了与数字乡村治理融合发展的任务及目标；1/3左右的农村中小银行仅日常参与部分数字乡村治理工作；还有1/3左右并没有参与到本地的数字乡村治理中。

三、数字化下的"双链联动"是金融服务乡村振兴的破局之道

金融服务乡村振兴，关键是要通过农村金融供应链和乡村产业供应链各环节在客户、渠道、场景的联动，最终实现农村金融服务与乡村产业发展的相互促进和正向循环。

数字化将破解农村金融供应链和乡村产业供应链联动难题

"双链联动"的实质是产融结合，核心是通过主体联动、业务联动以及客户联动，实现金融服务和乡村产业的业务流、资金流、数据流汇聚融通，解决农村金融服务乡村产业发展面临的"信息不对称"和"信息不会用"问题。在数字化到来之前，金融服务和产业生态的业务独立、客户分割、数据闭塞，金融机构的农村金融服务远远达不到"产融结合"的程度，金融服务供应链与农村产业供应链无法实现有效联动。数字化转型打造了金融服务和乡村振兴的"交集"：在数字化的加持下，农村金融供应链和乡村产业供应链协同利用共性基础设施、共享数字技术能力和数据处理能力，在两条供应链的各个环节推动客户、渠道、场景联动共享。数据要素成为金融服务供应链和乡村产业供应链的"共同基础"，在数字科技的加持下，两条供应链的"人—货—场"要素在时间和空间上产生交集，进而实现"双链"业务流的高效协同。

金融数字化的程度决定了"双链联动"的速度

客户、渠道、场景的联动背后是数据的互联互通和技术的兼容适配。"双链联动"发展得怎么样，很大程度在于金融机构自身金融数字

化的水平如何，集中体现在数据治理和技术创新两个方面。在数据治理上，金融机构要通过自身数据治理的完善来强化金融服务实体经济的基础。金融机构将会越来越多地使用到产业等外部数据，因此需要积累成熟的数据收集和获取的渠道，形成以需求为导向的成熟数据管理分析系统，打造标准化的内外部数据收集、清洗、使用流程。

在技术创新上，金融机构要通过自身技术的增强来适配乡村产业的新技术发展。例如，近年来数字科技的广泛使用正在实现农业作物的"活体"动态跟踪，为金融机构提供了实现农业产业信息的沉淀、转换的技术手段，让"动产"转换为"不动产"，形成供应链产业链金融的"贯穿式"服务。

以金融数字化带动产业数字化协同发展

金融机构数字化转型同步驱动乡村产业数字化。数字化不仅是金融高质量发展的必然要求，也是全面乡村振兴的战略发展方向。数字化乡村建设尤其是乡村产业数字化，遵循和金融数字化相近的发展逻辑、运行模式和实施方案。正因如此，农村金融供应链和乡村产业供应链存在基础设施、数据驱动和技术赋能三方面的协同基础。尽管我国的数字化乡村建设已经具备了一定的基础，但是仍然存在顶层设计缺失、资源统筹不足、基础设施薄弱、区域差异明显等问题。相比较金融数字化来说，乡村产业的数字化程度相对落后。因此，金融机构在推进乡村振兴金融服务的过程中，应当积极主动地通过数据开放共享、产业培育发展、业务伙伴合作、技术赋能支持等方式，推动乡村产业数字化发展转型，成为数字化"双链联动"的"主动轮"。

四、金融数字化转型如何高质量推进？

在经济、社会和治理全面推进数字化转型的大趋势下，金融数字化不仅仅是金融监管部门"金融机构要加快推进数字化转型"的政策要求，也是金融机构开展提升金融服务质效和应对市场竞争的生存需要。但在数字化转型过程中，不同的金融机构有不同的理解，有不同的做法，有不同的效果，其中很多金融机构的数字化转型存在"形似神不似"的问题。金融机构只有在认知上弄明白，在框架上理清楚，在事实上做到位，才能高质量推进金融数字化转型

高质量推进金融数字化转型需遵循"三三二框架"

金融数字化是电子化、信息化之后的新阶段，核心是要基于移动通信技术、人工智能、云计算、大数据、区块链等数字科技，对自身技术架构、业务模式和组织管理进行改造，推动数字技术、金融业务与行业生态的融合发展，着力缓解金融服务中的信息不可得、信息不对称和信息不会用的问题，全面释放数据要素的生产力，改造金融机构的成本—收益—风险函数，对内推升金融机构的经营效率和服务质量，对外提升金融服务的范围和体验。这一界定基本上描绘了高质量推进金融数字化转型的状态，但在实施上还要遵循三角发展逻辑、三维运行模式和内外双向联动的"三三二框架"。

在发展逻辑上，金融数字化需要按照"人—货—场"的发展逻辑，对金融供应链进行升维和创新——精准定位"人"（用户）、全面优化"货"（产品和运营）、无界融合"场"（场景和场所）。金融数字化从"场"的数字化创新开始，在线上线下渠道融合拓展的基础上，推进了金融服务"人"和"货"的数字化。在此基础上，金融供应链发展产生飞轮效应和网络效应，"人"和"货"加快迁移到新的"场"上来，实现金融服务中用户、产品和运营、场景和场所的全面数字化。

在运行模式上，金融数字化需要从主体、要素、运行三个维度，构造数字化的金融供应链生态——主体维度实现金融机构、金融客户和数字科技公司的合作联动，要素维度实现用户、产品和场景的创新升级，运行维度实现业务流、资金流和数据流的实施交互。未来的金

7

融数字化方向是"金融＋科技＋产业＋生态"的融合发展，金融机构的数字化转型离不开科技公司的参与，科技公司和金融机构基于优势互补而形成的"双轮驱动"模式，将重塑业务流、资金流、数据流的交互，更好释放数字化的动力。

在落地实施上，金融机构需要通过内外双向联动不断推进金融供应链的迭代升级——外部的业务经营数字化和内部的运营管理数字化。实践中，很多金融机构的数字化转型缺乏明确的内外联动框架，陷入了数字化转型的误区，对外重视有余，对内重视不足，制约了数字化转型的效果。金融机构数字化转型"内外联动"的核心是要实现业务经营数字化和运营管理数字化在"人—货—场"上的映射联动，重点在于发挥数字化策略方案的"桥梁作用"，在内部数字化发展过程中通过技术迭代促进策略模型的沉淀，在外部数字化应用过程中通过业务发展提升策略模型的适配度。

农村金融机构数字化转型在实施上需要因地制宜

依照金融数字化转型的"332"框架，相对于大中型银行和金融机构，农村金融机构的数字化转型在实施上还存在不少制约：不少农村金融机构管理层对数字化转型的本质和顶层架构认识不足，仅实施了渠道数字化，忽视了机构内部的管理数字化；业务数字化方面，风险控制和产品定价等环节面临着业务匹配性低、数据质量差、模型维度少等多种问题；数字化转型保障方面，农村中小银行在组织上存在着"省联社—二级法人行社"的双层体制，技术积累弱、人才吸引力弱，数字化转型"有钱花不出去"。

农村金融机构数字化转型需要注重路径手段与机构特色的融合，形成适配性的特色数字化之路。农村金融机构长期深耕基层本地，形成了聚焦本地经营、上下双层组织、线下网点密布三大优势。在数字化转型的过程中，农村中小银行需要扬长避短、因地制宜：一是将

"大平台、小法人"打造为"技术供应商 + 业务实施方",将省联社(省农商行)升级为服务业务数字化转型的"功能型平台",二级法人行社基于省联社的大平台进行数字化转型的个性化配置;二是将互联网平台以及数字科技公司定位为技术和业务能力提升的合作者,金融机构通过技术开源、联合建模等形式,共享科技公司的经营管理、风控决策经验,不断沉淀技术能力;三是将多元、分散的线下银行网点打造为数字化生态入口,通过线上线下融合强化线下网点的"流量优势",通过普惠金融与基层治理融合塑造线下网点的"渠道优势"。

五、数字化"双链联动"如何高质量推进?

金融数字化转型与数字乡村建设为"双链联动"铺设了数字化路径,但金融机构要跑通模式和取得实际成效,还需要在服务乡村振兴过程中利用好数据、产业、生态、渠道四大抓手。

数据抓手:金融机构协同参与数字乡村治理,强化数据收集利用

一方面,金融机构积极参与数字乡村治理,为数字乡村治理提供信息查询、政务服务入口等工具,实现直接的获客、黏客,同时强化与乡村振兴的数据治理基础设施协同,融入信用数据专题库建设,协同推进"数字信用"。另一方面,开放共享行内数据,首先通过数据汇聚融合促进数字乡村发展,从而反哺农村金融业务;其次强化数据层面的政银合作,深化信息和渠道共享合作,从而打破涉农数据孤岛;再次引入外部数据聚合服务商,不断丰富数据维度和覆盖面;最后活用三资平台、新农直报平台,推动农村产业信息化赋能农村金融新模式。

产业抓手:金融机构与核心企业协同,强化产业金融服务能力

一方面,金融机构与核心实体企业共享乡村产业的信息,并以此为基础有针对性地向乡村产业生产经营主体等实体企业提供"产业链

赋能贷"等创新型供应链金融产品和服务，帮助它们低成本地参与数字化乡村产业供应链；另一方面，推动核心实体企业开放应用平台、数据平台等数字化基础设施，并共享乡村主体的数据、线上线下的流量、普惠金融服务点等多元渠道，通过提供"数字化转型贷"等创新产品，与乡村产业的核心实体企业协同提升产业链的数字化程度。

生态抓手：金融机构与科技公司协同，搭建供应链金融科技生态

一方面，金融机构以场景为牵引，全面构建乡村振兴金融服务特色生态。乡村振兴金融服务应当在金融、电商、物流、民生、政务等各类主流场景的基础上，整合金融产品和服务能力，形成标准服务输出，搭建普惠金融综合服务平台，实现政府端连接、同业端共享、企业端赋能和客户端直达，将金融服务融入政务、民生和社会治理。另一方面，借助科技公司技术优势，提升乡村供应链金融服务能力。科技公司企业信息科技比较优势和数字化输出能力，帮助金融机构改造业务模式、管理方式、发展理念，形成差异化的市场定位、业务模式和竞争优势。与此同时，很多科技公司建立了产融互动的供应链金融科技生态设施，有效促进金融业务与科技创新、产业发展、场景生态的融合发展。

例如，京东对原有的线上化工具进行 SaaS 化的输出，聚合了京东金融云的敏捷 IT 架构能力、数据中台搭建能力、智能风控能力和智能营销运营能力，和银行共同开发了智贷云项目，为产业企业提供涵盖获客、营销、运营、风控一整套全流程金融数字化解决方案，进而构建链接企业内外部的完整数字化开放生态，实现了科技、产业、生态与金融服务的深度融合。

渠道抓手：金融服务与乡村服务下沉协同，强化线上线下业务联动

金融机构在服务网点下沉过程中，要跳出金融做金融：既要实现网点智能转型，优化网点服务流程，提升农村金融网点规范化建设水

平，优化客户体验，又要加强发展创新社区银行等，在大力发展手机银行的基础上，立足服务社区，打造线上线下、有形商品和无形服务的融合的本地生活综合服务平台，还要运营升级农村普惠金融服务点，在充分发挥服务点现金取款、现金汇款、转账汇款、代理缴费等基础金融业务优势的基础上，将民生商品、便民服务、药房、物流配送等各项电商、健康、物流产品和服务嵌入站点，实现金融服务、生活服务的融合。在线上金融服务下沉过程中，要在提供移动信贷业务的基础上拓展到提供综合营销服务，实现移动开卡、开户、签约等金融服务的移动化，建成多功能的移动展业平台。

金融数字化转型的"332框架"，是在对政策演变、行业发展和业务经营研究分析的基础上，总结提出的金融机构数字化转型"基本范式"，旨在帮助金融机构理清数字化转型是什么、怎么做、到哪去三个基础性问题，进而更加高质量地推进数字化转型，利用数字化转型升级金融机构的经营管理模式和缓解一直存在的融资难融资贵难题。数字化驱动的"双链联动"模式，则是我们根据国家推动"产业—科技—金融"高水平循环的部署，将金融数字化、供应链金融、数字乡村振兴结合在一块，提出的金融服务乡村振兴的新模式。这一模式有助于推动供应链金融发展摆脱对核心企业信用水平和确权能力的高度依赖，有助于破解农村金融服务面临的供需错配难题，推动农村金融发展与乡村产业振兴的融合发展。当然，在数字化转型的趋势下，这一模式也完全可以应用到其他产业，作为数字产业金融发展的新范式，开创金融体系与实体经济协同发展的新局面。

本书秉持"从业务创新中来，到行业发展中去"的研究思路，立足京东在供应链金融科技领域的业务实践，分析金融科技发展的行业趋势，探讨金融机构数字化转型的整体框架和服务乡村振兴的新思路新模式，在研究中得到了来自各方的大量支持。感谢京东集团给我们研究院提供的开放研究环境，感谢京东集团 CCO 何成锋先生、京东科技集团 CEO 李娅云女士对我们团队的大力支持和充分信任，感谢京东科技集团金融科技和金融云等部门同事分享的业务模式和典型案例。本书纳入了中国农金 30 人论坛 2020 年和 2021 年的重点课题报告（《农村中小银行数字化转型——方向、挑战与路径》《农村中小银行数字化转型赋能乡村振兴研究》），感谢中国农金 30 人论坛所提供的课题研究机会，感谢各地省联社、农信社、农商行在课题调研、研讨、写作过程中提供的材料和建议，感谢中国农村金融杂志社石义斌副总编、湖南省联社徐达华副主任、山东省联社帖晓鹏副主任、贵州省联社卢波副主任、天津农商银行李鹏副行长等专家在课题写作评审过程中所给予的点评指导；感谢京东经济发展研究院张晓晨、龚谨研究员参与部分内容的撰写，感谢浙江大学李梦萱、中国人民大学叶阳天同学在研究中提供的辅助支持；感谢中国金融出版社肖炜主任、董梦雅编辑在本书出版过程中的积极协调和认真编校；最后，特别感谢李扬、谢平和王小龙三位前辈和专家对本书内容的肯定和推荐。

当然，本书提出的金融机构数字化转型"332 框架"和金融供应链与产业供应链"双链联动"模式，都还是一个初步方案，还需要进一步的论证打磨，也需要进一步的实践检验。我们衷心希望产学研各界的专家学者积极参与到金融数字化赋能乡村振兴的研究中来，群策群力，共同书写金融发展理论、金融数字化转型和金融服务实体经济的新篇章。

是为序。

作者
2022 年 7 月

目　录

第四部分　银行数字化转型赋能乡村振兴

第五部分　结论

第一部分
金融数字化的逻辑框架

金融数字化遵循"三三二"框架，通过推进金融服务供应链升维创新，打造"金融＋科技＋产业＋生态"的新发展模式。

在发展逻辑上，金融数字化应遵行"人—货—场"三维发展框架，实现精准定位"人"（用户）、全面优化"货"（产品和运营）、无界融合"场"（场景和场所）。

在运行模式上，金融数字化应遵行三维运行模式，主体维度推进金融机构、金融客户和数字科技公司的合作联动，要素维度推进用户、产品和场景的创新升级，运行维度推进业务、资金和数据的实施交互。

在落地实施上，金融数字化应遵行内外联动机制，发挥策略模型（解决方案）的桥梁作用，实现业务经营数字化和运营管理数字化的高效联动，从根本上强化金融机构数字化转型的"内生动力"。

第一章　金融数字化的发展逻辑

金融数字化是电子化、信息化之后的发展新阶段，核心是基于移动通信技术、人工智能、云计算、大数据、区块链等数字科技，对金融机构的技术架构、业务模式和组织管理进行改造，推动数字技术、大数据与金融业务的融合发展，从而创新金融服务供应链，缓解金融服务中的信息不可得、信息不对称和信息不会用的问题，全面释放数据要素的生产力，对内提高金融机构的经营质效，在更高水平实现成本—收益—风险的平衡，对外提升金融服务的覆盖面和客户体验，有助于全面推进普惠金融发展。

一、数字化创新金融服务供应链

金融数字化从用户（人）、产品和运营（货）、场景和场所（场）三方面对金融服务供应链尤其是普惠金融服务的供应链进行了升维创新，不仅改善了风险定价、创新了金融产品，还拓展了金融服务的覆盖范围和客户体验。

数字化最先从"场"开始，线上线下渠道不断拓展融合；在"场"的影响下，"人"和"货"实现了快速的数字化：用户数据的维度越发丰富，服务对象逐渐由 C 端拓展至 B 端；除提供金融产品和服务外，金融机构更是对外输出数字化的科技能力。拥有了数字化的科技能力，金融服务供应链中的"场"不断更新迭代，"人"和"货"在飞轮效应的作用下加快迁移到新的"场"，并采用新的数字化产品服务和数字化运营方式吸引新的用户，形成了具有网络效应的"人—货—场"数字化发展逻辑，从而实现用户、产品和运营、场景和场所的全面数字化（见图1.1）。

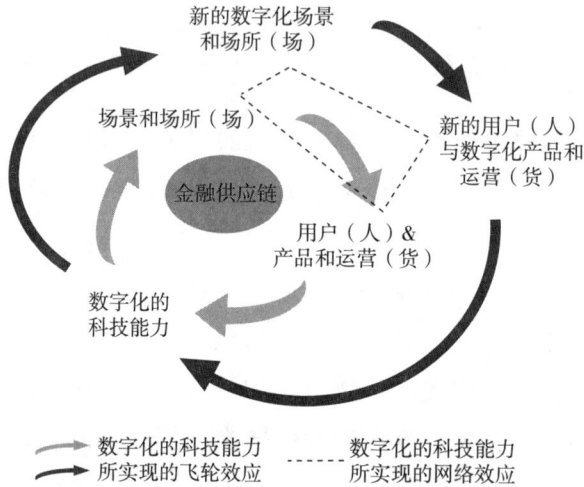

图1.1　数字化的科技能力带来的金融服务飞轮效应和网络效应

（资料来源：作者绘制）

新冠肺炎疫情期间的金融创新发展即是该发展逻辑的例证。疫情暴发前，金融科技在支付业务、证券业务、信贷业务、资管业务、保险业务等领域都已得到应用，但总体上处于"边看边走"的发展状态。疫情暴发后，在供需两端的共同推动下，非接触式金融"全面开花"，各类金融零售业务和批发业务都积极推进线上化、数字化和智能化改造。疫情暴发前，金融科技创新应用大多聚焦于个人业务；而在疫情暴发后，金融科技创新更加重视企业业务，即重视以供应链、贸易链和产业链为基础，通过金融云、技术中台、数据中台等共同推进金融服务创新，更好地推进普惠型小微企业金融服务。此外，疫情暴发后，银行信贷的风控难度加大，银行等金融机构积极推进风险管理的数字化、智能化，强化贷前、贷中、贷后的风险管理，提升金融机构风险评估的有效性、风险定价的精细化和风险预警的前瞻性，降低风险管理对抵质押物、第三方担保的依赖，实质性地破解金融机构在发展普惠型小微企业金融服务中提高首贷和信用贷占比的难题。

二、精准定位"人"

传统金融机构受限于空间、技术等因素，所能提供的金融服务往往覆盖面较窄，并且在客群划分和管理上相对较粗。金融数字化的发展，实现了"人"的精准定位，即精准对接提供服务和获得服务的各方主体，在供需匹配中提升普惠金融服务的质量（见图1.2）。

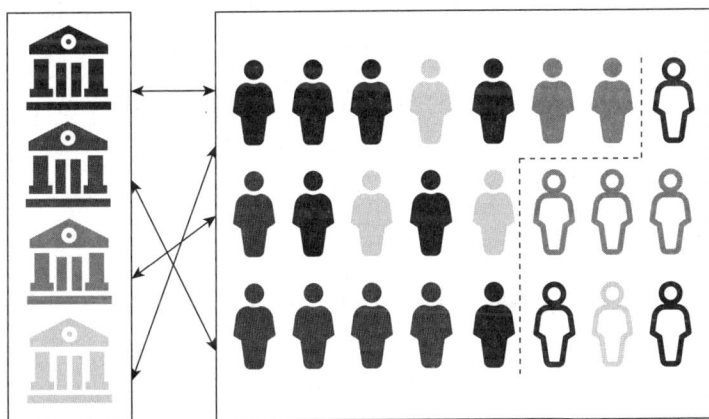

图 1.2　金融数字化精准定位"人"

（资料来源：作者绘制）

在供给端，金融数字化帮助金融机构对存量客户进行精准分层，对增量客户进行精准延伸。在全面收集数据的基础上，金融机构可为存量客户群体贴上更加细致、准确的标签，把客户群体分成同质性更高的细分类别。通过对客户个体差异的精准捕捉，金融机构可以为不同种类客户群体提供个性化的风险定价与用户运营服务。金融数字化还能扩大新增用户的服务半径。通过数据、场景和技术的积累，金融机构可以提升自身的风险控制、风险定价水平，从而找到"适格"的客户群体。供给端的变化使得金融机构的服务范围大幅扩广、服务时间持续不间断，真正实现金融服务的全方位下沉、全天候服务。过去传统金融业务模式无法或无意愿触达的小微企业、"三农"、低收入人群等，都可以切实享受到普惠金融服务。

在需求端，金融数字化帮助金融消费者更高效、精确地找到提供适合金融服务的机构。通过金融数字化，在金融数字化平台或者其他金融服务渠道沉淀数据的金融消费者可以更全面、及时、准确地刻画出自身的行为画像。例如与传统的金融服务渠道所能够沉淀下来的信息相比，消费者留存在电商平台、社交媒体的交易记录、社交动态以及网页浏览记录等信息更全面、时效性更强，从而帮助金融消费者触达合适的金融机构和合适的金融产品，提升金融服务的普惠性。

三、全面优化"货"

金融数字化不仅赋能审核与反欺诈、评估定价、资产流转、风险管理等金融业务的各个环节，而且赋能财务管理、巡检分析等金融机构管理的各个方面，帮助金融机构全面降本增效，强化其开展普惠金融服务的基础（见图1.3）。

一是提升风险管理水平。数字化风控管理的核心主要是通过大数据风控平台，实现高效反欺诈、动态监控资产质量和风险。大数据风控平台包含数据、算法和系统三要素。在数据方面，平台运用设备指纹、网络爬虫、生物探针、地理位置识别、活体检测等方式收集从获客到售后管理的数据，建立完整的报表体系；在算法方面，平台采用各类人工智能算法进行数据分析，实现对异常交易、风险事件在事前、事中、事后全流程的识别和拦截；在系统方面，平台搭载人脸识别等

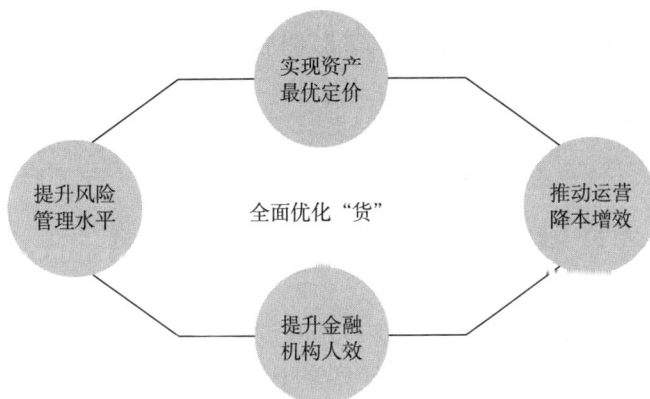

图 1.3 金融数字化全面优化"货"

(资料来源：作者绘制)

识别技术、OCR 技术、人工智能算法技术等，实现高效大数据风控的功能，破解普惠金融服务中的风控难题。

二是实现资产最优定价。资产定价的要点在于通过智能模型帮助金融机构找到损失和收益的平衡点。一个典型的例子是退货运费险的风险定价——借助大数据及机器学习算法，搭建包含有客户、商家及产品等多个维度数据的出险预测模型对运费险保费实现精准预测，真正实现灵活的差别定价，破解普惠金融服务中的定价难题。

三是推动运营降本增效。金融机构中后台运营管理的数字化需要做到科技方案与运营流程的融合。例如，通过 OCR 图像识别系统、票据整理归类系统，实现票据的自动化录入、不合规票据自动筛选以及合规票据的自动归类和汇算；采用静态模板及动态数据分析技术，推出基于机器学习算法的智能做账引擎；打造智能巡检机器人，大幅降低运维成本、保障机房稳定安全运行。

四是提升金融机构人效。一个典型的例子就是采用深度神经网络技术变革传统客服行业，帮助金融机构提升客服运营效率，提高客户满意度。在海量数据的基础上，自然语言处理、深度神经网络、机器学习等人工智能技术突破了人工客服的瓶颈，实现拟人化应答，提升平均响应时间、应答准确率。在全天候、无限量的人工智能客服辅助下，金融机构业务各个环节所涉及的客户服务满意度得到提升。

四、无界融合"场"

近年来，金融机构在金融数字化的过程中发展出了线下网点和线上站点/App 两个服务渠道。尤其是线上渠道打破了物理场景的限制，将金融服务连接到更丰富的场景中。金融数字化帮助金融机构将渠道、场景和金融服务统合为"综合场"，也让普惠金融服务有了丰富的场景支持（见图 1.4）。

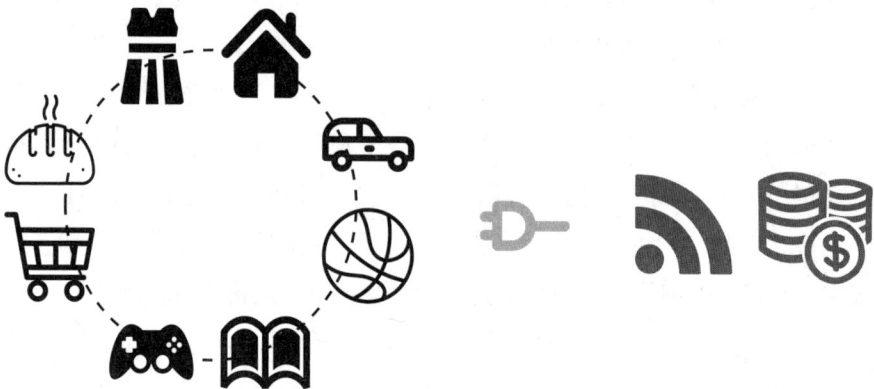

图 1.4 金融数字化无界融合"场"
（资料来源：作者绘制）

一方面，与"场""插件化"融合，线上金融服务更加轻便快捷。金融机构既可以通过自营的数字化平台为自有客户提供场景融入式的金融服务，用户可以在场景中直接使用银行服务，"即插即用"；又可以通过与第三方科技公司合作，使用其提供的金融云服务实现标准化的金融服务与第三方公司个性化场景的融合对接，实现客户导流、客户服务、大数据风控等。与金融机构的自营平台相比，第三方公司的比较优势在于第三方平台上的优质用户流量与丰富的用户运营经验，从而成为无界融合"场"过程中的重要参与方。

另一方面，"场"的智能化转型，推动线下金融业务创新与转型。金融数字化还意味着金融机构的线下网点实现智慧升级。通过有效运用人脸识别技术、图像融合技术，用户能够刷脸登录账户；通过多屏互动技术、激光雷达、全息投影、客户洞察和情绪分析等相关技术的植入，线下网点能够实现客流分析和预测、客户情绪分析，提高服务效率；通过配置客户 360 度信息视图、营销机会管理等功能，对用户相貌、身材、穿戴进行多层次识别，判断用户的年纪、爱好、审美，甚至情绪，金融机构可以为其智能匹配产品，提升用户体验。同时，通过线下的数据采集，金融机构运用大数据、人工智能等前沿科技，可以使客户充分享受智慧金融体验，并实现线下服务与线上服务的高效连接、融合创新。

五、实现金融与科技、产业的良性循环

金融数字化提升了金融服务实体产业的能力。"十四五"规划提出，要健全具有高度适应性、竞争力、普惠性的现代金融体系，构建实体经济、科技创新、现代金融等协同发展的现代产业体系。金融数字化是金融与科技、产业三角循环的结合体，升级优化金融服务供应链中的"人""货""场"，与提高金融体系的适应性、竞争力和普惠性具有内在一致性，将为我国现代金融体系和现代产业体系的建设提供强大动力。

产业数字化强化了金融数字化的转型基础。经济金融发展是"融资—投资—盈利—偿债"不断循环反复的过程，实体产业和金融体系

同存共荣。实体产业是金融服务的需求方，金融体系是金融服务供给方；产业数字化强化了金融数字化的数据基础和生态环境，与金融数字化相互依存相互促进。在产业数字化的发展下，金融和产业形成更加紧密的场景联结，金融机构搭建起创造增长的新场景，让实体产业、低收入人群可以更好地获得金融服务，从而又反过来促进产业数字化的发展。

科技能力决定了金融数字化的发展质量。数字科技的供给与金融数字化发展的快慢、安全密切相关。产业数字化和金融数字化有一个共同的基础，就是科技的赋能和数据的利用。科技赋能数字化转型，强化产业和金融共享同样的基础设施、同样的数据基础，推动实体经济、科技创新、现代金融更大范围、更高效率、更加深度地融合共进。

六、小结

金融数字化基于数字技术改造金融机构的技术架构、业务模式和组织管理，使得从用户（人）、产品和运营（货）、场景和场所（场）三方面对金融服务供应链尤其是普惠金融服务的供应链升维创新变为可能。

数字化创新金融服务供应链首先从场景和场所（场）开始，通过适配用户（人）、产品和运营（货），不断完善并形成新的金融数字化供应链，从而改善了风险定价、创新了金融产品，还拓展了金融服务的覆盖范围和客户体验。

"人—货—场"框架是金融数字化的基本逻辑，既可以用于大中型银行，也可以用于农村中小银行，并且在其他产业的数字化过程中也具有参考价值。

第二章　金融数字化的运行模式

一、金融数字化运行的研究发展

近年来，大数据、云计算、人工智能、区块链等技术加速创新，金融科技与金融体系的融合程度不断提升，已成为改善金融机构经营质效、提升金融服务覆盖面和客户体验、促进金融高质量发展的必经之路（沈建光等，2020；沈建光和朱太辉，2020）。正因如此，金融机构持续加大科技资源投入，2020 年银行保险机构信息科技资金投入超过 2400 亿元，同比增长 21%，信息科技人员数量接近 15 万人，同比增长超过 17%（刘春航，2021）。与此同时，国家规划和监管政策也积极推进金融数字化转型：人民银行印发《金融科技发展规划（2022—2025 年)》、银保监会出台《关于银行业保险业数字化转型的指导意见》，都要求充分发挥金融科技赋能作用，积极推进金融数字化转型；《"十四五"国家信息化规划》也明确要求：到 2023 年金融业数字化转型成效明显，2025 年金融业初步实现数字化、智能化，金融普惠性和服务实体经济能力显著增强。这些政策意味着，我国金融科技发展正在从第一个阶段——科技公司主导的技术创新应用，向第二个阶段——金融机构主导的数字化转型跃进。金融机构数字化的发展逻辑是，通过用户（人）、产品和运营（货）、场景和场所（场）三方面的数字化，实现金融服务供应链的升维创新（朱太辉和张彧通，2021）。在此背景下，一个亟待研究厘清的问题是，金融机构数字化转型应当遵循什么样的运行模式？

现有关于金融机构数字化的研究，主要集中在数字化转型的必要性、价值、战略规划以及重点领域等方面。在当前复杂的内外部形势下，金融数字化转型是适应我国发展新的历史方位、全面贯彻新发展理念的重要举措，是提升金融服务实体经济能力和水平的重要抓手，也是适应金融市场变化、提升银行保险机构竞争力的战略要求（刘春航，2021）。在战略层面，金融数字化应当创新以客户为中心的互联网服务理念，创新政府增信、供应链合作、批量标准化的业务模式，创新智慧化、定制化、网络化的产品和渠道，创新专营体制机制和大数据客户管理，等等（吴文婷等，2021；董昀和李鑫，2019）。在实施层面，金融数字化应当推动业务与技术的深度融合，尝试更深层次的数字化重构（张继刚，2020），并加快数据应用转型、丰富获客场景、实现业务流程自动化、构建数字化风控管理体系以及培养数字化转型专业人才（赵丹丹，2020）。此外，还应当全面建设业务生态、发展银行新业态（杨玉峰等，2021），推动建立国家和行业的新一代基础设施（杨竑，2021）。在数据层面，替代性数据在金融数字化转型过程中被广泛使用，一个多样化的新数字生态系统已经出现并不断发展（IFC，2021）。

还有一些研究聚焦于农村中小银行独特的"省联社—法人行社"双层体制机制，结合这类机构数字化转型面临的差距与挑战，提出了同步推进"功能型平台""业务中台""技术中台""数据中台""风控中台"建设、将"大平台＋小法人"的组织机制打造为"技术供应商＋业务实施方"的数字化协同机制、将多元和分散的线下银行网点打造为数字化生态入口、通过数据管理平台将"沉没信息"转化为"生产要素"等数字化转型的具体路径（朱太辉和张彧通，2021）。

上述关于金融数字化的研究大多聚焦宏观战略层面和中观实施路径层面，为理解金融数字化转型提供了一个分析框架，但要深入理解金融数字化的本质，还需要从微观层面研究金融数字化的运行模式，特别是主体关系、业务模式以及数据价值实现的路径。为此，本书基于业务发展实践，构建了分析金融数字化运作模式的"三维框架"（主体维度、要素维度、运行维度），具体探讨金融机构数字化转型中的业务形态（业务流）、资金流向（资金流）、数据互动（数据流）的交互与演变。

二、金融数字化运行模式分析框架

1. 金融数字化的"双方参与"

受限于经营模式、管理水平等因素，传统金融机构往往存在客户覆盖面较窄、客群管理较粗、产品精细化程度不高、服务空间有限、内部管理效率较低等问题。在金融数字化的过程中，拥有数字科技优势、数据积累优势，并具备相关行业数字化认知的各类互联网公司、平台企业以及新型实体企业等数字科技公司大量参与金融服务供应链。在数字化转型过程中，金融机构与数字科技公司形成了"双轮驱动"的理想合作模式（沈建光等，2020）。

在金融数字化的发展初期，客户往往已经被各类科技公司培养起一定的用户习惯，更加偏好线上化、智能化、场景化的产品和服务。与此同时，金融机构难以在短时间内很好地适应客户在认知能力、产品需求、消费习惯、行为模式等方面发生的变化。数字科技公司则凭借着对客户的了解，成为推动金融数字化的主力。随着数字化转型的不断深化，金融机构经过学习和追赶，凭借对于金融业务的更加深刻的行业认知，从组织管理和业务经营的内外两个方面积极推动数字化转型，逐渐成为数字化转型的主导方。在金融数字化推进过程中，双方的理想合作模式变为金融机构主导＋数字科技公司参与。

2. 金融数字化的"三维框架"

金融业务运行模式可以基于"人—货—场"框架下的业务流、资金流和数据流来分析。在传统的金融服务模式下，上述"三流"主要发生在金融机构与金融客户的供需两端之间。而在金融数字化模式中，金融服务的运行模式则转变为金融机构、金融客户以及数字科技公司之间的"三方联动"。

由于数字科技公司的参与，金融服务的各环节衔接更加顺畅，形式更加多变，不断带给客户更多的产品选择与满意的用户体验。有学者将这种现象总结为"银行价值链发生由封闭转向开放的结构性变化"（刘春航，2021）。其原因在于，数字科技公司的深度参与改变了金融数字化"人—货—场"框架及其业务流、资金流、数据流。

金融数字化的运行模式就需要在包含有更多主体参与、有更创新业务模式出现的"三维分析框架"中分析：围绕金融机构、金融客户、数字科技公司三大参与主体之间的联动，按照"人—货—场"创新升级金融服务供应链的发展逻辑，具体分析业务流、资金流、数据流交互运行所形成的模式。

3. 数字科技公司的"双重角色"

数字科技公司改变了金融业务的运行模式。金融机构、客户、数字科技公司共同组成了金融数字化的发展生态，"数字化业务服务商"和"金融科技服务商"是其在金融数字化生态中扮演的两个角色。数字科技公司通过经营各类数字化业务积累的大量客户资源和场景数据是其能够跨界参与金融数字化生态的前提和基础。

在业务流中，数字科技公司为金融机构提供增量客户并运营存量客户，提供用于产品设计和经营管理的数字化工具，以及提供线上线下的渠道和场景。在资金流中，金融数字科技公司通过为其服务的客户、为其他数字科技公司提供账户开立、资金沉淀与运营管理的方式改变数字化参与主体的资金流向。在数据流中，金融机构、数字科技公司共同促进客户数据、数字化业务服务数据、场景场所数据、金融业务数据等各类数据的流动与沉淀。

三、数字化下的金融运行模式改变

1. 分工协作下业务流更加精细

金融数字化的业务流指的是金融服务业务流（金融产品和服务的流程环节）、金融科技业务流（金融业务的数字科技赋能）以及数字化业务流（数字科技公司提供的非金融产品和服务）。

一是金融服务业务流的流程更紧密，创新更频繁。金融服务业务流的主体是金融机构和其所服务的客户，发生在"人—货—场"框架的"货"与"人"两端。以借贷业务为例，金融服务业务流包括设计定价、产品营销、风控审批、贷款发放、贷后管理等环节。随着线上渠道、智能服务的发展，拥有销售渠道、风控算法和模型、客户运营等方面优势的数字科技公司可能同时扮演"金融科技服务商"和"数字化业务服务商"的角色，并开始参与金融服务业务流环节。传统上由金融机构一家独立完成的环节由金融机构和数字科技公司共同完成，甚至由数字科技公司单独完成。

数字科技公司参与金融服务业务流最典型的例子就是为金融机构提供从基础运营平台再升级到智能运营平台等全链路、组件化的营销运营服务。不同的金融机构的合作模式以及服务内容不尽相同。例如，对于刚起步线上自营业务的中小银行来说，科技公司既可以提供营销获客的解决方案，还可以搭建基础运营平台与可视化监控 BI 平台，为银行培养线上活动生成与管理、权益配置与管理、线上核销、业务可视化监控能力等线上运营的基础能力。对于已具备一定线上自营业务规模的中小银行来说，数字科技公司通过搭建用户经济价值计量体系、智能推荐系统、智能运营平台等模块，构建或补充银行智能运营能力，实现精准化运营与自动化推送。对于大型银行来说，除智能运营平台外，数字科技公司持续迭代升级先进的技术与营销运营系统能力，通过搭载模型可视化开发训练平台、模型管理平台、策略方案以及其他更多先进的技术与系统为银行提供持续而稳定的数字化服务（见图2.1）。

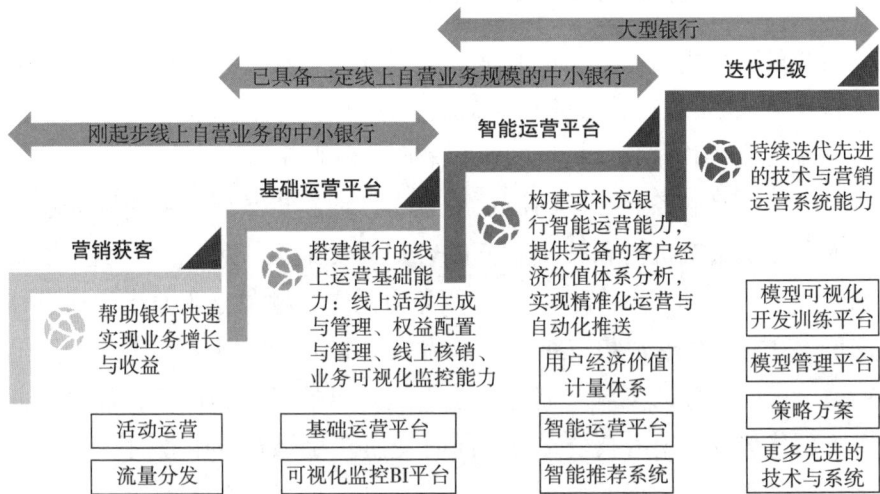

图2.1 全链路、组件化的营销运营服务

（资料来源：京东科技）

二是金融科技业务流的合作更深入，科技性更强。金融科技业务流的主体是金融机构和数字科技公司，发生在"人—货—场"框架的"货"与"场"两端。数字科技公司仅扮演"金融科技服务商"的角色。金融科技服务商为金融机构提供系统架构搭建、金融数据治理等技术咨询与外包服务，赋能金融机构的运营管理数字化，从而提升"货"的数字化程度，更好地实现供给侧改革；此时，"场"为金融机构自营，金融机构通过自营的网络平台或者线下营业场所搭载支付、借贷、理财、存款等各类金融场景，以及电商、社交、文娱、出行、安全等非金融场景，从而实现"人—货—场"的闭环。

三是数字化业务流的类型更丰富，资源更强势。数字化业务流的主体是数字科技公司与其服务客户，发生在"人—货—场"框架的"场"与"人"两端。数字科技公司扮演的是"数字化业务服务商"的角色，其通过网络平台、移动 App 或者线下经营场所，向个人消费者或者企业商户提供电商、社交、文娱、出行、安全等场景下的信息展示、交易撮合、支付、安全保护等服务。在此过程中，数字科技公司通过为金融机构提供获客的入口和交易的场所（见图 2.2）。

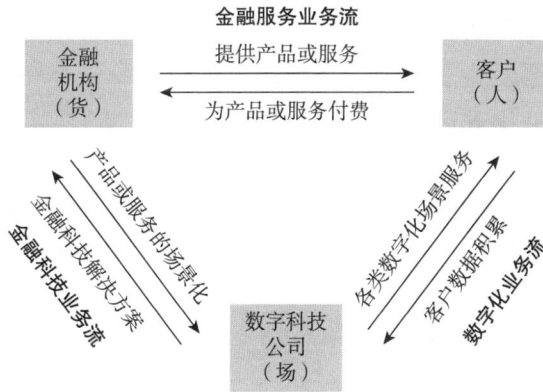

图 2.2　金融数字化的业务流

（资料来源：作者绘制）

2. 模式创新下资金流流向重塑

金融数字化的资金流指的是资金的流向以及资金流转的方式。资金流的主体包括金融机构、客户和数字科技公司，发生在"人—货—场"框架的"场"与"人"之间以及"场"与"货"之间。"场"是金融数字化资金流的最核心节点。资金流转既会作为一类金融业务单独发生，又会与其他各类金融服务以及非金融服务伴生。

　　作为单独的金融业务时，资金流体现的正是非银行支付机构的业务形态。作为资金转移的服务机构，非银行支付机构根据客户的指令转移其货币资金。在独立的业务形态下，"场"是资金流转的场所。非银行支付服务首先出现在电商场景中，解决了电商交易的信任问题，此后又在各类生活服务和交易活动的场景中便利了客户的资金支付，并提升了用户的体验。按照资金和信息两个维度、根据是否开立账户（或提供预付价值）以及是否具备存款类机构特征，资金流（即非银行支付服务）可以分为支付交易处理业务和储值账户运营业务两类。前者仅涉及资金流向的变化，附带客户支付指令的资金由非银行支付机构结算给收款人银行结算账户；后者涉及业务流和资金流的联动，因为金融账户体系发生了改变，客户的无支付指令资金在非银行支付机构沉淀下来，并由其运营（见图2.3、图2.4）。

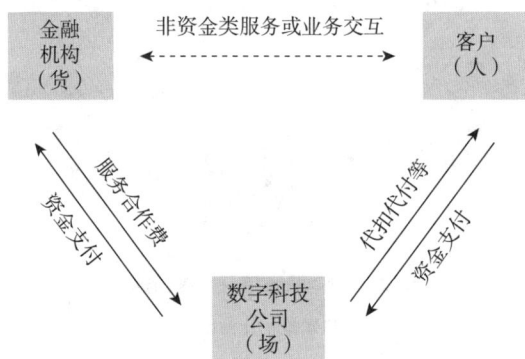

图2.3　提供资金转移服务时的金融数字化资金流

（资料来源：作者绘制）

　　在与其他各类金融服务以及非金融服务伴生时，资金流体现的是金融数字科技公司参与金融生态的两种情形。一种情形是单个数字科技公司既扮演非银支付机构又扮演数字化业务服务商的角色，在金融

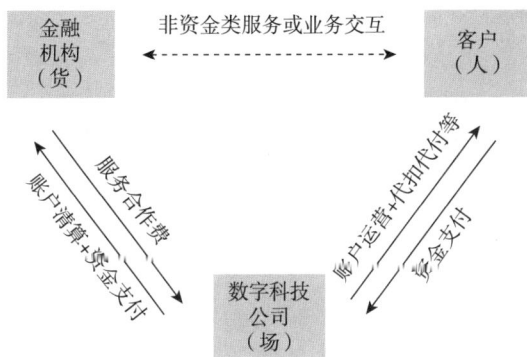

图 2.4　提供账户运营服务时的金融数字化资金流

(资料来源：作者绘制)

生态中同时提供非银行支付服务和数字化业务服务：非银行支付机构依托其服务的客户以及其客户沉淀的资金，凭借"飞轮效应"不断拓展其他类型的数字化业务服务；其他类型的数字科技公司依托原有的客户和场景资源为其客户跨界提供支付服务。此时资金在数字科技公司内部沉淀，并可能实现在该体系下的不同账户之间流转。另一种情形是多个数字科技公司分工分别扮演非银支付机构和数字化业务服务商的角色，为客户分别提供非银行支付服务和数字化业务服务。非银行支付服务既是资金入口，也是业务入口。此时资金在非银行支付机构沉淀，并流转到提供数字化业务服务的其他数字科技公司。

在伴生的业务形态下，"场"的内涵在不断扩展丰富，既是资金转移的场所，又是与其他交易场景嵌套、交互的场景。资金在"场"内的沉淀时间更长、变化更多。不论是上述的哪种情形，数字科技公司所提供的场景服务越多，资金越绕不开数字科技公司提供的"场"内账户体系，从而形成资金供需两端的闭环（见图 2.5）。

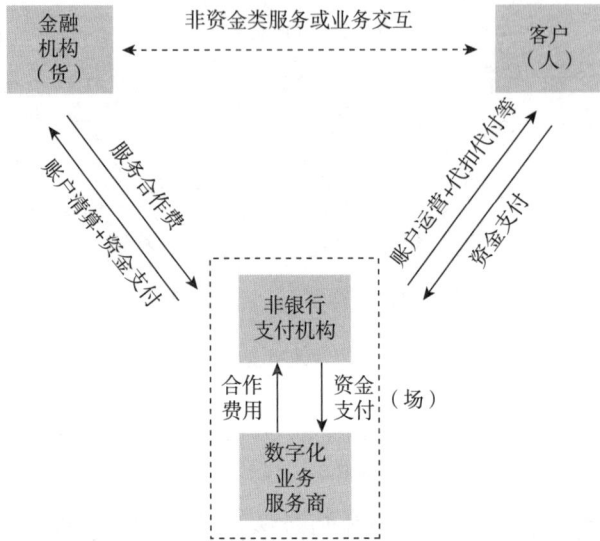

图 2.5　在伴生服务中的金融数字化资金流

（资料来源：作者绘制）

3. 数字赋能下数据流交互频繁

金融数字化的数据流指的是数据的流向以及数据的沉淀。数据流的主体包括金融机构、客户和数字科技公司，发生在"人—货—场"框架的全流程。理想的金融数字化数据流是数据在"货"和"人"、"人"和"场"、"场"和"货"两端都实现双向流动。

在"货"和"人"两端，主要发生的是金融业务数据的双向交互，表现为金融服务全流程中为满足金融业务需求以及遵守监管要求等两类因素所出现的数据流动。前者具体指的是在金融服务的营销宣传、风控决策、业务审批、客户管理等各环节中，客户数据向金融机构流动，后者主要包括出于满足客户的金融消费者知情权、选择权以及为了实现客户的个人信息保护目的而出现的金融产品和服务数据向客户流动。金融机构向客户提供金融服务的信息，并实现客户数据的不断积累，成为金融机构迭代其服务、提升客户体验的重要基础，这是金融数字化数据流中最基础的数据双向流动。

在"人"和"场"两端，主要发生的是数字化业务数据的双向交互，表现为在数字科技公司及其客户之间的各类数字化场景和服务中，数字化业务数据、金融业务数据、场景数据、场所数据、客户数据以及其他各类数据的交互和沉淀。

在"场"和"货"两端，主要是数字科技公司与金融机构的各类数据之间的双向交互和沉淀。双向交互表现为数字科技公司的客户、行为、场所等数字化业务数据以及跨界参与金融生态时的资金、流程等部分金融业务数据传输给金融机构，与此同时，金融机构将与客户、流程、资金等部分金融业务数据回传。这几类数据交互一般仅以合作业务为限。此外，金融机构和数字科技公司还需要按照监管机构的要求实现监管信息的报送。不同业务类型、不同机构类型的报送要求和标准也各有不同（见图2.6）。

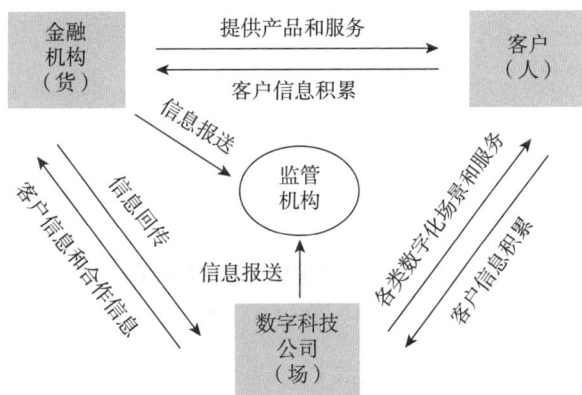

图 2.6　双向互动的金融数字化数据流

（资料来源：作者绘制）

在数据流双向流动的基础上，金融数字化的数据流也会呈现明显的数据沉淀特征。数字科技公司收集、沉淀了全量的客户数据、数字化业务服务数据、场景场所数据以及部分的金融业务数据；金融机构则收集、沉淀了全量的金融业务数据以及部分的客户数据和场景场所数据。从数据的规模和体量上来看，数字科技公司所收集、沉淀的数据类型最多、数据体量最大、业务关联度最高。也正因此，数字科技公司在金融数字化的过程中占据了不可取代的重要地位（见图2.7）。

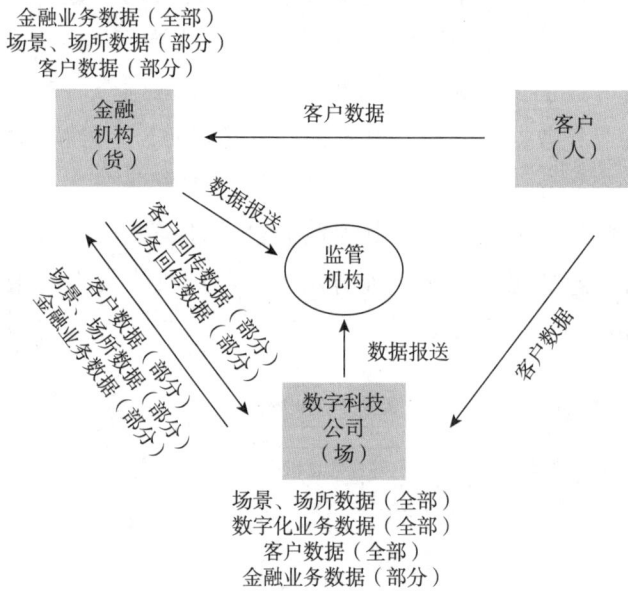

图 2.7 金融数字化的数据流沉淀

（资料来源：作者绘制）

四、数字化运行模式的监管政策框架

1. 实践中"三流"集中于数字科技公司

金融数字化的实践路径有时可能会偏离理想状态下的金融数字化

发展模式。这是因为金融数字化并不是一步到位的，不同国家和地区的金融数字化或者处于不同发展阶段的金融数字化的重点和方式也不相同。转型较快的金融机构已经构建起数字化形态的组织管理和业务经营模式，而大量尚处在转型初期的金融机构仍然在探索适合自己的数字化发展路径。例如相对于全国性商业银行来说，在资本、估值、客户、支付系统、跨业和 IT 队伍等方面都更弱小的地方中小银行（周小川，2021），其数字化发展能力也更落后。因此，大多数传统金融机构更多是被动的数字化转型"效仿者"（陈文辉，2020），从而无法在中短期限之内成为金融数字化的主导力量。造成参与金融数字化的数字科技公司，在实践中逐渐成了业务流、资金流和数据流的"集中枢纽"。

一是业务流集中，数字科技公司成为"业务枢纽"。在金融服务业务流、金融科技业务流和数字化业务流相互影响下，金融产品和服务的各流程环节往往由数字科技公司合并提供，不同金融产品和服务会出现流程环节的嵌套。例如数字科技公司利用客户数据以及场景服务的优势，用数字化获客、运营、管理的模式赋能金融机构的产品销售，用数字化反欺诈与大数据风控赋能金融机构的产品生产，从而与金融机构形成营销、风控、运营等金融产品和服务等各流程环节的新分工协作模式。这类模式下的技术、渠道、场景、风控模型等都是由数字科技公司在金融科技业务流和数字化业务流中沉淀下来的。此外，由于数字化场景和非银行支付服务的存在，借贷、理财、保险等金融服务与支付服务、各类场景相互嵌套，即支付和场景成为各类金融服务的入口，金融服务的全流程直接在支付或者场景业务流程中完成。

二是资金流集中，数字科技公司成为"资金枢纽"。依托非银行支付服务和其他数字化业务，为数字科技公司持有的或者与数字科技公司合作联营的非银行支付机构成了金融数字化资金流的"资金枢纽"，资金的往来需要通过这类非银行支付机构实现，资金也都沉淀在这类非银行支付机构。一方面，非银行支付机构将其积累的大量客户支付账户与其自身或者提供数字化业务的关联伙伴企业的客户账户合并统一，优化客户体验；另一方面，非银行支付机构基于客户的沉淀资金进一步开展业务创新，从而强化巩固了自身的资金枢纽地位。

三是数据流集中，数字科技公司成为"数据枢纽"。数据流集中的"马太效应"非常明显。数字科技公司掌握着最丰富的客户数据、场景和场所数据以及业务数据，并且依靠业务枢纽和资金枢纽的特殊地位改变了数据在金融生态中的流动方式。这反过来也进一步加强了数字科技公司的数据枢纽地位。

从数字科技公司的业务视角来看，金融数字化中业务流、资金流、数据流的"三流集中"对应的是数字科技公司将其拥有的客户、数据、技术资源向金融机构"一体输出"（朱太辉等，2021）。最典型的是数字科技公司互联网贷款助贷业务的"一体输出"模式，指的是助贷机构在贷前、贷中和贷后的全业务链条中利用自身积累的客户资源、风控管理能力和客户运营能力等为银行机构提供获客引流、贷前调查、提供授信建议和风控模型管理、客户运营、贷后风险监测等全流程服务。

2. "三流"集中模式下监管政策调整

数字科技公司对金融机构存在技术溢出（蔡普华等，2021），存在一定正外部性的同时也带来了金融数字化的新风险，例如过度收集甚至滥用消费者信息，不利于消费者信息安全和隐私保护；又如理财、信贷、保险等多种金融服务混业经营，放大了跨产品、跨市场传染的金融风险；非银行支付机构的账户体系和资金沉淀既容易出现清结算问题，也容易引发系统性风险。

为了应对金融数字化带来的实践风险，近年来金融科技监管在加速"补短板"。一方面，"一行两会一局"四个金融监管部门先后三次约谈蚂蚁集团、集中约谈13家平台企业，对其开展的金融业务提出了具体的整改要求。另一方面，监管部门也在积极制定监管政策，2020年下半年以来已经密集出台了30多项金融科技监管政策，其中与银行业相关的就达16项（见表2.1）。这些整改要求和监管政策遍布银行、证券、保险等金融业务门类，涵盖了账户、支付、数据、营销宣传、信息科技等各个方面。"金融的归金融，科技的归科技，数据的归征信"的金融科技监管框架逐渐清晰。

表 2.1　　　　2020 年 7 月—2022 年 7 月出台的金融科技

监管政策（银行业相关）

	业务领域	时间	政策名称
1		2020.07	商业银行互联网贷款管理暂行办法
2		2020.11	网络小额贷款业务管理暂行办法（征求意见稿）
3	贷款	2021.02	关于进一步规范商业银行互联网贷款业务的通知
4		2021.02	关于进一步规范大学生互联网消费贷款监督管理工作的通知
5		2022.07	关于加强商业银行互联网贷款业务管理提升金融服务质效的通知
6	存款	2021.01	关于规范商业银行通过互联网开展个人存款业务有关事项的通知
7	信用卡业务	2022.07	关于进一步促进信用卡业务规范健康发展的通知
8		2021.07	非银行支付机构重大事项报告管理办法
9	支付	2021.01	非银行支付机构条例（征求意见稿）
10		2021.01	非银行支付机构客户备付金存管办法
11		2021.10	加强支付受理终端及相关业务管理的通知
12	征信	2021.09	征信业务管理办法
13	营销宣传	2020.10	关于防范金融直播营销有关风险的提示
14		2022.01	金融产品网络营销管理办法（征求意见稿）
15		2021.11	网络数据安全管理条例（征求意见稿）
16	信息科技安全	2021.12	银行保险机构信息科技外包风险监管办法
17		2021.12	互联网信息服务算法推荐管理规定
18	消费者保护	2020.11	中国人民银行金融消费者权益保护实施办法

资料来源：根据公开信息收集。

3. 金融科技"分流"监管框架确立

金融科技监管政策与金融数字化的运行模式相互作用，一方面监管政策影响了"三流"模式的实际运行，另一方面"三流"模式也在推动金融科技监管迭代优化。"金融的归金融，科技的归科技，数据的归征信"的监管框架，从消费者权益保护、持牌经营、防范监管套利和风险管控等方面，强调区分业务本质、回归业务本源、重塑业务生态，实现同种业务同类监管。

"金融的归金融"的核心：一方面，要求任何主体开展金融业务都必须持牌经营，科技公司等非金融机构也不例外；另一方面，同一类型的业务应实施统一的监管标准，即不同持牌主体开展的同一金融业务的流程标准应该是一致的，尤其是应将跨行业创新产品纳入监管机构的监管范畴，避免监管真空。

"科技的归科技"的核心：一方面，从当前整改要求和简化金融科技合作的收入模式看，科技服务、模型输出和金融业务要有明确的区分；另一方面，从银保监会关于助贷业务最新的整改要求，以及助贷业务和网络金融营销的最新政策来看，信贷的核心业务流程必须由银行主导，科技公司只能开展客户引流和科技服务输出，这实际上就充分体现了"科技的归科技"的监管取向。

"数据的归征信"的核心：将个人和企业信息用于提供信贷服务纳入征信业务范畴，应当受到征信规则的监管，《征信业管理条例》《征信业务管理办法》要求只有持牌的征信机构才能够对企业和个人的信用信息进行采集、整理、保存、加工并对外提供。《征信业务管理办法》还首次对信用信息的范围作了明确界定：符合依法采集、为金融等活动提供服务、用于识别判断企业和个人信用状况这三个维度标准的基本信息、借贷信息、其他相关信息，以及基于这些信息的分析评价信息均为信用信息。

五、金融数字化运行模式的转型研判

1. "三流集中"转为"分流交互"

在新的金融科技监管框架下，数字科技公司参与金融数字化的业务模式发生改变，客户、数据、技术要素从"一体输出"回归"分流输出"。上述助贷业务的"分流输出模式"为："客户输出给金融机构"，仅指助贷机构向金融机构提供纯用户引流服务，而不得直接传输客户的信用信息；"数据输出给征信机构"，即客户的信用信息传输给征信机构，金融机构只能从持牌征信机构获取客户的相关信用信息数据；"技术输出给金融机构"，指助贷机构既可以与征信机构联合开发征信产品并提供给金融机构，又可以在征信机构搭建的可信环境中为金融机构提供风控模型、信贷决策咨询（授信建议）等技术外包和业务决策咨询服务。"一体输出"转变为"分流输出"，业务流、资金流和数据流从"三流集中"拆分成"分流交互"（见图2.8）。

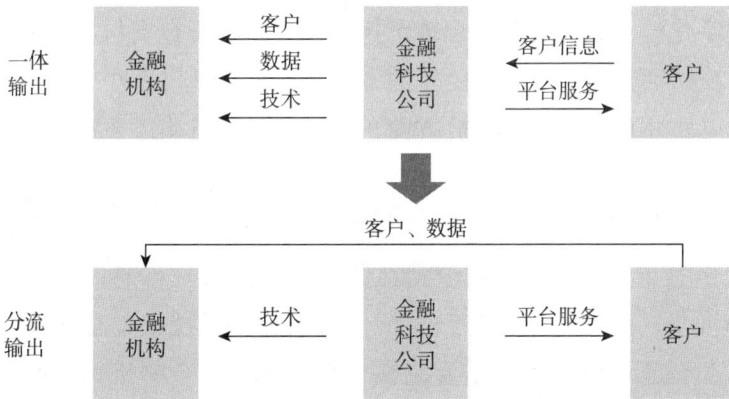

图 2.8　金融科技公司的"一体输出"回归"分流输出"

（资料来源：作者绘制）

一是业务流拆分。例如网络互助平台、第三方互联网平台等不持有金融牌照的数字科技公司不属于银行理财子公司产品的代销机构，也不得介入投资者招揽、投资者适当性管理、接受交易指令等证券业务活动的任何流程环节。尤其值得注意的是，在"分流交互"的模式下，征信业务将从金融服务业务环节中独立出来，由归集金融信用信息的持牌征信机构提供。持牌征信机构既是重要的金融数字化参与主体，又在一定程度上成为整个金融数字化的基础设施。

二是资金流统一。在客户类型方面，C端消费者才能开立支付账户，仅用于便捷支付。B端客户不能开设支付账户，只能享有有限的对公货币转移服务。在资金流向方面，资金随账户走，严格明确资金流向。借贷资金不得直接进入支付账户，需要进入银行账户。金融产品的投资资金不得直接进入支付账户，需要进入消费者在银行的金融产品账户。在业务关系方面，非银行支付机构回归本源，金融业务关系在金融机构和客户之间直接发生。非银行支付机构不能在支付环节开展金融营销搭售或者在支付环节发起其他金融产品流程，只能参与客户运营、和为C端客户提供支付服务。非银行支付机构将不再与"场"捆绑，从金融数字化的"场"中分离出来承担代扣代付、资金支付、数据流转的职能，支付回归了"小额便民"的本源，"场"回归了"交易场所和交易场景"的本源。在生态开放方面，非银行支付机构还要在支付环节开放其他的非银行支付和银行支付的手段（见图2.9）。

三是数据流规范。数（信息和数据）随业务走，金融数字化的数据交互链条重构。数字科技公司在收集、使用客户信息时需要遵守业务规范要求，例如信用信息归属征信公司、未经授权不得收集营销数据、支付信息和商户信息需要完整上报、客户和金融机构之间的业务信息不能通过支付机构进行交互。此外，金融监管部门进一步加强了对金融数字化业务的信息保护，要求金融机构在从事存贷款、支付、征信、信息科技外包等各类业务时都要重点关注和数字科技公司之间

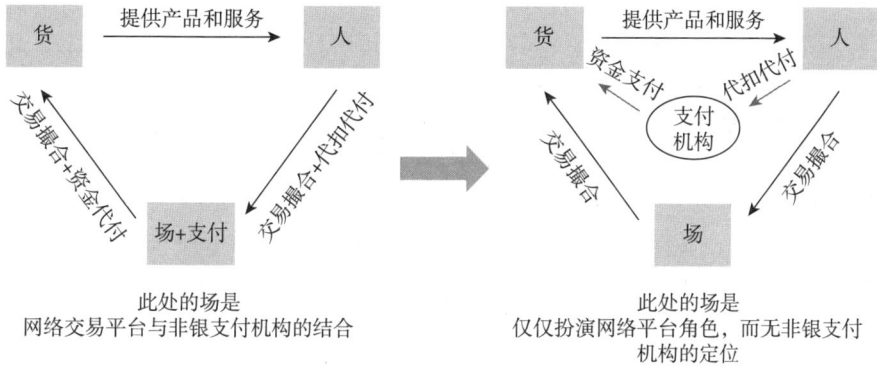

图 2.9 非银支付机构的角色回归与"场"的重塑

（资料来源：作者绘制）

的数据交互，个人信息需要满足"个人授权""最小够用""用途明确"等要求。

2. 数字科技公司的定位转变

在金融业务数字化的"分流交互"运行模式下，数字科技公司的业务定位与发展策略也随之改变。

一是业务发展"前移"，即数字科技公司获客引流、营销宣传的业务开展方式将会更加前置。金融机构的线上化获客将会更加多地依靠电商、健康等场景，而与支付场景和支付工具解绑。数字科技公司将更纯粹地提供各类场景和场所。

二是数据使用"上移"，即信用信息类的数据转移到持牌征信机构，依靠支付工具和业务场景收集、分析数据的数据使用模式将会重构。在数据要素突破强势数字科技公司的壁垒开始流动时，数字科技公司将会更多地提供数据分析和数据治理服务。

三是科技赋能"下移"，即科技服务能力成为数字科技公司的相对优势。金融机构在数字化发展过程中会锤炼出自身的"人""货"

"场"能力，数字科技公司将更聚焦科技创新，向金融机构提供人工智能、深度学习、策略验证等数字技术及其解决方案，从而帮助其提升金融服务供应链能力。

具体而言，数字科技公司利用自身的技术能力、对客群以及场景生态的深刻认知，向金融机构提供全渠道获客、精细化运营、大数据实时风控、全流程降本增效、用户体验提升等技术和业务解决方案，且在技术输出时向金融机构开放技术代码；金融机构可以通过技术开源、联合建模等形式，共享数字科技公司的经营管理、风控决策经验，不断沉淀技术能力，提升产品创新、营销获客、客户促活、风险定价、贷后催收等业务能力，提升金融机构在数字经济发展趋势下的供应链能力。在行业实践中，一些金融数字科技公司通过联结科技、产业与生态，为金融机构和各类伙伴提供全方位服务，一边推动金融数字化，一边助力各个产业和各地政府的数字化转型；在赋能各个行业降本增效的同时，更好地实现金融供需精准对接，在更高层面实现金融与实体经济的同存共荣，也有助于金融数字科技公司自身持续健康发展。由于数字科技技术还在不断发展演进，金融数字化的技术赋能方案的选择具有不确定性，未来将在市场竞争中不断优化和更新换代（周小川，2019）。

六、小结

金融数字化的核心是基于数字科技，改造金融机构的技术架构、业务模式和组织管理，实现金融服务供应链创新，从而缓解金融服务中的信息不可得、信息不对称和信息不会用。金融数字化与传统金融的不同体现在参与主体、发展逻辑和运行模式三个方面，分别对应驱动数字化发展的动力来源、数字化的宏观框架和数字化的微观实现。并因此形成了理解金融数字化的"三维分析框架"：三个参与主体、三角发展逻辑以及三流运行模式。

在金融机构和数字科技公司的"双轮驱动"下，数字化改变了金融业务运行的"三流"模式。数字科技公司参与金融机构数字化转型，推动了"人—货—场"数字化升维创新，进而改变了金融服务供应链中的业务流、资金流和数据流：一是在金融机构和数字科技公司的分工协作下，金融服务供应链的业务流更加精细；二是在"人—货—场"带来的行业发展模式创新下，金融服务供应链的资金流流向重塑；三是在数字科技和数据要素的赋能下，金融服务供应链的数据流互动更加频繁。

在金融数字化实践中，科技和数据赋能提升了金融机构的经营效率和消费者体验，金融服务的业务流、资金流和数据流向拥有客户、数据、技术优势的数字科技公司集中。相对于金融机构来说，拥有更丰富客户、更海量数据、更强大技术的数字科技公司会向金融机构"一体输出"其客户、数据和技术。另外，逐渐积累起客户、数据以及技术能力的一部分大型金融机构也通过不断获得更多的客户、数据以及数字技术等战略优势，从而使得金融业务、资金和数据逐渐回归到金融机构手中。

近两年来，平台企业金融业务整改积极推进，金融科技监管政策加快完善，"金融的归金融，科技的归科技，数据的归征信"的监管框架逐步确立。在新的监管框架下，金融数字化依然需要数字科技公司的参与，但金融数字化的"三流集中"运行模式会向"分流交互"运行模式转变。在分流交互模式下，金融业务、金融科技业务以及其他数字化业务的边界分明，资金在不同主体的账户体系内跟随业务需求流动，业务、客户等各类数据打破数字科技公司的壁垒并在多方沉淀，数字科技公司的业务定位也随之更多地转向真正的技术赋能。

第三章　金融数字化的内外联动

一、金融机构数字化转型的研究进展

近年来的监管政策演变和行业发展实践表明，我国金融科技发展正在向"金融体系全面数字化转型"聚力（朱太辉和张彧通，2022）。政策上，2020 年以来，金融监管部门先后出台《商业银行互联网贷款管理暂行办法》《互联网保险业务监管办法》《征信业务管理办法》《银行保险机构信息科技外包风险监管办法》《网络小额贷款业务管理暂行办法（征求意见稿）》《非银行支付机构条例（征求意见稿）》等数十部监管规则，金融科技监管框架已经基本确立，明确了金融业务必须持牌经营和金融机构不能将金融业务核心环节外包等底线要求（朱太辉、龚谨和张彧通，2021）。2021 年底，中国人民银行发布《金融科技发展规划（2022—2025 年)》、银保监会发布《关于银行业保险业数字化转型的指导意见》，明确肯定了金融行业的数字化转型实践，并要求金融机构将数字化打造成"第二发展曲线"。实践中，各类金融机构从规划和实施、组织与管理、人才与薪酬、技术与架构、产品与生态、数据治理、产业链协同等多个方面，全面推进数字化转型（朱太辉和张彧通，2021）。金融机构如何高质量地推进数字化转型，已成为一项重要的现实课题。

围绕金融机构数字化转型的价值、战略、任务、手段等，现有研究进行了比较丰富的讨论。不论从历史、社会、行业还是机构角度来说，数字化转型都是金融机构的战略要求（刘春航，2021）。对于金融机构数字化转型的战略重点，一些研究认为，应当是以客户为中心的互联网服务理念的创新，以供应链合作、批量标准化为特点的业务模式创新，以智慧化、定制化、网络化为手段的产品和渠道创新等（吴文婷等，2021；董昀和李鑫，2019）。对于金融机构数字化转型的实施路径，一些研究强调应推动业务与技术的深度融合（张继刚，2020），一些研究则强调应重视数据应用、数字化人才培养等（赵月月，2020）；还有一些研究认为开放生态、大科技公司的参与是必要条件（Ehrentraud、Ocampo 和 Vega，2020；Feyen 等，2021），并且需要全方位得采用区块链、智能合约等各类数字技术（Natarajan、Krause 和 Gradstein，2017；World Bank，2020）。此外，在推进数字化转型的过程中，战略定位同质化严重、组织架构难以调整、数字化人才短缺、技术应用能力不足、数据治理效果有待提升等困难和问题也得到了不少研究的关注（中小银行联盟，金融壹账通和金融科技 50 人论坛，2021；中国工商银行软件开发中心，2021；IBM，2021）。

现有研究成果对于金融机构数字化转型的整体框架、本质内涵以及核心关键的认识还不够全面，难以对实践中的各类数字化转型误区以及参差不齐的数字化转型效果给出有力的解释。事实上，金融机构数字化转型需要具备的"动态"和"全局"视角，从金融机构的运营管理和业务经营出发，实现上述两方面数字化的内外协同和相互联动，从而最终成为具有"内生动力"且"动静结合"的数字化"有机体"。

二、金融机构数字化转型的发展误区

金融机构数字化转型需要内外兼修、动静结合，是"目标—内核—框架"协同推进的高质量演进。参考第一章中"金融数字化"的定义，金融机构数字化转型的目标是对内提高金融机构的经营质效，对外提升金融服务的覆盖面和客户体验，从而实现全链条、全要素的优化配置；金融机构数字化转型的内核是推动数字技术、大数据与金融业务的融合发展，全面释放数据要素的生产力，缓解金融服务中的信息不可得、信息不对称和信息不会用的问题；金融机构数字化转型的框架包括运用移动通信技术、人工智能、云计算、大数据、区块链等数字科技，改造金融机构的技术架构、业务模式和组织管理等内容。

在金融机构数字化转型的发展过程中，转型目标、转型内核与转型框架环环相扣。其中，转型目标是转型内核与转型框架围绕的"中心"，转型内核与转型框架是实现转型目标的"两翼"。但是实践中，不少金融机构偏离了"目标—内核—框架"协同推进的数字化转型"主航道"，暴露出三类发展误区（见图 3.1）。

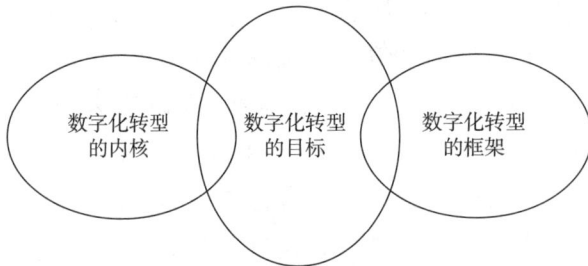

图 3.1　环环相扣的金融机构数字化转型

（资料来源：作者绘制）

1. 误区一：将数字化转型目标等同于数字化转型本身

数字化转型的目标可以归纳概括为金融高质量发展，一些金融机构陷入将金融高质量发展等同于数字化转型本身的发展误区。金融技术不断创造新的金融产品和业务模式，也改变了支付、信贷、投资等领域的竞争格局。一些金融机构认同数字化转型是应对同业和跨业竞争压力、自身发展转型、客户习惯迁移等变化时的必要选择，并且进一步认为数字化转型做好了，金融业务也能更好发展。但在实践中，不少金融机构的数字化进程也遭遇了发展瓶颈。如东部某农村商业银行在完成贷款业务线上化、智能化改造后的前半年里，贷款规模大幅提升；但半年之后，业务增速又迅速回落，甚至比线上化之前的增速还要低，贷款业务规模增长的天花板也没有打开。因此，评价金融机构数字化转型，首先关注的并不是数字化手段，而更关注借助数字化手段实现的业务和技术融合、组织和人员匹配、运营和管理的协同程度。

一些金融机构特别是中小金融机构，其数字化转型的"内生动力"没有"外生动力"强大，数字化转型出现了跟着前行者"依葫芦画瓢"的问题。同时，近年来金融科技监管政策加快完善，金融科技公司金融业务在全面整改，弱化了金融科技公司对金融机构经营发展的冲击，也在一定程度上激发了一些中小金融机构内在的"转型惰性"。未来需要更加关注数字化给自身业务和管理带来的变化，解决中小金融机构数字化转型的"形似神不似"。

2. 误区二：将数字化转型内核简化为数据赋能业务发展

数字化转型的内核可以归纳概括为"数据驱动"（Data-Driven），一些金融机构陷入将"数据驱动"简化为"数据对业务发展的赋能"的发展误区。"数据驱动"涉及产品设计、渠道选择、客户服务、业务管理、运营支持等各个方面。从金融机构的单个业务和单个运营的单元来看，数据对于经营和管理的赋能和促进作用显而易见，也很容易形成"经营管理—数据沉淀—数据利用"的闭环。从金融机构的数字化转型整体架构来看，如果数据要实现驱动金融机构数字化转型的目标，则需要打造建立在数据要素和数据架构基础上的"四梁八柱"：以数据驱动的"八大能力"服务金融机构经营管理的"四大方向"。"八大能力"指的是数据整合、数据治理、数据资产化、数据中台化、数据工具化、数据服务化、数据风控、数据生态。"四大方向"则指的是组织架构、业务经营、流程制度和人力管理（见图3.2）。

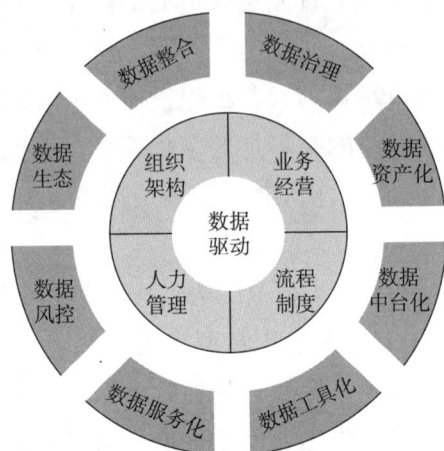

图3.2　"重资产模式"的数据驱动"四梁八柱"

（资料来源：作者绘制）

数据是重资产，数据驱动是重投入。由于金融机构开展数字化转型往往更重视近期发展的可行性，追求赋能效果的"看得见、摸得着"，一些金融机构在数字化转型过程中往往会在"业务驱动"和"数据驱动"中间选择前者，过多地关注短期业务效能、追求可见效益，而忽视了基础数据架构。其结果是：缺少数据要素平台，导致数据绕圈跑；缺乏提炼数据、形成资产的能力；没有数字化营销和数据治理，不会做大数据挖掘，缺少牵头的数据管理部门，安全和数据隐私得不到保障。同时，外部数据使用的耗费时间长、合规要求高、数据利用率低。最终，一些金融机构数字化转型陷入了数据质量不高、信息挖掘能力不强、外部数据获取能力不足的境地（朱太辉和张彧通，2021）。

3. 误区三：将数字化转型框架设计为数字化任务叠加

战略、组织、业务、数据、技术、资金、人才等各方面的数字化形成了数字化转型的框架，一些金融机构陷入不区分数字化转型框架中各任务轻重缓急程度的发展误区。政策层面，银保监会办公厅 2022年1月发布的《关于银行业保险业数字化转型的指导意见》从"战略规划与组织流程建设""业务经营管理数字化""数据能力建设""科技能力建设""风险防范"五个方面，为全面推进银行业保险业数字化转型提出了具体的政策指引。实践层面，金融机构数字化是"一把手"工程成为行业共识，数字化也已经进入各家金融机构的战略规划，并设置了人员、技术、业务、数据等各层面的具体任务。

从金融机构特别是中小银行数字化转型实践来看：一些金融机构都能比较全面深入地理解数字化战略、组织、管理、目标的"基本内涵"，但限于数字化人才缺乏、资金投入不足等因素的限制，在数字化转型过程中出现了"人事两不清""业务和技术两不清"的情况，而没有根据自身的数字化转型资源投入、数字化转型资源需求、数字化转型任务目标来规划重点任务、时间节奏和具体路径。

三、金融机构数字化转型效果不佳的根源

为了走出发展误区、高质量推进数字化转型，近年来一些金融机构在实践中做了纠偏尝试。但由于缺乏清晰的内外联动框架和实施机制，这些尝试尚未解决数字化转型效果不佳的根本性问题。

1. 金融机构数字化转型的纠偏尝试

在规划落地层面，注重成本、收益和安全三维评价。一些金融机构在推动数字化转型规划落地的过程中，注重采用"存量改造＋增量

改革"的结构性驱动模式,划定了"业务增效、成本可控、系统安全"三维目标。例如在技术选型上,一些金融机构根据自身发展阶段、业务经营模式、技术积累基础情况,选择适合自己的技术系统,不盲目追随"高精尖",秉持"够用就行、略有超前、保证安全"。

在效果评估层面,注重转型任务和业务需求的适配。一些金融机构在推动数字化转型发展的过程中,将转型发展任务与转型进展评估相结合,关注业务与技术融合程度、数据征集与治理效果、数字化资源投入与产出、客户体验与满意程度等维度下,数字化转型需求的实现情况。

"目标—内核—框架"缺乏落地机制,业务数字化和管理数字化仍是"两张皮"。金融机构数字化转型的"目标—内核—框架"需要通过"数字化解决方案"作为落地机制,解决业务数字化和管理数字化的适配和联动问题,从而推动数字化转型动态优化和不断演进。数字化解决方案是"策略方案",是在数据中台、技术中台、业务中台、风控中台等标准化模块的基础上(朱太辉和张彧通,2021),结合金融机构的业务理解、数据认知以及管理经验等,全面实现标准化模块的动态组合和快速调整,从而推动业务发展、管理支持的有效联结和良性互动。规划落地和效果评估的纠偏尝试解决了数字化转型的头和尾的问题,但无法从金融机构的全局视角推进业务数字化和管理数字化的内外联动。

2. 内外联动是金融机构数字化高效演进的关键

金融机构数字化需要同时推进对内管理(内部)数字化和对外业务(外部)数字化。内部数字化的目标是塑造数字化时代的数字思维能力、技术创新能力、业务发展能力、伦理建设能力、组织凝聚能力,提高金融机构的经营质效,在更高水平实现成本—收益—风险的平衡;外部数字化的目标是打造技术中台、数据中台、业务中台一体化的运营中台，实现事前、事中、事后的自动化风险控制，提升数智化获客、活客、留客的营销能力，实现服务流程、服务渠道、服务体系的智慧再造，提升金融服务的覆盖面和客户体验。

内外联动有助于更好地明确发展目标，强化金融机构"内生动力"。在金融机构的内部数字化和外部数字化任务的基础上，内外联动促成了金融机构的"内部数字化生态闭环"，为金融机构提供了充足的"内生动力"。

内外联动才能有效调动数字化转型所需的资源，发挥数据驱动作用。数据驱动需要数据资产的积累沉淀和数据架构的优化完善。通过数字化的内外联动，日常业务经营和机构管理积累的数据以"滚雪球"的方式汇聚融合。与此同时，基础数据库、数据中台等数据架构得以更快速、集中地构建落地。

内外联动才能统筹好金融机构数字化转型任务的轻重与主次。发展业务和运营管理是一个硬币的"两面"，两方面相辅相成。数字化的内外联动指的正是这两方面数字化的相互配合，以动态地确定并满足金融机构在不同发展情形下的数字化需求。

四、金融机构数字化内外联动的框架内涵

金融机构数字化转型的内外联动框架的核心，主要在内部管理和外部经营的数字化基础上，通过策略方案实现内外两方面"人—货—场"框架的对应联动，实现金融机构内外部数字化的动态匹配。其中的策略方案指的是，依托对于金融业务和管理的理解，金融机构调动数据资产、算法算力对产品、服务、管理、流程进行加工，所形成的业务经营和运营管理解决方案（见图3.3）。

1. 内部数字化的"人—货—场"框架

从内部管理来看，数字化转型实现了金融机构组织人才（人）、信

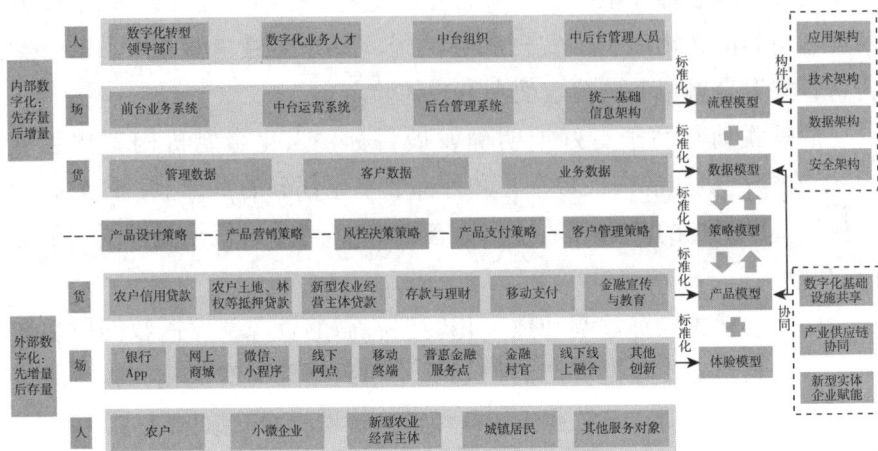

图 3.3　金融机构数字化的内外联动架构

（资料来源：作者绘制）

息数据（货）、系统架构（场）的升维创新，形成了金融机构内部数字化的"人—货—场"框架。"人"的数字化指的是数字化组织形式、数字化人才培养，其核心是拥有匹配数字化发展的中台组织架构——功能型平台。"场"的数字化指的是在统一的软硬件信息基础架构基础上所形成的数字化系统，该系统将金融机构已有的核心系统、业务系统等进行统合。"货"的数字化则指的是金融机构通过业务经营和运营管理活动所收集、管理和分析的各类数据。

内部数字化拥有职能管理部门和业务发展部门"上下互动"的组织人员体系。在决策管理层，一把手牵头的"数字化转型委员会"一方面决定转型的战略规划、阶段目标、重点任务、实施路径和资源配置，另一方面统筹协调各个职能部门、技术部门、业务条线。在业务发展层，各部门的数字化业务人才、管理人才、技术人才和支持人才敏捷互动。金融机构的数字化既来源于自上而下的顶层决策、顶层设计、顶层推动，也来源于自下而上的业务创新、组织变革。

内部数字化拥有"数据决策"与"业务需求"适配的数据治理范式。一是具备从传统数据架构转型而来的、面向业务应用的大数据平台，可以实现内外部结构化、半结构化和非结构化数据的实时采集、计算、存储和处理，并提供智能决策引擎、自动化授信、大数据风险监控等功能。二是搭建功能强大的数据中台，在大数据平台基础上为经营决策、精准营销、风险防控等提供全面的数据工具支撑。三是实现数据治理能力和数据运用能力的"相辅相成"，既要统一数据标准，建立起规范化的数据结构和数据字典，又要做到数据管控，实施数据质量检核，还要始终围绕助力经营决策、精细管理、创造价值的目标开展创新。

内部数字化拥有"轻前台＋强中台＋稳后台"的数字化系统架构。金融机构的系统架构应当搭载、服务其全部经营管理活动，并且划分为三个模块：第一个模块是前台系统，呈现在 App、网站、移动终端、线下网点等各个渠道。该模块是客户的"入口"，也是金融机构业务人员的"出口"，以服务业务为导向，专注在使用便捷、响应快速。第二个模块是中台系统，是数字化系统架构的核心。该模块以服务前台为导向，专注在系统架构的标准化、构件化。通过应用架构、技术架构、数据架构和安全架构的构件化和业务系统的标准化，从而形成流程模型，实现运营支撑的灵活敏捷。第三个模块是后台系统，以提升管理人员的内部管理效率，同时支撑前台和中台为导向。该模块专注在系统架构的高可靠、低风险、并成本适中。

2. 外部数字化的"人—货—场"框架

从外部展业来看，数字化转型实现了金融机构服务供应链中用户（人）、产品和运营（货）、场景和场所（场）的升维创新，形成了金融机构外部数字化的"人—货—场"发展框架（朱太辉和张彧通，2022）。"人"的数字化指的是客户的"数字化"，即通过客户画像等手段抽象化的客户图谱以及客户的相关数据；"场"的数字化指的是渠道的数字化发展，包括线上线下的渠道拓展，以及线上线下渠道的创新融合；"货"的数字化指的是产品的数字化创新。金融机构外部数字化的核心是通过数字化转型，改善业务形态（业务流）、资金流向（资金流）、数据互动（数据流）的交互效率（朱太辉和张肖通，2021）。

外部数字化中，金融业务伴随着金融机构与金融机构之间、金融机构与数字科技公司之间的分工协作深入而更加精细。一方面，金融机构之间分工协作、共同优化金融服务和产品的流程环节；另一方面，金融机构与数字科技公司发挥比较优势，通过数字科技公司的科技能力赋能金融机构的业务发展。

外部数字化中，资金流向伴随着金融服务和产品的不断创新而面临重塑。和已建成生态的非银行支付机构合作时，客户资金和机构资金将会更多地在生态中流转；还有不少金融机构，例如中小农村银行，建立了线下渠道的业务优势和支付优势，客户资金和机构资金则在自身体系内流转。

外部数字化中，数据要素随着数字化程度的不断加深而更加频繁交互。金融机构的数字化水平不断提升，业务、场景、客户等各类数据在金融机构、客户等数字化相关主体间双向流动，充分提升了数据要素的倍增和放大作用。

3. 策略方案是实现内外联动的桥梁

内外联动最终是要实现内外部"人—货—场"框架的映射联动：一是金融机构经营管理的"货"映射的是金融机构内部管理和外部经营的所有信息和数据。一方面，金融机构内部的组织、人才、架构、系统的各类管理数据、资金数据、人员数据、技术数据都成为内部管理的"货"；另一方面，金融机构业务经营的"人—货—场"要素以及经营管理所形成的"业务流""资金流""数据流"也都以"数据"

的形态沉淀成为金融机构内部的"货"。二是金融机构经营管理的"场"是金融机构业务经营的"场"的载体。在金融机构对外开展业务经营活动时，其所依托的 App、网上商城等线上渠道、线下网点以及移动终端等数字化设备都与金融机构内部数字化的业务系统、运营系统相连接。三是金融机构内外部数字化框架中的"人"共同构成了金融数字化发展框架中的"人"。金融机构的各类业务人员和金融业务服务的业务对象是金融服务的供需双力，通过金融机构内外部数字化实现了"人"的升维创新。

金融服务供应链的各类策略方案是金融机构内外部数字化的桥梁。如果说内外部数字化是金融机构的"静态数字化"，那么策略方案则实现了金融机构内外联动的"动态数字化"。依托金融机构积累形成的海量数据、以往内部管理和外部经营经验，金融机构可以形成丰富的金融服务供应链策略方案，包括但不限于产品设计策略、产品营销策略、风控决策策略、产品支付策略、客户管理策略等。

五、金融机构数字化内外联动的实现路径

金融机构数字化内外联动的关键是提升策略方案的桥梁作用。策略方案发挥桥梁作用的基础是业务能力和管理能力的标准化和构件化，并在此基础上形成流程、数据、产品、体验等各类模型。需要一方面实现技术迭代促进，通过将应用、数据等构件化形成业务、技术、数据、风控等各类中台；另一方面实现业务发展，通过联结第三方的数字化基础设施、产业链供应链，构建服务的全渠道、拓展产品种类，提升各类业务的质效。策略模型与产品模型、体验模型连接，可以沉淀对客户和业务的认知；策略模型与数据模型、流程模型连接，沉淀金融机构在经营管理方面的数字化"最佳实践"。

1. 在内部数字化过程中通过技术迭代促进策略模型的沉淀

内部数字化是一个先存量后增量的过程。经过了多年的发展与沉淀，金融机构形成了一套较为完整且行之有效的内部管理体系。在内部数字化的过程中，如果不首先实现已有体系的底层数字化转型而选择从零搭建新的一套数字化架构，可能会出现传统管理架构和新的数字化架构等并存，甚至是多套不同架构类型林立。这不仅使得运营维护成本变高，而且导致架构之间的摩擦与冲突可能越来越大。更重要的是，技术系统和架构的摩擦会使得策略模型散落，无法形成一体化，就无从实现内外联动。为此金融机构应当主动选择，在内部数字化的过程中将重点放在优先实现技术层的适应性迭代。

一是打造"传统银行 + 数字金融"双核驱动，强化核心业务系统的策略方案支持能力。根据金融机构既有的技术基础决定是否搭建新数据中心，实现基础性架构解耦，满足双态、多活、多灾备的要求。

二是推进金融机构云平台建设，打造用于策略模型计算资源分配以及管理的关键基础设施。金融机构可以统筹建设私有云、行业云，为机构自身甚至对外提供计算、存储、网络、数据库、安全支撑等云化托管服务。此外，在云平台建设的基础上归纳、抽象业务和管理模式，创新打造 SaaS 级服务。值得注意的是，云平台等关键基础设施是数字化转型的"重资产"之一，不同体量和不同发展阶段的金融机构应当根据需要和能力选择适合自己的云平台落地形式。例如农村中小银行可以通过成立区域性联盟的方式共担研发成本、共享计算能力，从而提升云平台的效能。

三是加快数字技术创新测试，探索策略模型的敏捷开发模式。研发分布式架构系统、拓展微服务架构、引入移动开发平台、机器学习平台、统一开发平台，强化快速开发、自动监测、自主可控、敏捷反馈。

四是提升技术管理模式适配性，统筹数据管理、策略方案管理、技术架构管理。从业务需求的层面出发重新梳理科技管理和产品研发的流程，为业务提供更快捷的工具组合，实现更加轻量级的业务创新、评估与迭代。

2. 在外部数字化过程中通过业务发展提升策略模型的适配度

外部数字化是一个先增量后存量的过程。伴随着时代发展，金融机构客户的认知能力、产品需求、消费习惯、行为模式发生了根本性的变化。金融机构原有的产品形态和服务模式已经难以适应客户对线上化、智能化、场景化的产品和服务的需求。为此，策略方案成为金融机构提供数字化产品和服务的"秘诀"，通过调度内外部的各方面资源，更好地满足客户的需求，实现业务的发展。为此金融机构外部数字化的重点自然是优先实现业务发展的数字化转型。

一是打造产品中台，构建敏捷高效的产品策略模型研发体系。为了支持前台业务的快速发展，有必要构建包含渠道接入、核心服务、业务应用、基础支撑、信息安全、生产运维和管理决策等应用系统的产品研发体系，从而实现产品相关策略方案和模型的适配度。

二是专注业务生态，为策略模型赋予场景标签。例如在农村金融服务中，统筹调配资源，充分发挥农村电商产销对接、信息集成等作用，打造个性化定制和柔性化的农村金融服务产品业务策略模型。

三是提升渠道效率，为策略模型赋予渠道标签。一方面，积极发展线上业务，通过产品线上化创新，拓展线上化红利，为金融服务提供重要的增量。另一方面，坚持线下服务数字化改造，打造"柜台＋移动展业＋智能机具"的多元深度融合服务模式，通过线下网点转型和移动支付下沉更深层次地服务金融机构客户。此外，还应当强化"移动支付＋场景构建＋线下收单"的线上线下融合、业务上下游融合的服务模式，充实业务经营的渠道选择。在发展渠道的基础上，将渠道标签标准化、构件化，从而提升策略模型的适应性。例如，不少金融机构通过构建物理渠道和电子渠道双向融合和数字化的转型方案，从业务经营的"建生态、搭场景、扩用户"需求出发，联动数据中台和业务核心系统，打造综合的渠道策略方案（见图3.4）。

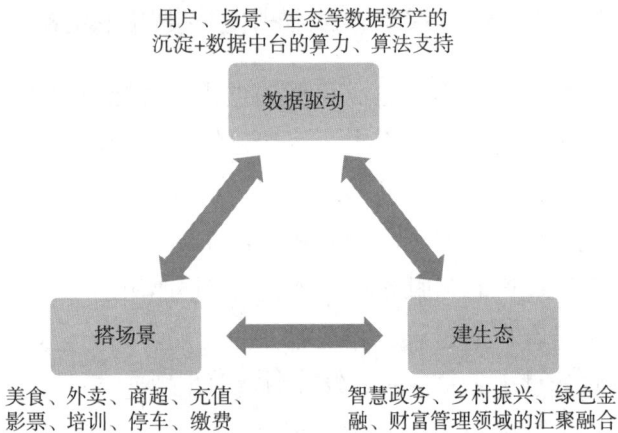

用户、场景、生态等数据资产的
沉淀+数据中台的算力、算法支持

数据驱动

搭场景

美食、外卖、商超、充值、
影票、培训、停车、缴费

建生态

智慧政务、乡村振兴、绿色金
融、财富管理领域的汇聚融合

图3.4　金融机构内外联动的渠道策略方案

（资料来源：作者绘制）

六、小结

金融机构数字化转型是运营管理数字化和业务经营数字化协同推进的过程，业务经营数字化和运营管理数字化的高效联动才能从根本上强化金融机构数字化转型的"内生动力"，推动数字化转型的迭代演进。内外联动的目标是通过策略方案这一"桥梁"实现运营管理数字化"人—货—场"框架和业务经营数字化"人—货—场"框架的映射联动。在数字化转型的"内外联动"框架下，要发挥好策略方案的"桥梁作用"和"引导作用"，在内部数字化发展过程中通过技术迭代促进策略模型的沉淀，在外部数字化应用过程中通过业务发展提升策略模型的适配度。

　　金融机构数字化转型是一项系统工程，包含组织、业务、技术、人才等诸多要素在内的金融机构数字化战略规划和落地框架，是数字化的"形"，是静态的；"内外联动"是数字化的"神"，是动态的。伴随着越来越多的金融机构开展数字化转型，"内外联动"的能力决定了金融机构数字化转型是不是真正实现，实现得有多好。金融机构应当更加主动地、有意识地实现策略方案的标准化、构件化，从而推进策略方案落地为策略模型，打造"策略方案＋数据＋技术"的数字化范式。

第二部分
金融数字化的发展趋势

整体来看，金融数字化的发展趋势受政策导向、市场需求、技术创新和生态驱动四个方面的影响。

政策变化是金融数字化发展重要的外生因素。近年来，人民银行发布了新的金融科技规划，确立了包括主体、动力、客户、业务和监管在内的"五维"政策框架体系，银保监会也发布了银行业保险业数字化转型的指导意见，体现了政策导向的迭代变化以及引导性。

金融服务的市场需求也发生了极大变化。相对于C端消费金融业务B端企业金融业务已成为金融数字化未来的产业发展方向。其中，"供应链金融科技"不仅能够缓解中小微企业融资难融资贵，而且还将推动产业生态、金融生态和科技生态的融合发展。

数字技术持续创新迭代，通过"核心技术＋适配需求"的方式，提升了金融机构的服务供应链能力和客户差异化需求的响应能力，实现了金融服务供给与需求的良性互动。

在生态方面，BigTech扮演了金融科技服务商和数字科技服务商等诸多角色，不仅仅向金融机构输出数据、技术、场景、业务，而且与金融机构共建连接金融数字化生态的开放平台。此外，拥有实体性、科技性、生态性和网络性特点的新型实体企业"青出于蓝"，全面提升了金融数字化生态的质效。

第四章 金融数字化的政策趋势

自新冠肺炎疫情暴发以来，金融科技推动新金融业态加速创新发展，全面改造金融服务流程和业务运营链条，成为推动金融业高质量发展的重要抓手。与此同时，相关监管政策也在适应性调整，金融科技监管框架加速补短板。综合近年来的行业发展实践和监管政策要求来看，我国金融科技发展正在向"金融体系全面数字化转型"聚力，其中五方面的演变趋势越来越明显：主体层面从金融科技公司主导转向持牌金融机构数字化主导；动力层面从注重科技创新转向注重数据赋能；客户层面从个人服务转向更加注重企业服务；业务层面更加重视普惠和绿色金融补短板；监管层面金融科技监管全面化和监管工具机制数字化并进。

一、发展主体从科技企业主导转向持牌机构主导

（一）金融机构正逐渐成为金融数字化发展的核心主体

一方面，2020年下半年以来，互联网贷款、互联网存款、互联网保险、金融产品网络营销等监管规则不断出台完善，平台企业的金融业务整改持续推进，核心要求是金融业务必须持牌经营，金融机构业务的核心环节不能外包。在此背景下，第三方金融科技公司逐渐开始整改非持牌金融业务，并规范自身的科技赋能业务。

另一方面，对于存量金融机构来说，随着金融机构同业竞争和科技公司跨业竞争的加剧，数字化转型已不是要不要转的问题，而是怎

51

么转的问题。人民银行发布的《金融科技发展规划（2022—2025年)》明确提出，从战略、组织、管理、目标、路径以及考评等方面将金融数字化打造成金融机构的"第二发展曲线"。银保监会办公厅发布《关于银行业保险业数字化转型的指导意见》，从"战略规划与组织流程建设""业务经营管理数字化""数据能力建设""科技能力建设""风险防范"五个方面，为全面推进银行业保险业数字化转型提出了具体的政策指引。

事实上，近年来，金融机构在积极加大资源投入，从规划与实施、组织与管理、人才与薪酬、技术与架构、产品与生态、数据治理、产业链协同等多个方面，全面推进数字化转型的实践探索。从上市银行的资金投入看，信息科技和金融科技相关资金投入超过2000亿元，其中工商银行和建设银行投入分别高达259.87亿元和235.76亿元，农业银行、中国银行的金融科技相关资金投入均超过180亿元；工商银行从事金融科技的员工人数高达3.5万人，占全行员工的8.1%，浦发银行科技人员总数占比达10.64%。此外，截至2021年底，已有20家大中型银行成立了金融科技子公司（或者联营公司)。

（二）金融机构数字化的目标在于全面提升金融服务质效

首先，数字化要实现全链条、全要素的优化配置。数字化是一项系统性工程，核心是对金融机构的技术架构、业务模式和组织管理进行改造，推动数字技术、大数据与金融业务的融合发展，从而创新金融服务供应链，缓解金融服务中的信息不可得、信息不对称和信息不会用的问题，全面释放数据要素的生产力。

其次，数字化要加强内外部协同发力。金融机构的内部数字化重点在于塑造数字化时代的数字思维能力、技术创新能力、业务发展能力、伦理建设能力、组织凝聚能力，提高金融机构的经营质效，在更高水平实现"成本—收益—风险"的平衡；金融机构的外部数字化重点在于打造技术中台、数据中台、业务中台一体化的运营中台，实现事前、事中、事后的自动化风险控制机制，提升数智化获客、活客、留客的营销能力，实现服务流程、服务渠道、服务体系的智慧再造，提升金融服务的覆盖面和客户体验。

最后，数字化要做到线上线下融合发展。一方面，主动发展自营线上平台，随着金融监管越来越强调金融科技发展过程中金融业务由持牌金融机构自主控制，金融机构数字化转型越来越重视金融客户、账户等要素从第三方金融科技企业"回流"金融机构的自营线上平台；另一方面，积极推进线下营业网点的数字化转型升级，持续巩固线下营业网点服务的传统优势；在上述两点数字化的基础上，最终实现线下网点与线上自营平台、第三方平台和其他服务商的互动融合。

二、发展动力从科技创新转向注重释放数据价值

（一）监管规则与行业政策推动释放数据要素倍增效应

近两年来，《数据安全法》《个人信息保护法》等基本法律规范相继出台，为数据要素在全社会的规范高效使用提供了法律基础。

在数据共享层面，2021年12月国务院办公厅印发的《加强信用信息共享应用促进中小微企业融资实施方案》，对加强信用信息共享整合、深化信用信息开发利用提出了政策要求：充分发挥各类信用信息平台作用，多种方式归集共享各类涉企信用信息，充分运用大数据等技术，完善信用评价体系，健全信用信息共享协调机制，破解银企信息不对称难题。

在征信合规层面，中国人民银行发布的《征信业务管理办法》强调征信业务持牌经营，明确了金融领域的信用信息采集、保存、整理、加工的要求，为数据在征信领域的合规使用和价值释放提供了操作指

引，明确了"数据集中归集到征信机构，然后向金融机构全面开放"的数据流转路径。

在数据应用层面，《金融科技发展规划（2022—2025年）》强调通过技术手段实现企业经营、政务、金融等数据的融汇，在此基础上做到匹配企业生产经营场景的金融服务精细化、定制化，同时加强信贷资金流向流量的监控；银保监会办公厅《关于银行业保险业数字化转型的指导意见》更是将系统推进数据价值释放作为数字化转型重点。

（二）金融机构内部数字化要求推动提升数据治理能力

数据治理是内部数字化的重要内容，重在健全数据治理体系、增强数据管理能力、加强数据质量控制。金融机构需要打造覆盖全生命周期的数据资产管理体系，实现从"有数据"向"用数据"转变：在组织规划层面，制定数据规划和发展战略，打造适合数据工作的组织结构，特别是要明确数据安全负责人和管理机构，明确基本工作机制、基本目标、主要任务和实施路径；在技术能力层面，提升数据工作的技术水平和安全保护能力，以分级分类为前提、以科技手段为手段，推动数据治理系统化、自动化和智能化；在数据保护层面，严防数据逆向追踪、隐私泄露、数据篡改和不当使用，在避免数据过度收集、误用、滥用的前提下提升数据分类施策水平。

（三）金融机构外部数字化要求推动提升数据应用赋能

数据应用和业务赋能是外部数字化的重要内容，重在将数据资产转化成产品和服务，以及利用数据分析工具提高业务经营质效。在产品设计方面，面向客户、面向场景提供大数据知识图谱、综合分析等赋能应用，全面深化数据在业务经营、风险管理、内部控制中的应用，通过数据驱动催生新产品、新业务、新模式，加强对数据应用全流程的效果评价；在技术能力方面，综合利用联邦学习、多方安全计算、可信安全环境等新兴技术手段实现"数据可用不可见，数据不动价值动"；在资产流通方面，探索建立多元化数据共享和权属判定机制。

（四）行业性基础设施推进信用数据互联互通

信用数据是金融机构需求的最重要的数据类型之一。随着近年来的不断发展，个人和企业等各类市场主体的市场信用信息、公共信用信息的共享开放已形成分主体、分数据类型的多个基础设施的集合。自然人个人的信用信息主要通过个人信用信息基础数据库和个人征信机构实现收集、保存、共享和使用；企业等市场主体的信用信息主要通过企业信用信息基础数据库、全国（包含各省区市）信用信息共享平台以及企业征信机构，实现全生命周期处理。下一步是在提升这些信用信息共享基础设施能力的基础上，进一步推动各自保有的信用信息实现"跨机构、跨市场、跨领域"互联互通。

一方面，持续提升现有"信用信息共享基础设施"的科技能力和服务水平，通过多种方式在不同渠道实现金融信息汇聚融合和对外共享。例如，作为全国最大的市场信用信息汇聚融合的官方基础设施平台，中国人民银行的征信系统不断丰富金融机构信用信息的来源与品质。截至 2020 年 12 月底，已收录 11 亿自然人、6092.3 万户企业及其他组织，其中收录小微企业 3656.1 万户（相较于 2017 年增长了13 倍，占全部建档企业的 60%）、个体工商户 1167 万户小微企业数量。作为全国主要的公共信用信息汇聚融合的官方基础设施平台，全国信用信息共享平台依托平台自身所积累的公共信用信息积极推广"信易贷"模式，建立全国中小企业融资综合信用服务平台（即全国融资信用服务平台），并与各个地方平台或站点实现技术对接和数据交互，缓解金融机构信用信息不对称的难题。截至 2022 年 6 月末，通过各级融资信用服务平台累计发放贷款 8.8 万亿元，其中信用贷款

2.1 万亿元。

另一方面，不断完善"信用信息共享基础设施"的跨机构互联机制，实现跨领域公共信用信息的高效开放共享。诸多政策文件已经对此进行了详细的任务部署，下一步的重点是保障工作任务的按时、及时完成。例如2021年底，国务院办公厅发布的《要素市场化配置综合改革试点总体方案》，明确提出"建立健全高效的公共数据共享协调机制，支持打造公共数据基础支撑平台，推进公共数据归集整合、有序流通和共享"；同时，发布《加强信用信息共享应用促进中小微企业融资实施方案》，给出了信用信息共享的具体要求，明确了14大类、37小类信用信息的"共享范围、贡献方式、责任部门、时间节点"，涵盖了各个部门掌握的信用信息。截至2022年7月，全国一体化融资信用服务平台网络基本建成，地方各级融资信用服务平台104个，已归集共计21项涉企信用信息。

三、服务客户从注重消费者转向更加注重企业

（一）疫情冲击下针对B端企业服务的金融科技赋能快速发展

近年来，金融监管部门高度警惕居民杠杆率过快上升的透支效应和潜在风险，要求不宜依赖消费金融扩大消费，国家"十四五"规划纲要中也明确提出规范发展消费信贷。与此相应，新冠肺炎疫情暴发后，企业金融服务尤其是面向小微企业和面向供应链的金融服务成为重要的业务增量。

（二）政策持续鼓励运用金融科技改善中小微企业的金融服务

自2020年初以来，《关于加强产业链协同复工复产金融服务的通知》《关于规范发展供应链金融支持供应链产业链稳定循环和优化升级的意见》《关于加快推动制造服务业高质量发展的意见》等政策文件

均明确提出：运用金融科技手段赋能小微企业金融服务，提升产业链金融服务科技水平。2022 年 1 月公布的《关于银行业保险业数字化转型的指导意见》更是要求积极发展产业数字金融，并从项目、企业、产业链多角度谋划了新型基础设施、产业金融服务平台、数字门户等发展任务。

金融科技赋能产业供应链已经广泛实践。在实践中，京东科技等科技公司积极发展"供应链金融科技"，促进了金融业务与科技创新、产业发展、场景生态的融合发展，助推"产业、科技和金融"的良性循环。

（三）"供应链金融科技"成为"科技—产业—金融"良性循环的有力抓手

党的十九届六中全会提出"促进实体经济与金融协调发展，实现'科技—产业—金融'的高水平循环"。"供应链金融科技"对"科技—产业—金融"良性循环具有重要的促进作用。

一方面，供应链金融科技实现供应链上下游中核心企业"主体信用"、交易标的"物的信用"、交易信息"数据信用"的一体化协同管理，有助于解决传统供应链金融高度依赖核心企业的信用水平和确权能力的核心痛点，帮助更多的金融机构、更多的企业参与到供应链金融业务中。

另一方面，"供应链金融科技"在产业链固链、补链、强链、延链上发挥催化剂作用。"供应链金融科技"有助于打通产业链"堵点"，将信贷资金精准滴灌至产业链资金需求节点；有助于接通产业链的"断点"，强化产业链上下游合作伙伴的协同和联结，缓解以往金融服务和产业发展"两张皮"的问题。

四、赋能业务从消费金融转向注重普惠和绿色金融

（一）数字化转型改变普惠金融"规模—成本—风险"函数

长久以来，在金融服务能力相对薄弱的农村金融、小微金融以及新兴的绿色金融领域，金融机构面临着"不敢贷、不能贷、不愿贷"的三角困局。背后的核心问题是，在传统信贷经营模式下，金融机构的"规模—成本—风险"函数关系没有实质性的改变，大规模开展这些业务缺乏商业可持续性。

在金融科技的发展支持下，技术、场景、金融的融合发展创造了金融服务的新获客模式、新风控模式以及新盈利模式，银行的战略部署、组织体系和信贷文化随之改变，金融信贷的"规模—成本—风险"函数关系正在快速改变，信贷供应链能力正在快速提升。在金融科技的支撑下，金融机构的数字化转型为农村金融、小微金融、绿色金融等服务短板提供了具有商业可行性的金融服务方案。

（二）数字化赋能小微金融服务和农村金融服务"补短板"

金融服务的背后是一整条供应链，涵盖产品设计、营销获客、信用评级、授信决策、风险管理等多个环节。金融科技可以极大地加强各环节的迭代与联动，提升对不同客户需求的适应性、服务定价的精细化程度，降低风险管理对抵质押物的过度依赖。

正因如此，近年来政策部门坚持鼓励金融机构积极支持利用金融科技改善小微金融质效。人民银行、银保监会等发布《关于进一步强化中小微企业金融服务的指导意见》，明确强调："运用金融科技手段赋能小微企业金融服务"。在农村金融领域，《数字乡村发展行动计划（2022—2025 年）》要求，引导银行业金融机构在依法合规、风险可控前提下，基于大数据和特定场景进行自动化审批，提高信贷服务效率；

《金融科技发展规划（2022—2025 年)》更明确提出，将金融服务和农业生产相结合，强化农业生产环节的数据自动化采集、可溯化信任和智能化分析，做到农户精准授信、智能上保，并提升农村地区金融服务下沉度和渗透率。

（三）数字化同步推进金融机构绿色发展和绿色金融业务发展

绿色金融在我国起步较早，但经过十多年的发展，整体上还没有放量增长。在国家"碳达峰、碳中和"战略下，绿色金融发展的空间和必要性进一步加大。国家"十四五"规划纲要明确要求构建绿色发展政策体系，并指出大力发展绿色金融。《关于银行业保险业数字化转型的指导意见》鼓励银行保险机构利用大数据增强普惠金融、农村金融服务能力的同时，更好地发展绿色金融。

总体来看，数字化在绿色金融发展中的作用主要体现在两方面：一方面，通过金融机构数字化转型，可以更好地推进金融机构降低能耗，打造绿色数据中心、建设先进高效算力体系等；另一方面，积极推进绿色金融服务数字化转型，积极开展绿色定量定性分析、打造多元绿色产品、实施绿色信息监测与分析。

五、监管演变转向金融科技监管全面化和金融监管机制数字化并重

（一）金融科技监管"金融 + 科技 + 数据"全覆盖

《金融科技发展规划（2022—2025 年)》关于"加强金融科技审慎监管"的要求与"十四五"规划纲要中"完善现代金融监管体系，补齐监管制度短板，在审慎监管前提下有序推进金融创新"的要求相一致。深入分析 2020 年 7 月以来密集出台的 30 多项金融科技监管政策以及网络平台金融业务整改的具体要求，"金融的归金融，科技的归科

技，数据的归征信"的金融科技监管框架逐渐清晰。

"金融的归金融"核心是金融业务必须持牌经营，金融机构应当主导金融业务流程，同一类型业务统一监管标准。"科技的归科技"核心是金融科技服务属于金融机构的信息科技外包服务，科技公司不得过度介入金融业务流程。"数据的归征信"指用于信贷服务的个人和企业信息应当归属持牌征信机构，金融数据应当按照《个人信息保护法》《数据安全法》的要求做好安全防范和隐私保护。

（二）监管工具和机制数字化转型加快推进

数字化赋能金融监管，是应对金融科技发展和金融机构数字化转型的必然要求和必要选择。《金融科技发展规划（2022—2025 年）》要求"加快监管科技全方位应用，加强数字监管能力建设"，目的是通过强化监管科技运用和金融创新风险评估，全面改善金融科技创新监管。2022 年银保监会年度工作会议也明确指出，加强对依法监管的科技支撑，提高监管数字化智能化水平。

在监管工具数字化方面，积极应用金融科技打造或改造监管工具：一是打造数字化技术应用评测与风险监督工具，实现新技术监管；二是打造金融业务合规与风险管理平台，实现金融业务监管；三是打造金融信息基础设施管理平台，实现金融数据监管。

在监管机制数字化方面，不断完善健全监管沙盒等金融科技创新监管机制，强化金融科技创新的全生命周期监管：一是全面实施竞争中性原则，在申请主体层面允许持牌金融机构和金融科技公司平等申请测试，在设计实施层面做好风险监测防控；二是提升央地监管分工协调，特别是在创新许可、监管豁免、法规政策等方面的协调机制化、常态化；三是形成公开透明的监管沙盒指引，总结中国监管沙盒的实施经验和借鉴国外的先进做法，在准入规则、测试要求、评估机制等方面形成规范统一的、对外公开的操作性指引。

六、小结

金融数字化的政策体系显示出明显的阶段特征。金融与数字科技融合发展经历了互联网金融、金融科技、金融数字化三个发展阶段。从 2015 年中国人民银行等十部委发布《关于促进互联网金融健康发展的指导意见》开始，政策跟随着行业迭代，其促发展、防风险的平衡特色不断彰显。《金融科技发展规划（2022—2025 年)》形成了五维的政策体系：鼓励主体层面由持牌金融机构数字化主导；动力层面更加注重数据赋能；客户层面更加关注企业服务；业务层面更加重视普惠和绿色金融补短板；监管层面金融科技的监管框架已经形成，监管工具逐渐迭代。

金融数字化的政策体系越来越具有引导性。作为最早开始数字化的行业之一，金融行业的数字化发展一直在创新和强监管之间寻找平衡。五维的政策框架设定了金融数字发展的"主航道"，是将来一段时间金融数字化创新的"标杆"。

第五章　金融数字化的业务趋势

当前中国经济发展已进入高质量发展的新阶段，其重心在于积极推进经济发展的质量变革、效率变革、动力变革。在传统经济发展方式动力不足的背景下，我国数字经济快速发展，增强了宏观经济的韧性。随着大数据、人工智能、区块链、云计算等新技术的深入应用，我国数字经济发展规模持续壮大，为金融科技发展提供了更坚实的数据基础和更强大的科技动力。与此同时，金融科技是实现"科技—产业—金融"高水平循环的重要途径，未来，供应链金融科技将在缓解中小微企业融资难融资贵现象，在提升中国产业链供应链的韧性方面发挥更大的作用，未来发展空间更加值得期待。①

一、数字经济发展进一步夯实金融科技发展的基础

（一）数字经济快速发展提升了中国经济的韧性和活力

在外部复杂环境和新冠肺炎疫情局部反复影响，近年来中国经济面临着不小的下行压力，但压力之下数字经济发展提升了中国经济的韧性。据中国信通院测算，2021 年我国数字经济规模达到 45.5 万亿元人民币，仅次于美国，居全球第二位。在产业规模、科技水平、平台影响力、独角兽企业数量等方面，我国数字经济呈现明显的发展优势。国家"十四五"规划明确提出：共同推动数字产业化和产业数字化，

---

① 感谢京东公共政策研究院龚谨博士对本章内容的写作贡献。

全面加快建设数字经济、数字社会、数字政府，以数字化转型整体驱动生产方式、生活方式和治理方式变革。到 2025 年，我国数字经济核心产业增加值占 GDP 的比重将从 2020 年的 7.8% 提升至 10%。这表明，我国数字经济已进入高速发展的快车道，具有巨大的市场潜力和空间，为中国经济发展注入了新的活力和动能。

（二）数字经济为金融科技的发展提供了数据基础、科技支撑和场景需求

1. 数字经济积累沉淀了大量可服务于金融科技的替代类数据

数字经济发展形成了海量的多维度数据，包括产业数字化和数字产业化带来的行业数据、数字生活和场景应用沉淀的消费者数据以及数字政府治理所共享开放的政府数据和公共数据等。这些区别于传统信用信息数据的替代类数据为建立基于数据的信用评价体系、创新数据驱动的产品和服务体系和金融机构经营管理体系提供了源源不断的数据"富矿"。

2. 数字经济创新迭代了同样可支撑金融科技的数字技术

金融数字化属于产业数字化。"十四五"规划明确强调，要重点发展云计算、大数据、物联网、工业互联网、区块链、人工智能、虚拟现实和增强现实七大技术，这些重点技术在数字经济、数字生活和数字政府中得到广泛运用。以数字技术赋能数字化的同样范式，数字技术创新支撑了金融科技的发展应用。

3. 数字经济发展升级了统一可适用于金融科技的数字场景

数字场景是金融数字化"人—货—场"框架的重要一角，也是金融科技发力的起点和重点。数字经济实现了各类场景的数字化。"十四五"规划提出要加快发展智能交通、智慧能源、智能制造、智慧农业及水利、智慧教育、智慧医疗、智慧文旅、智慧社区、智慧家居、智慧政务十大数字化应用。数字经济、数字社会、数字政府相关的场景

数字化可以被统一归入金融数字化的发展框架（见图 5.1）。

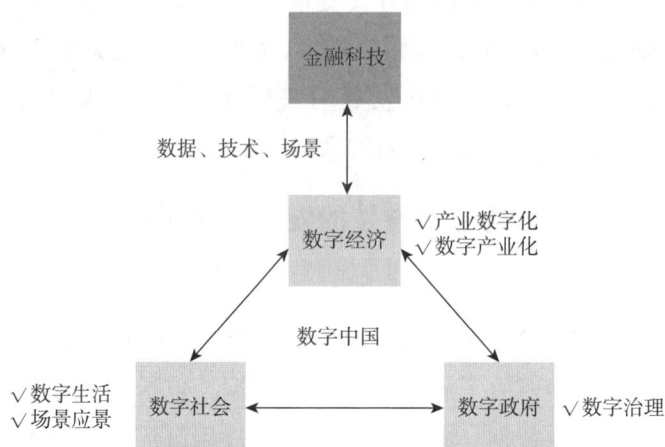

图 5.1　数字经济为金融科技发展提供数据、技术和场景基础

（资料来源：作者绘制）

二、金融科技发展将更加聚焦"供应链金融科技"

后疫情时期，如何更好利用金融科技满足 B 端用户的金融需求，对加快恢复生产生活秩序、统筹推进疫情防控和经济发展具有重要的现实意义。

（一）后疫情时期金融科技的发展更加聚焦 To B 创新

政策上，疫情暴发后政策层鼓励运用金融科技满足中小微企业的金融需求。2020 年 3 月，银保监会发布《关于加强产业链协同复工复产金融服务的通知》，明确提出"提升产业链金融服务科技水平"。2020 年 6 月，人民银行、银保监会等发布《关于进一步强化中小微企业金融服务的指导意见》，明确强调运用金融科技手段赋能小微企业金融服务。2020 年 9 月，人民银行等发布《关于规范发展供应链金融　支持供应链产业链稳定循环和优化升级的意见》，重点强调提升产业链整体金融服务水平。2021 年 3 月，国家发展改革委等十三个部委联合发布《关于加快推动制造服务业高质量发展的意见》，明确要求"创新发展供应链金融，开发适合制造服务业特点的金融产品"。2021 年 11 月，银保监会召开专题会议研究部署银行业保险业深化供应链融资改革提出："探索拓展供应链融资业务，有利于提高我国产业链供应链稳定性和竞争力。"2021 年 12 月，工信部等十九部门联合印发《"十四五"促进中小企业发展规划》，要求"提高供应链金融数字化水平，强化供应链各方信息协同"。这一系列政策表明，政策层对运用金融科技提升中小企业金融服务的可获得性持肯定支持的态度。

实践上，疫情暴发后金融机构和科技公司积极探索满足小微企业金融需求的新方式。金融科技企业在疫情期间大力推广"非接触式"金融服务，京东科技启动"中小企业帮扶计划"，利用金融科技从保复工、通销路、稳资金、企业帮扶联盟四个维度推出 13 项帮扶举措，切实解决中小微企业疫情期间的资金需求，提高了金融服务的精准度、覆盖面和便利性。

（二）"科技—产业—金融"需要"供应链金融科技"的支撑

"供应链金融科技"有助于促进"科技—产业—金融"的高水平循环。党的十九届六中全会提出："促进实体经济与金融协调发展，实现'科技—产业—金融'的高水平循环。"一直以来，我国科技、产业、金融三者之间的联系不够紧密，未能形成良性的联动和协同，尤其是金融在三者的循环中，未能充分发挥调动资源助力科技创新与产业应用的作用。

"供应链金融科技"对"科技—产业—金融"良性循环具有重要

的促进作用。"供应链金融科技"围绕 B 端需求，利用数据要素，融合科技能力，创新金融机构的产品服务和业务模式，为供应链上各个环节的企业提供更高效率和更低成本的金融服务。"供应链金融科技"兼具科技性、产业性和金融性，是链接实体经济和金融服务的重要桥梁，可以加速产业链上下游客户的数字化协同，更好地实现"资金流、商流、物流、信息流"的四流合一，促进金融体系服务与实体经济生产的深度融合，最终实现"科技—产业—金融"的良性循环（见图 5.2）。

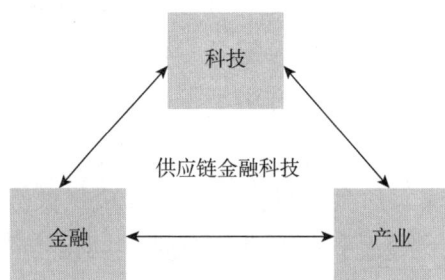

图 5.2　供应链金融科技与"科技—产业—金融"高水平循环相互作用

（资料来源：作者绘制）

（三）新型实体企业是"供应链金融科技"发展的重要载体

新型实体企业加速了数字经济与实体经济深度融合。全球经济低迷不前、新冠肺炎疫情反复的背景下，中国经济要实现高质量的发展，需要继续加快数字经济发展步伐。集实体性、科技性、生态性和网络性四大功能于一身的新型实体企业，是促进数字经济和实体经济双轮驱动的重要力量。

新型实体企业助力"供应链金融科技"高质量发展。一是新型实体企业拥有完整的产业链供应链，背后链接的无数中小微企业，是"供应链金融科技"应用的主战场；二是新型实体企业具备更强的科技创新能力，是推动供应链升级的重要力量。如在零售流通领域，依托大数据、人工智能等技术创新供求响应方式，赋能全产业链供应链资源配置、助力现代流通体系，建立数字科技与实体经济深度融合的新产业、新业态、新模式。三是新型实体企业更加注重赋能生态，助力核心企业与中小企业共同发展。新型实体企业积极开放自身基础设施、技术优势、服务能力，链接、赋能、优化上下游合作伙伴，全面激活产业链的活力。可以看到，新型实体企业对缓解中小微企业融资难融资贵问题、扩大金融服务覆盖面和助力实现共同富裕提供了有效途径，成为"供应链金融科技"发展的关键力量。

三、"供应链金融科技"提升产业链供应链韧性

"供应链金融科技"不仅能缓解中小微企业融资难、融资贵问题，更能补齐产业链短板、增强产业链韧性、激发产业链活力，对加快构建新发展格局具有重要的战略意义和现实价值。

（一）在企业层面，"供应链金融科技"将有效缓解小微金融服务"不敢贷、不能贷、不愿贷"的困局

"供应链金融科技"将破解小微金融服务的供需匹配难题。在传统的小微企业金融服务模式下，供需不匹配是最大的制约。从需求端来看，小微企业存在信息不完善、财务报表不规范、抵质押物缺乏、风险防控压力大等问题；从供给端来看，金融机构在营销获客上缺乏差异性，在贷款定价上缺乏精细化，在风险管理上过于依赖抵质押物，在产品供给上匹配性不高。"供应链金融科技"是金融科技与供应链数字化的协同，其利用大数据、人工智能、区块链等技术，基于数据搭建数字化的风控体系，构建简捷、高效、标准化的供应链协作和供应链融资的线上化全流程，从而形成中小微企业金融服务的数字化体系

和能力。

一方面，"供应链金融科技"将信用评价从企业主体信用评价拓展到数据信用评价。其利用大数据、人工智能等新技术对中小微企业的经营数据进行收集分析，并以数据为纽带，驱动供应链金融业务从传统企业主体信用金融向供应链数据凭证信用金融演变，衍生出全新的金融业务场景，形成了全新的风险控制思路和风控模式，有效提升供应链金融的运营和风控效率，进而帮助更多的金融机构和企业参与到供应链金融业务中。

另一方面，"供应链金融科技"帮助金融机构提升小微企业金融服务的供给能力。科技公司通过赋能金融机构的方式，帮助其搭建基于"供应链金融科技"的数字化供应链金融平台，能有效降低中小金融机构服务小微企业的成本，极大地降低中小金融机构参与供应链金融的门槛，弥补其在 To B 金融服务中的能力短板，优化金融机构服务中小微企业的生态。

（二）在产业层面，"供应链金融科技"将在"固链、补链、强链、延链"上发挥积极的促进作用

"供应链金融科技"促进了金融业务与科技创新、产业发展、场景生态的融合发展。从京东科技特有的"金融＋科技＋产业＋生态"的模式来看，"供应链金融科技"以数字化驱动客户金融需求和产业需求，通过基础技术数字化和应用技术数字化的方式，加速实现用户数字化、产品数字化和金融数字化，进而构建链接企业内外部的完整数字化开放生态，最终促进科技、产业和生态的深度融合。

在供应链金融科技对外输出中，京东科技对原有的线上化工具进行 SaaS 化的输出，和银行共同开发了智贷云项目，为中小微企业提供更高效、更便捷的数字金融服务，聚合了京东金融云的敏捷 IT 架构能力、数据中台搭建能力、智能风控能力和智能营销运营能力，在产品

包和地方金融机构原有核心系统对接的基础上，为中小微企业提供涵盖获客、营销、运营、风控一整套全流程金融数字化解决方案，既符合客户需求，又满足金融机构在整个信贷发放过程中对合规和风控的要求，并且对其核心系统改造量不大，真正做到供应链金融科技"端"到"端"的服务（见图5.3）。

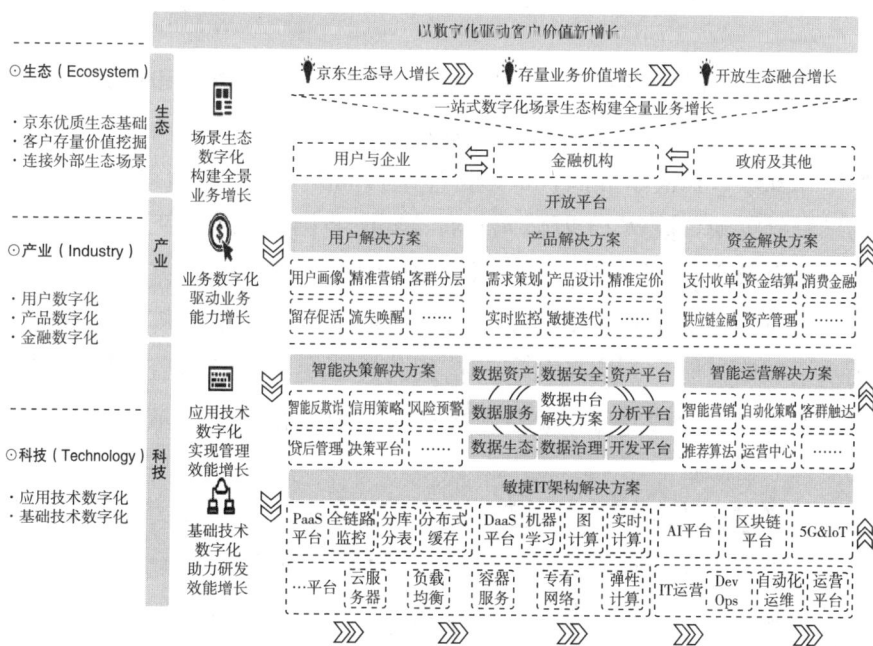

图5.3　京东科技的"金融＋科技＋产业＋生态"模式助力"供应链金融科技"发展

（资料来源：京东科技）

"供应链金融科技"将在产业链固链、补链、强链、延链上发挥催化剂作用。一方面，依托"供应链金融科技"能够提供更加精准高效的金融服务。其基于大数据、区块链、人工智能等技术，将信贷资金精准滴灌至产业链的资金需求节点，帮助打通产业链"堵点"，提升产业链金融服务的效率。另一方面，"供应链金融科技"有助于实现金融服务与产业发展的深度融合，有助于缓解以往金融服务和产业发展"两张皮"的问题，依托"供应链金融科技"可强化产业链上下游合作伙伴的协同和联结，接通产业链的"断点"，共同构建数字化的供应链网络和生态，增强产业链的韧性和活力。

四、小结

供应链金融科技发展空间巨大。在政策方面，中央和地方的政策都积极支持发展供应链金融，明确提出利用金融科技推动供应链金融数字化发展；在需求方面，根据世界银行测算 2020 年我国中小微企业的融资供需缺口高达 13 万亿元左右，同时我国规模以上工业企业的应收账款余额高达 16.4 万亿元，较 2019 年增长 15%。

供应链金融业务已发展多年，核心痛点是高度依赖核心企业的信用水平和确权能力，信息共享和信用传递不足，服务覆盖范围和服务深度不足，供应链上与核心企业没有直接业务往来的大量中小微企业仍难以获得融资。

未来供应链金融科技的竞争力在数据基础和科技能力，其核心是扩展上下游中核心企业"主体信用"、交易标的"物的信用"、交易信息"数据信用"的数据价值，从而使得供应链金融业务的发展目标从之前主要解决企业的融资需求，升级到实现产业生态、金融生态和金融科技生态的融合发展，协同改善企业的融资能力和经营效率。

第六章　金融数字化的技术趋势

一、数字技术创新已成为数字化转型的重点

1. 数字技术发展更加注重"商业适配性"

一方面，补足行业发展的"洼地"和短板的技术创新受到重视。技术创新向着更加有助于缓解金融机构与客户之间的信息不对称、提升金融机构信息分析应用能力的方向发展。另一方面，技术创新下的金融业务呈现场景化、通用化、模块化发展趋势。通过形成更加精准化的解决方案，技术驱动实现了金融服务定制、效率提升、成本降低、价值增大、体验升级。

2. 数字技术创新催生新产品新业务新模式

过去二十年间，互联网等技术的迭代释放了强大的经济发展动能。伴随着网络通信、移动通信的不断升级，终端设备、电子商务、社交网络、内容消费等产业经历了从基础设施到内容服务的蓬勃发展，也加快了金融业务数字化转型的推进。未来，融合发展的技术创新将不断打开发展新空间。以云计算、大数据、人工智能等核心技术为代表的技术创新，正在逐渐融入多学科、多产业，创新形成了机器人、生物识别等复合式、组合式技术，从而驱动新的基础设施、新的交易模式、新的社交模式等产业模式出现，金融服务特别是产业金融服务的

模式也将随之演变（见图6.1）。

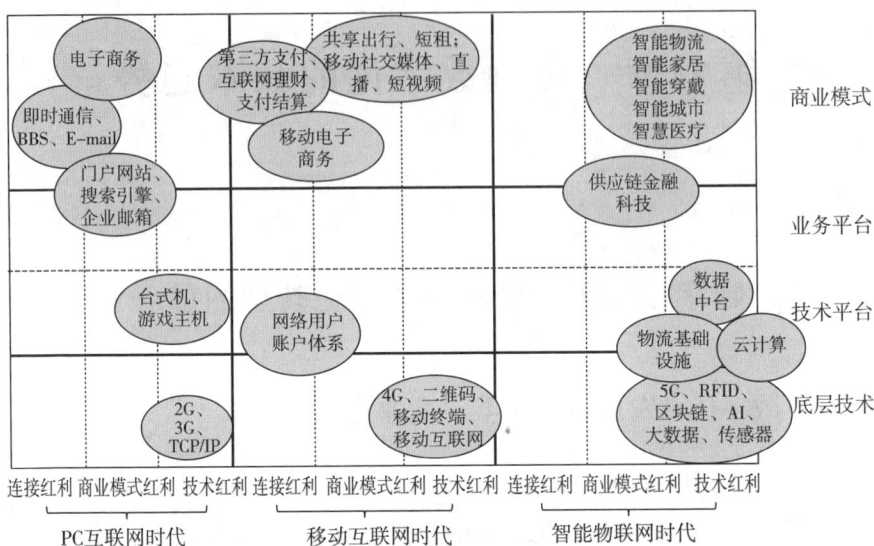

图6.1 数字技术发展驱动产业迭代创新

（资料来源：作者绘制）

3. 金融数字化离不开数字技术赋能

近年来，在人工智能、区块链、云计算等数字科技的赋能下，金融数字化呈现出线上化、数字化、智能化的特征，形成了智能金融、金融云、分布式金融等金融数字化创新业态。在此基础上，形成了数字化的金融服务供应链：一是数字技术逐层递进适用于金融行业的数字技术供应链；二是金融产品或者服务的纵向上下游供应链；三是不同金融细分行业有所区分的横向业务供应链。

二、数字技术赋能框架："技术创新＋适配需求"

1. 数字技术正在组合式、跨领域创新

"纵深突破＋疆域扩展"是技术创新的客观规律，所依托的是科研系统从基础理论到行业应用技术的单向突破和整体进步。包括云计算、大数据、人工智能等在内的大量核心数字技术在两方面不断发展：一方面是单项技术在其发展路径上持续取得突破，并带动相关技术、产品以及产业快速发展；另一方面是多项技术的组合式创新不断，跨领域、跨学科的技术交叉创新和模式复合创新密集涌现。近年来，核心技术组合式、跨领域创新渐成主流。

2. 数字技术形成适配金融数字化的技术解决方案

数据和技术是实现金融数字化的两个基点。数字化的本质是通过技术和数据重塑金融机构发展动力，其中数据驱动是内核，科技赋能是支撑。数字科技支撑赋能的过程主要通过形成适配金融数字化发展逻辑、运行模式、内外联动的技术解决方案实现。

一是发展金融科技开放平台，建立人—货—场互动的基础设施和综合生态。在客户导向方面，以平台中的第三方服务商、开发者、B端商家、C端客户的需求为出发点，开放平台将供给和需求精准匹配；在产品和服务的数字化方面，利用各类数字科技综合打造金融信贷组件、支付营销组件、技术运营组件等标准化组件，以及技术应用和产品服务的基础设施；在金融业务流程方面，将科技公司等数字科技服务商所提供的服务嵌入金融机构业务流程，并帮助金融机构将业务流程嵌入居民消费流程和企业经营流程，实现了从业务场景到业务流程的全方位拓展。在此过程中，科技公司、金融机构、企业居民之间的共生关系不断加强，并形成"金融科技—金融机构""金融科技—个人

消费""金融机构—企业经营""企业个人—金融科技"之间持续的双向赋能（见图6.2）。

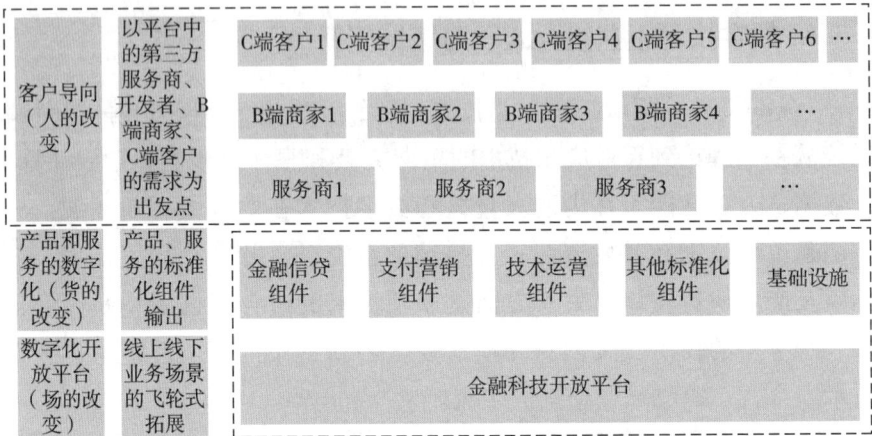

图6.2　金融科技平台赋能"人—货—场"框架

（资料来源：作者绘制）

二是创新有针对性技术解决方案，满足业务创新、资金服务、数据治理的需求。如搭建数据中台以实现数据存储和分析、打造运营中台以提升运营管理、丰富业务终端以拓展营销渠道。此外，数字化的金融机构需要研发打造统一的、整体的核心系统架构，用以服务业务流、资金流，并且承载包括业务、资金在内的各项经营管理活动所形成的数据流。

三是技术创新不断模块化和通用化，实现技术解决方案的内外联动。一方面，技术模块化发展部署，使得技术解决方案可以精益化、简单化的模块部署，从而降低成本、扩展应用范围。另一方面，技术通用化程度上升，技术的可复制性大大增强，所赋能的场景不断拓展，如互联网渠道与银行借贷、理财、保险销售、证券经纪都可以实现类似的技术融合。技术解决方案也是策略方案，技术创新的模块化、通用化与策略方案的标准化、构件化内在一致将成为驱动金融机构内外联动的重要手段。

三、数字技术创新目标：填充产业链"洼地"

1. 从金融产业链理解金融数字化

对产业链的充分理解，是实现金融数字化发展的基础和前提。广义的金融产业链既包括金融机构、客户、第三方服务机构相互之间的上下游服务关系，也包括金融产品和服务从产品设计到产品营销、风险控制、售后服务的各个流程环节。一方面要做到了解金融行业运行的参与主体、产品流程，如银行贷款产品的目标客户、资金来源、银行渠道禀赋等静态要素，又如了解金融机构的风险控制流程、渠道销售现状等动态要素。另一方面要做到了解金融行业的相关监管规则和发展趋势，如熟悉或者掌握资管新规、互联网贷款办法等监管文件的明确要求，准确把握金融数字化的五大政策趋势、供应链金融科技业务趋势等未来发展方向。

2. 金融产业链"洼地"

尽管银行、证券、保险、支付等各细分行业以及行业中各家机构的痛点不尽相同，但是信息短板是不同金融产业链存在的共性、制约因素。这主要体现在两个方面：一方面是与客户之间的信息不对称，表现为外部公共信息渠道覆盖面窄，客户场景、行为、企业供应链数据少，金融机构内部各业务条线的信息整合、共享程度低，要求客户抵质押物、第三方担保等来应对信息不对称影响。另一方面是信息分析应用能力不足，表现为业务流程和系统的数字化、智能化程度低，沉淀的客户和产品数据没有得到充分地激活使用，缺乏精细化的客户评估、资信评价、风险监测等模型，产品同质化、客户同质化、战略同质化，金融服务对需求的匹配性差。

信息短板制约了金融服务供应链的效能发挥。以互联网贷款业务为例分析：一是目标客户有效需求识别难，申请流程烦琐；二是个人信息来源少、贷款风险识别难；三是授信决策能力不足、风险定价精细化程度低；四是贷后风险管控难度大，缺乏二次和拓展营销等。将互联网贷款业务的流程环节打开，如在征信评级和评分环节，银行仅掌握客户在本行的金融属性数据，且业务线之间未充分打通，难以准确评估个人和家庭财富状况及还款能力；人民银行征信系统信息难以覆盖尚无借款记录的青年和下沉人群且更新滞后，不能很好满足消费需求。在授信决策环节，风控模型中纳入的指标项不足；风控模型中纳入的指标项颗粒度不足；风控模型中能够覆盖数据的准确性不足；相当一部分申请仍依赖于人工干预进行处理。

3. 填充产业链"洼地"，提升产业链供应链效率

通过适用多元技术，组合形成金融数字化解决方案，金融产业链的"洼地"得以填充，从而与产业链供应链顺畅交互，实现服务定制、效率提升、成本降低、价值再挖掘、体验升级。

填充互联网贷款产业链供应链"洼地"的技术解决方案就充分利用了金融机构、客户和第三方机构各自的需求和资源禀赋，从而促进了金融供需。如在上述征信评级和评分环节，一是完善银行自有数据库，实现跨业务线的充分共享；二是搭建跨银行数据服务平台，引入生活缴费等政府公共服务数据；三是引入数字科技机构留存的客户消费和信贷记录、财富管理资金沉淀、地理位置和社交关系挖掘等数据。在上述授信决策环节，丰富风控模型中能够纳入的指标项，细化颗粒度；引入数字科技公司等外部数据，进行交叉验证，提高数据的真实有效性；借助数字科技提升风控模型构建和迭代优化能力。

四、数字技术发展模式：技术与供应链互动

（一）赋能金融数字化供应链的数字技术

按照所使用的数字技术层次和深度不同，可以将赋能金融数字化供应链的数字技术划分成基础层技术、架构层技术和应用层技术。基础层技术指的是芯片、传感器、计算平台等偏硬件类设施以及计算机视觉技术、语音识别、机器学习、自然语言处理、区块链共识等算法；架构层技术指的是技术架构以及各类中台和平台；应用层技术指的是实现金融数字化的具体应用所需要的技术（见图6.3）。

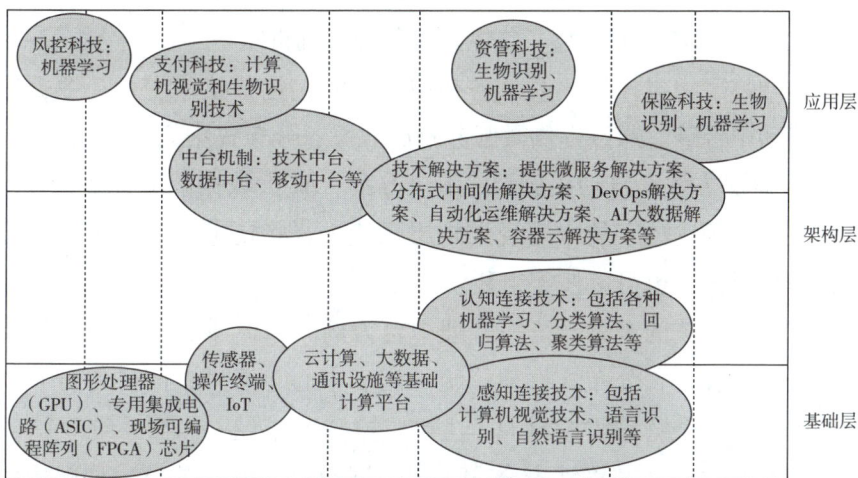

图6.3　赋能金融数字化供应链的数字技术示例

（资料来源：作者绘制）

1. 基础层技术偏向硬件和基础设施

基础层技术包括指芯片、传感器、计算平台等基础硬件设备，芯片产品包括图形处理器（GPU）、专用集成电路（ASIC）、现场可编程

阵列（FPGA）等，是数字科技最核心的硬件设备；传感器主要为计算机视觉采集设备和语音识别设备，是实现计算机认知和人机交互的传感设备；计算平台通常指数字科技底层基础技术及其相关设备，如云计算、大数据、通信设施的基础计算平台等。芯片是重要硬件设备，可以根据应用场景的需求选择与之性能相匹配的芯片。

此外，基础层技术还包括连接硬件设施、技术架构与服务应用的各类数字技术，如计算机视觉、语音识别、区块链共识算法。这类连接技术还可以细分为感知连接技术和认知连接技术，感知层主要是连接技术和数据获取的技术，包括计算机视觉技术、语言识别、自然语言识别等；认知层主要是连接数据分析和行业运用的技术，包括各种机器学习、分类算法、回归算法、聚类算法等。

2. 架构层技术偏向数字化经营管理的实现机制

金融数字化架构的核心是各类中台机制，包括技术中台、数据中台、移动中台等。通过提供微服务解决方案、分布式中间件解决方案、DevOps 解决方案、自动化运维、解决方案、AI 大数据解决方案、容器云解决方案等，数字技术实现架构层赋能。这些技术赋能的解决方案可以单独提供，也可以按需组装。

以京东科技的金融云统一管理中台为例。PaaS 平台上载有 API 网管、分布式缓存、分布式框架、统一调度中心、消息中间件等分布式中间件模块，全链路监控 SGM、主机监控 Dting、统一权限系统 UAS 等运维管理组件，金融移动安全 SDK、漏洞扫描、电子签章、加解密中心 AKS 等安全组件。DaaS 系统的输入层部署外部接口管理平台和数据管道，计算层搭载离线计算平台、数据管理工具、数据开发平台等组件，服务层形成画像、数据建模、BI 以及图计算等平台服务，最后以数据 API 平台和数据管道的方式进行输出。

3. 应用层技术重点赋能提升金融业务质效

如在支付领域，运用计算机视觉和生物识别技术，可以快速准确进行身份认证，提高支付效率和安全性；在风控领域，利用机器学习定位异常交易和敏感人群，提升风险防范质量；在保险领域，通过生物识别、机器学习等技术运用在潜在客群分析、保险理赔等环节，实现精准销售、快速定损；在资产管理领域，利用机器学习为客户定制投资产品，控制风险。

（二）金融数字化的横向业务供应链

细分领域的金融服务供应链有其共性，如通过活动运营和流量分发的改进帮助金融机构快速实现营销获客的增长收益。而按照细分金融领域的不同，金融数字化供应链更多体现了个性的部分，如互联网贷款供应链、数字化投顾供应链、数字化资产管理供应链、数字化财富管理供应链等。

1. 互联网贷款供应链

传统的银行消费贷款发展面临的最大障碍在于信息不对称，重点是没有及时掌握和挖掘客户的场景化消费和行为数据，造成客户精准识别、定制化服务和风险管控能力不足，贷款供给与需求没有很好匹配。

互联网贷款业务通过扩展业务渠道、丰富客户场景并提升各类数据的征集和使用效率，提升消费信贷供应链的规模效应和范围效应。一方面加强外部合作，解决各环节的痛点问题，加强链条各环节的迭代与联动，提升业务模式对不同类型客户、不同场景消费的适应性，扩大消费信贷服务的规模效应。另一方面加强银行内部各业务链条的客户和数据共享，促进不同业务链条共同发展的范围效应（见图6.4）。

互联网贷款是典型的金融数字化业务场景，衍生出互联网助贷、信用科技服务等各类行业。数字科技公司等第三方服务机构利用自身的数字化业务基础，加大数据收集和技术输出，加强平台和生态建设，服务银行互联网贷款业务。一是基于客户和数据沉淀，为银行实现客

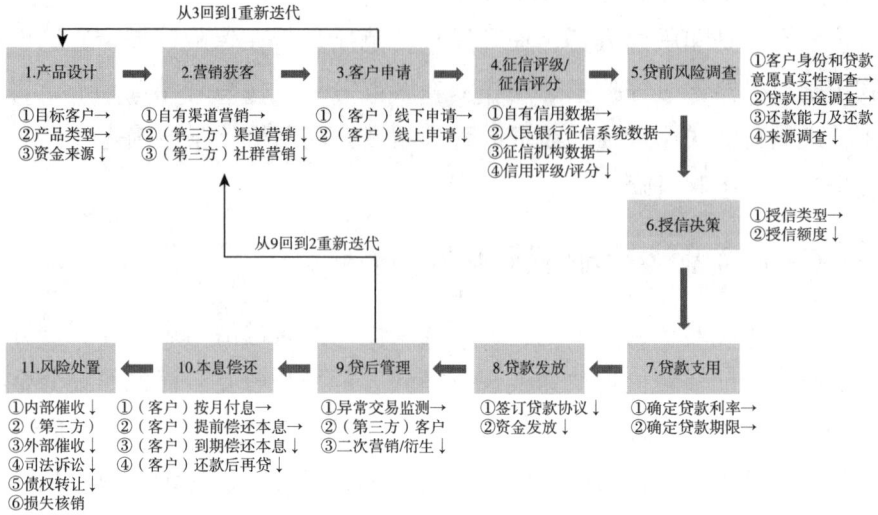

注："↓"表示本阶段与下阶段属于前后关系，"→"表示本阶段与下阶段属于平行关系

图6.4　消费贷款的供应链以及业务流程

（资料来源：作者绘制）

户引流、输出业务模式，强化核心产品。三是向银行输出技术和方案，改进业务模式和风险管控，提升互联网贷款的差异化和适应性。三是构建行业开放平台，促进银行业务数据、政府公共数据和个人场景数据的共享，提升银行互联网贷款服务的网络效应。四是建立产融互动的金融服务生态，强化基础设施建设和数据技术输出，将数字科技公司的服务嵌入互联网贷款业务流程，进而帮助银行将信贷潜入个人消费链条。

2. 数字化投顾供应链

数字化投顾又称机器人投顾（Robo – advisor），是一种以人工智能算法为核心的新兴在线投资顾问及财富管理服务。数字化投顾运用人工智能技术，对大数据进行分析，根据投资者的年龄、财务状况、理财目标、风险和投资偏好等特征，以投资组合理论为依据，基于投资策略与投资观点，为每个投资者制订个性化的组合投资方案，并持续跟踪市场动态及客户需求，对资产配置进行自动再平衡，提高资产回报率，从让投资者实现"零基础、零成本、专家级"动态资产投资配置（见图6.5）。

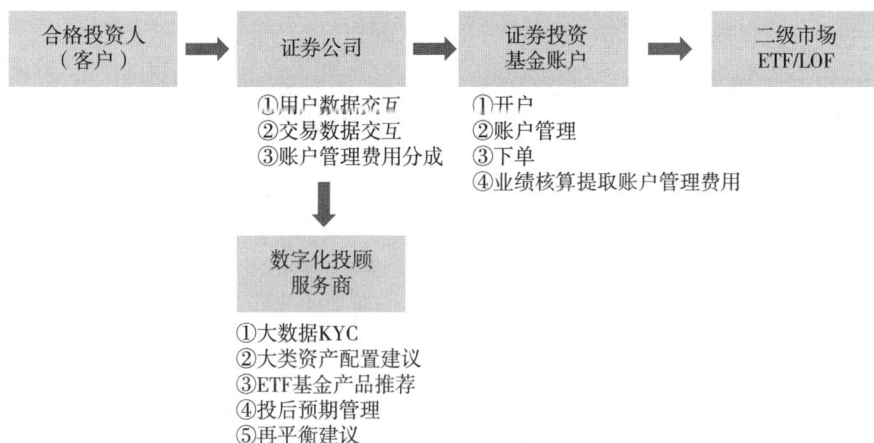

图6.5 数字化投顾供应链以及业务流程

（资料来源：作者绘制）

数字化投顾供应链覆盖多种大类资产，包括股基、债基、定期、活期、黄金、债基、QDII等资产，也可以接入银行的各类资产；通过搭载智能化的选品系统，以几十种指标科学计算每类资产最优选品，并将每类资产打包成多种组合，最后通过机器打分选出最适合用户的产品。数字化投顾的门槛最低，通过人工智能算法实现大数据财务分析和个性化专属资产配置，实现定期持仓跟踪报告与策略再平衡，并基于特定场景规划理财。

3. 数字化资产管理供应链

在传统资产管理供应链中，最突出的问题是市场扭曲导致的风险定价和风险负担问题难以解决，这表现在资产生成期、存续期以及退出期相关主体之间存在信息不对称问题、管理人的管理流程标准化程度不高、资产管理产品缺乏有效工具实现更精准定价等。资产管理供应链的未来发展方向是混业发展，这要求资产管理的流程更加标准化、信息化，资产管理人拥有更高效的工具和更丰富的信息提升主动管理能力（见图6.6）。

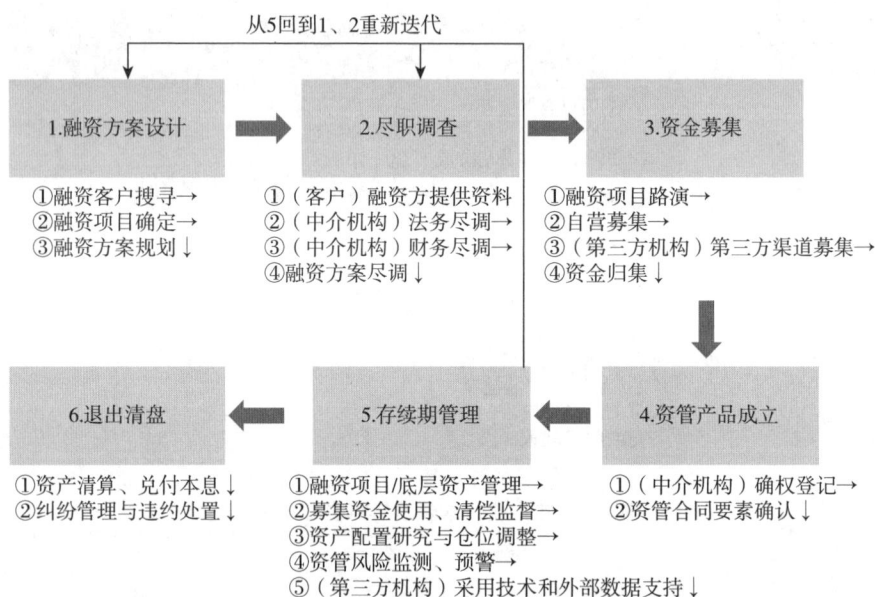

从5回到1、2重新迭代

1.融资方案设计	2.尽职调查	3.资金募集
①融资客户搜寻→ ②融资项目确定→ ③融资方案规划↓	①（客户）融资方提供资料→ ②（中介机构）法务尽调→ ③（中介机构）财务尽调→ ④融资方案尽调↓	①融资项目路演→ ②自营募集→ ③（第三方机构）第三方渠道募集→ ④资金归集↓
6.退出清盘	5.存续期管理	4.资管产品成立
①资产清算、兑付本息↓ ②纠纷管理与违约处置↓	①融资项目/底层资产管理→ ②募集资金使用、清偿监督→ ③资产配置研究与仓位调整→ ④资管风险监测、预警→ ⑤（第三方机构）采用技术和外部数据支持↓	①（中介机构）确权登记→ ②资管合同要素确认↓

注："↓"表示本阶段与下阶段属于前后关系，"→"表示本阶段与下阶段属于平行关系

图6.6 资产管理的供应链以及业务流程

（资料来源：作者绘制）

因此，数字化资产管理供应链以大数据为基础、科技为驱动、客户为中心，资产管理供应链提供在资产合作、资管平台等业务场景中的智能投研、组合管理、一体化风控等金融科技服务。重点在四个方面发力：第一，以标准化系统连接资产管理供应链的全流程，降低资管的运营成术，以"搭建可复用的统一系统"来实现单一资管产品管理的规模效应；第二，将解决各类痛点的科技赋能作为模块，可组合

也可拆分对外输出，帮助更多品类的资管业务实现效率增进，扩大范围效应；第三，以点带面，搭建可适配大资管业务的科技平台，加强不同金融机构主体、不同资产管理产品在平台的活跃程度，扩大网络效应；第四，将资管解决方案嵌入资管行业相关主体，实现管理人、投资人、数字科技企业等间的相互嵌套，加强金融与实体经济相互融合，扩大协同效应。

　　按照所使用的数字科技与数字化资产管理业务的关联度强弱为标准，数字化资产管理供应链可以分为三个层级。一是基础组件层，由数据平台、计算平台、微服务组件和人工智能技术构成。数据平台管理实时数据及离线数据，统一模型为系统交互提供统一标准。计算平台负责复杂事件处理引擎和统一计算引擎，提供核心计算能力。微服务组件是通用业务大中台，联通底层组件与顶层应用，实现灵活输出。人工智能技术搭建策略平台，将 AI 技术赋能于资管服务，实现资管服务智能化。二是中台服务层，包括通用服务和投资技术两方面构成。通用服务有统一权限、流程管理、数据总线以及计算池；投资技术则有智能数据、风控服务、交易设施、组合管理等构成。三是前台应用层，包括智能投研、信用风险管理、智能组合管理、债券交易、资管平台、资产合作等模块，从而实现数据应用智能化、开发运营工程化、投资技术创新化。前台应用所形成的业务解决方案和商业策略方案以大数据为基础、科技驱动、客户为中心，为金融机构在资产合作、资管平台、资管产品创设及代销等业务场景中提供包括智能投研、组合管理、一体化风控等金融科技服务。

　　以基金投资为例。在基金投前通过构建产品数据库、标签体系、多因子评分体系、基金筛选流程，实现多维度基础筛选，从基金规模、购买上限等近 20 项筛选条件深入分析基金底层持仓，在行业特征、风格分类、风险收益特征等方面进行重点跟踪，精准识别基金产品风格及业绩归因。在基金投中通过开户自动化、交易电子化、管理系统化，实现一次性批量电子化开户及交易，基金交易便捷性大大提高，节省在开户工作的人工投入，无须每次向每家基金公司进行传真交易。在基金交易的投后，通过实时持仓估值系统、金融资产动态风险跟踪、市场预警与资讯推送、账户动态分析和定期持仓报告，实现完善的持仓管理，可以将各资产单元、投资组合持仓隔离展示，收益独立核算，交易全程无须跨越系统操作自动向投资交易系统反馈交易信息。

4. 数字化财富管理供应链

在传统财富管理供应链中，最突出的问题是财富管理产品和服务的同质化，缺乏市场竞争力，具体表现在银行不能进行有效的数据征集和数据使用，在流动性配置、期限管理和风险定价方面能力缺乏有效抓手。随着"资管新规"进一步打破刚兑、要求理财产品净值化转型，以及银行理财子公司的设立和展业，银行理财产品高度同质化，市场竞争激烈，同时也难以满足广大投资者的差异化财富管理需求（见图6.7）。

因此金融机构需要借助数字科技能力，创新提升产品服务质量和服务体验，增强客户数据和市场数据的收集、分析和应用能力，加强理财管理资金端与资产端的联动迭代，扩大财富管理业务模式对供应链上下游不同业务的适应性，打通供应链各个环节的痛点，塑造财富管理的规模效应和范围效应。

一方面数字化资产管理供应链更加强化科技手段的价值。一是在产品方面提升品牌影响，塑造产品力。通过网络化、智能化手段为金融机构创新产品和服务，并通过全新的数字化产品体验提升最终财富管理客户的满意度。二是在技术方面，强化数字科技解决方案打造智能化的营销系统，迭代财富管理风控模型和指标维度，充分挖掘用户数据的价值，将数字化投顾等创新方案贯穿财富管理全流程，提升银行产品设计、获客营销和风险控制的能力。三是在平台方面，通过API等接口打造银行等财富管理机构信息交流共享的平台，扩大不同财富

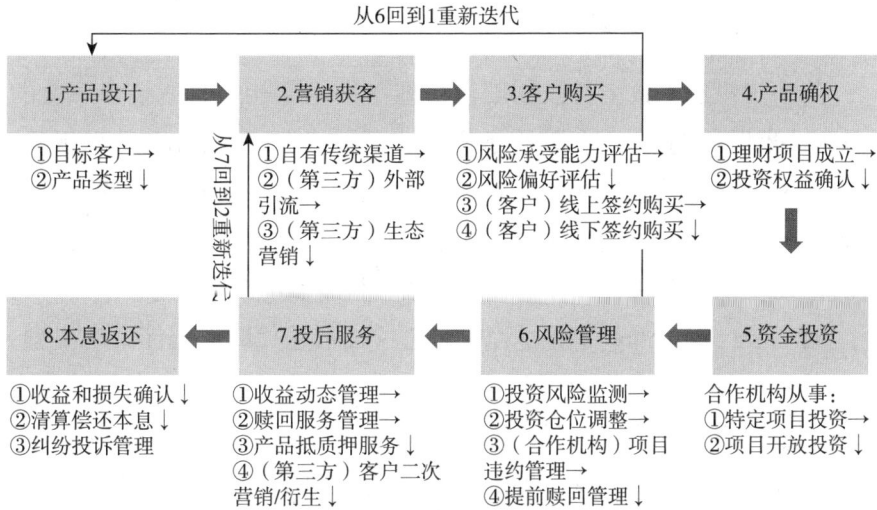

注："↓"表示本阶段与下阶段属于前后关系，"→"表示本阶段与下阶段属于平行关系

图6.7　财富管理的供应链以及业务流程

（资料来源：作者绘制）

管理机构之间的网络效益。

　　另一方面数字化资产管理供应链更加强调数据资产的利用。在内部数字化方面，实现数据整合与团队协同。在金融机构内部共享用户、资金、经营管理、各业务链条等方面的数据，迅速形成服务业务发展的数据基础。数据治理团队与经营管理团队协同，提升金融机构精细化运营经验，实现及时的数据分析并更新管理策略。在外部数字化方面，实现上下游机构、生态主体之间的数据共享与汇聚融合。通过整合财富管理供应链上下游的财富管理机构、资产管理机构、第三方企业的数据，丰富金融机构各类数据的来源，强化数据对金融机构的经营管理和业务发展支持。通过整合产融结合的服务生态，实现"沉浸式"的业务模式中各类替代类数据的创新价值。

（三）数字科技赋能支撑金融数字化的步骤

第一步：建立数字科技的硬件设施与技术架构，打造技术赋能的"趁手武器"。在技术上，核心是打造"可插拔"、标准化的技术组件，提升技术调用的效能。例如打造统一的数据中心、实现算力共享。在架构上，核心是形成适配金融数字化前台需求的技术中台、数据中台等，从而实现金融机构可以直接通过数字技术赋能前台业务。

第二步：在内部数字化过程中，通过技术迭代赋能沉淀策略模型。运用技术组件、技术中台等基础，根据业务和管理的需求，基于客户数据、技术路线、业务模式不断迭代策略方案，并运用各类数字技术加以实现。从而提高每条金融服务供应链对不同客户需求的适应性，加强不同金融服务供应链的信息共享和互动，解决各个环节的痛点。

第三步：在外部数字化过程中，发挥开放平台价值实现技术生态构造。科技赋能的路径是内外联动路径的实现机制之一。从外部数字化的视角观察，数字科技支撑的核心是打造数字科技、金融机构、企业个人供需交互的开放平台，提升网络效应和协同效应。金融机构通过不同数字科技的组合创新，具体实现：引导第三方机构进入平台，丰富对金融机构的数据和技术供给；引导其他各类金融机构进入平台，丰富对第三方机构数据和技术的需求、对企业个人金融服务的供给；引导广大消费者和企业进入平台，丰富对金融机构金融服务的需求；甚至可以提供各类撮合服务，提升数字科技、金融机构、企业个人之间的供需对接效率。

五、小结

金融数字化的技术赋能本质是通过技术赋能创新实现金融供给与金融需求的有效对接、良性互动。从金融供给的视角来看，技术赋能迭代创新了金融服务供应链。一方面，完善数字技术与业务、模型和流程的互动，加强单一领域金融服务供应链各环节的迭代与联动，提升对不同客户需求的适应性，扩大规模效应。另一方面，加强不同细分领域金融服务供应链的信息共享、功能互补，更好满足客户的多元化需求，实现不同供应链相互促进，扩大范围效应。

从金融需求的视角来看，技术赋能精确定位了金融服务客户。一是整合银行内部各业务条线的信息，加强共享；二是引入第三方数据合作，增对加业务场景、供应链信息、客户行为的分析，减少信息不对称；三是引入第三方技术支持，通过金融科技系统等完善客户分析、资信评价、风险管理方面的模型和流程，从而在动态掌握不同客户的差异化需求的基础上优化调整对客户的产品供给。

在供需匹配的过程中，数字技术实现了向技术解决方案的转变，构成了"基础层数字技术、架构层和应用层数字技术＋技术解决方案"的技术驱动架构。技术赋能通过创新融合，大大提长了互联网贷款、数字化投顾、数字化资产管理、数字化财富管理等金融细分行业和业务的供应链效率。

第七章　金融数字化中的 BigTech 角色

新冠肺炎疫情的暴发让人们看到了科技对传统金融的重塑，刷脸支付、线上借贷等"非接触式金融"迅速崛起。在线下金融业务几乎停滞的情况下，人工智能、大数据、云计算、区块链等技术帮助金融业快速推进线上化、数字化转型，维持了金融业的快速发展势头。在金融数字化发展逻辑的引领下，科技公司尤其是具有技术优势、渠道优势和生态优势的大型科技公司（BigTech）是不可或缺的参与者和推动者。BigTech 至少扮演了"数字化业务服务商"和"金融科技服务商"两个角色。在金融数字化、产业数字化齐同并进的过程中，一类特殊的大型科技公司——新型实体企业也应运而生。

一、数字化是金融业变革的必然趋势

从金融发展的演进趋势来看，BigTech 推动下的金融数字化发展既是当前应对疫情冲击的非常之需，更是未来高质量发展的必经之路。

1. BigTech 推动的数字化是应对疫情冲击的"强大武器"

在供需两端的推动下，"非接触式金融"在疫情后"提档加速"。在疫情暴发后，金融科技在金融业的应用实现了从"离散式"推进到"全面开花"推进的转变，各类金融机构深化与以 BigTech 为代表的金融科技、数字科技企业合作，积极通过数字化转型来应对此次的现实版"压力测试"。金融科技、数字科技在金融市场业务、对公业务（含中小企业业务）、零售业务，以及支付业务、投融资业务、同业业务等各个业务领域的应用加快推进，很好地弥补金融机构网点服务的短板。2020 年，全国工商联会同银行业协会等推出的"非接触式贷款"小额援助计划，吸引了 100 多家银行的迅速聚集加入，贷款范围涵盖十大行业，可支持全国约 1000 万户小微企业、个体工商户和农民恢复生产。第三方支付公司所提供的刷脸支付、扫码支付等一系列非接触支付方式，有效避免了不必要的接触，从而保护了日常生活消费活动的顺利开展。

2. BigTech 推动的数字化是供给侧结构性改革"必经之路"

宏观层面，金融数字化有利于构建广覆盖、多层次、有差异的金融机构体系，提升金融服务实体经济质效。近年来我国金融体系改革创新持续推进，但金融结构不合理、机构竞争同质化、风险管理粗放化等问题依然突出，小微企业融资难、融资贵持续存在。以 BigTech 为代表的数字科技企业的直接驱动和竞争影响下，技术、场景与金融的融合发展成为金融供给侧结构性改革的有效方式，可以切实提升金融机构的服务能力和内在动力，从而更快形成广覆盖、多层次、有差异的金融机构体系。具体而言，金融数字化基于客户需求来创新产品业务和运营模式，有助于解决金融机构同质化竞争问题；通过线上化服务极大地拓宽金融服务覆盖面，有助于解决覆盖面不足问题；通过行为场景数据和大数据手段等缓解信息不对称，有助于解决定价不精细问题；通过大数据建模等有效识别管控风险，有助于解决风控过度依赖抵质押物问题。

微观层面，数字化是解放金融数据生产力的重要方式，有助于提升金融机构的经营管理效率。金融业发展与数据息息相关，随着金融服务范围的拓宽和服务产品的丰富，金融机构亟须采集和应用更多的数据来解决信息不对称问题。2020 年 3 月，中共中央、国务院发布

《关于构建更加完善的要素市场化配置体制机制的意见》，将"数据"与土地、劳动力、资本、技术等传统要素并列，要求加快培育数据要素市场，全面提升数据要素价值。金融机构数字化的过程就是金融数据效能最大化的过程。BigTech 积极输出科技能力和解决方案，深化数据与金融业务的融合，分布式数据库、区块链技术可以帮助金融机构改善金融数据存储、读取的安全性、高效性；云计算、人工智能可以帮助金融机构降低数据运营成本，提升数据分析与业务支持效率；移动通信、线上场景帮助金融机构拓展数据获取和业务供给的来源和渠道。

二、BigTech 是金融数字化发展的重要推手

根据 2019 年国际清算银行在年度报告中的分析，BigTech 具有较强的"数据网络的自我强化能力"，是金融数字化的重要推手：BigTech 通过其主营业务获取大量的数据和流量，并在网络效应的作用下引来更多的数据和流量，进而可以通过较低的边际成本，将业务拓展到支付、信贷、金融产品销售等具有网络效应的金融服务领域，实现技术、场景与金融的融合发展。

1. BigTech 依托技术力量全面改造金融服务供应链

从业务发展看，BigTech 对金融的数字化改造是全流程、全方位的。金融业务是一个涉及多个环节的供应链，包括产品设计、资金筹集、营销获客、风险控制、贷后（售后）管理等多个环节和领域。BigTech 通过对金融服务供应链各个环节的线上化、数字化改造，促进了金融服务供应链前后环节的纵向联动和不同链条之间的横向联动。具体而言，BigTech 改变了金融服务的"人—货—场"的性质和形态——"参与金融服务供应链的主体""产品和服务"和"服务和交易场所"。

第一，参与金融服务供应链的主体种类更加丰富、供给和需求更

加多元。例如 BigTech 提供的支付服务和平台服务使得其自身成为金融服务供应链中的设施和通道提供方，使用这些服务的金融机构、消费者以及其他技术服务商互为供给和需求方。第二，金融服务供应链所承载的产品和服务更加标准化、多元化。BigTech 利用其技术优势为金融机构创新创造金融产品和服务提供了基础且丰富的数字化"生产工具"（产品和技术组件），金融机构可以通过组合选用的方式实现自身的需求。第三，金融服务供应链的服务和交易场所进一步改造创新。BigTech 一方面帮助金融机构实现其传统交易场所的线上场景变迁和线下效能提升；另一方面打造"开放平台"，聚拢金融机构、金融消费者以及其他服务商，满足平台上各类客户需求的同时，更在推动着金融数字化生态的发展共建（见图 7.1）。

图 7.1　BigTech 的开放平台架构

（资料来源：作者绘制）

2. BigTech 利用比较优势协同推进金融数字化

在金融数字化发展过程中，BigTech 与传统金融机构的资源禀赋存在差异，各有优势：金融机构在金融市场筹集资金的成本低，金融风险控制能力强，但技术基因不及数字科技企业；BigTech 则在技术上有核心禀赋，在跨界联动、快速响应市场需求上具有明显的竞争优势。BigTech 与传统金融机构协同推进，可以更好地实现技术、场景与金融的深度融合。

BigTech 拥有差异化的"数字化输出能力"。根据国际清算银行的分析，BigTech 拥有数字化输出的"DNA"——数据分析（Data Analytics）能力，使得 BigTech 能够比银行更好地加工数据，提升数据分析的效果；网络外部性（Network Externalities）将梅特卡夫效应复制到金融领域；互动活动（Interwoven Activities）使得 BigTech 可以将自身场景和服务与金融业务更好地结合打通。BigTech 企业利用信息科技比较优势和数字化输出能力，帮助金融机构改造业务模式、管理方式、发展理念，形成差异化的市场定位、业务模式和竞争优势。

BigTech 与金融机构协同推进金融数字化。零壹智库发布的调查报告显示，相对于金融机构自建金融科技、推进数字化转型来说，以 BigTech 为代表的数字科技企业拥有更加成熟的数字化解决方案、更加多样的数字化渠道。在助力金融机构数字化的过程中，BigTech 的效率和成本更加具有优势。在实践过程中，头部的 BigTech 企业将数字营销、智能风控等能力以及多样化业务场景整合输出，一方面开放自身流量，体现渠道优势，帮助金融机构完成线下向线上的迁移；另一方面为金融机构打造技术中台、数据中台、业务中台、移动中台、开放平台等核心能力，提供定制化解决方案，助力金融机构的管理更加高效。

三、"新型实体企业"：兼具四重属性的 BigTech

数字化生态化发展加速推进的大趋势下，一批拥有传统实体企业属性、具备平台企业属性、兼具强大科技能力的"新型实体企业"应运而生，并与千千万万的中小企业、银行合作伙伴一起形成了越来越密切的"生态圈"。

1. "新型实体企业"的内涵

"新型实体企业"是数字化运营实体业务和技术性赋能产业链供应链的结晶。这类平台企业出生于"实体企业"，集实体性、科技性、产业生态性和网络外部性四重属性于一身：

一是实体性："新型实体企业"首先是"实体企业"，直接参与实体产业链，承担商品和服务的生产、流通任务。二是科技性："新型实体企业"也是"数字科技企业"，持续以 5G、人工智能、云计算、区块链等数字科技创新作为推动发展经营的动力来源。三是产业生态性："新型实体企业"还是"产业链服务企业"，将自身融入产业链供应链，为上下游企业提供基础服务。四是网络外部性："新型实体企业"又是"大型平台企业"，高效链接双边或多边市场，促进供需匹配、打通上下游。

结合四大属性，"新型实体企业"对外提供四类产品和服务。第一类是产业/企业数字化转型服务。"新型实体企业"依托数据和技术禀赋优势，结合对实体行业的认知，担当"数字科技服务商"角色，积极对外数字化赋能。第二类是生态基础服务。"新型实体企业"连接联系紧密的多条产业链以及产业链中的上下游企业形成产业生态，并提供仓储、物流等产业链供应链的传统"生态基础服务"。第三类是打造新型基础设施。"新型实体企业"将自身创新并积累的数据中心、云计算平台、物联网设施等设备打造成为行业生态的"新型基础设施",建立技术赋能、普惠共享的技术底座。第四类是提供互联网平台服务。"新型实体企业"通过互联网平台,一方面创新实体经营渠道,提升了自身产品和服务的流通;另一方面对接产业链供需双方,扩展了行业规模和效率(见图7.2)。

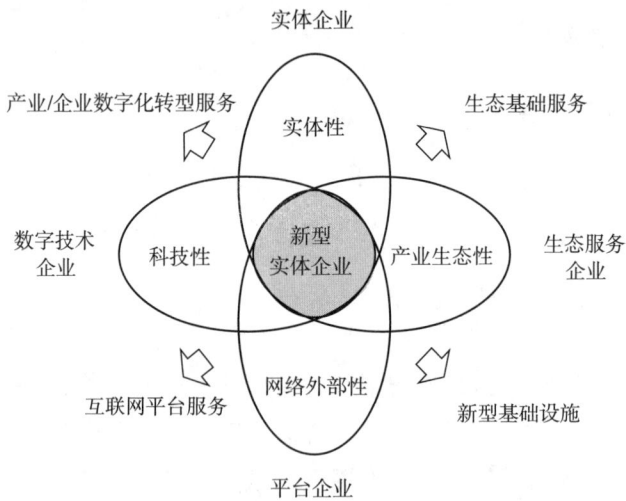

图 7.2 新型实体企业的内涵

(资料来源:作者绘制)

2. 依托数据积累,改善中小企业供应链金融服务

新型实体企业依靠场景、技术和数据优势,帮助更好开展中小企业信用评估。在生产、经营和服务的过程中,以"新型实体企业"为核心的产业链供应链生态不断生成不同行业、不同主体、不同场景的各类数据,通过新型基础设施和数字科技技术收集、沉淀后,通过大数据、人工智能、区块链等技术的运用形成产业链图谱、中小企业画像、风险控制标签等产品,利用企业征信牌照进行信用评估,帮助金

融机构解决中小企业信息不对称的问题，从而更好地提升其服务中小企业的质效。

新型实体企业自身从事供应链金融服务，促进"产业—科技—金融"良性循环。作为产业链生态的核心企业，新型实体企业整合了物流、资金流、信息流等信息。以此为基础，新型实体企业通过申请设立贷款机构，或者与金融机构合作，积极创新供应链金融业务模式，实现客户分层、精准营销、交叉销售、风险预测和风险筛查，更加快捷地响应生态内中小企业的结算、融资、财管等方面的需求。与此同时，新型实体企业向金融机构输出供应链金融科技解决方案，强化金融机构供应链金融的科技支撑。

中小企业通过参与新型实体企业产业链供应链生态和获得技术赋能，缓解信息不对称和抵质押物不足对融资的制约。小微企业的融资额度较低、风险较大，其金融服务的商业性先对较低。例如零壹智库《中国数字化小微金融创新实践报告（2021）》显示，小微企业主以"80后"和"90后"为主，贷款额度普遍低于30万元。一方面，中小企业通过参与新型实体企业的产业链生态，交易信息不断积累和动态更新，从而更好地反映中小企业真实经营状况。另一方面，通过新型实体企业提供的供应链金融科技解决方案，中小企业提升了自身信息的标准化程度和更新频率，明确了与大型企业相似的信用信息共享方式、授权机制。

以京东科技参与小微企业信用信息服务为例。京东科技基于领先的大数据评分及企业风控实践经验，利用企业征信牌照和朴道征信的个人征信牌照对外提供数据融合和征信服务。京东科技通过构建全息式的小微企业和企业主精准画像，形成有特点的小微企业评价能力，实现对全量在营企业的风险评估。

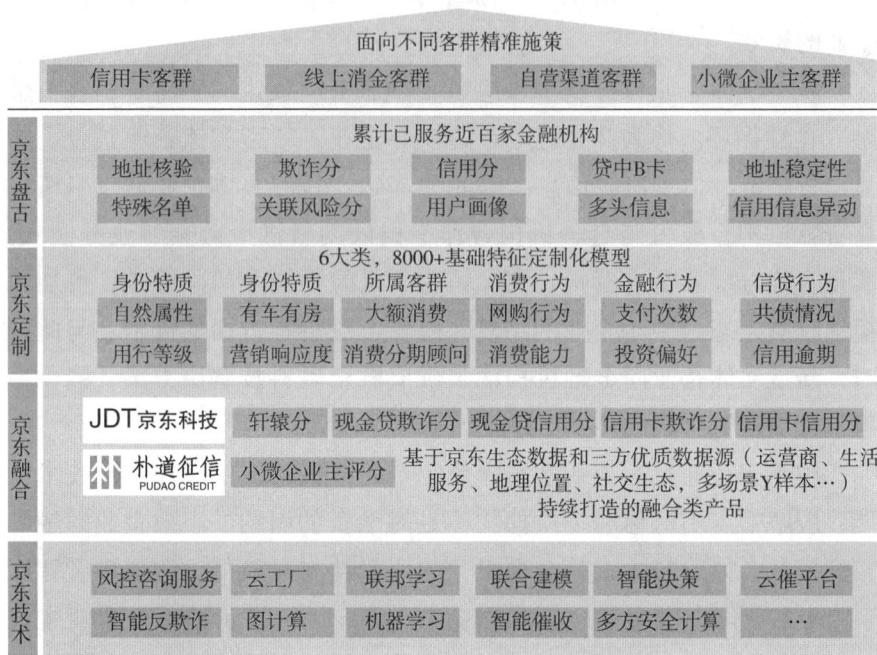

图 7.3 京东科技的数据融合和征信服务

（资料来源：京东科技）

四、积极消除 BigTech 赋能金融数字化的外部约束

为了更好释放 BigTech 对金融数字化的赋能作用，推动金融服务"增量、扩面、提质、降本"，除 BigTech 自身不断强化技术创新和应用能力外，也需要积极弥补数据、制度、基础设施等方面的短板，创造一个更好的外部环境。

1. 从政策与技术两端发力，夯实 BigTech 赋能金融数字化的数据基础

隐私保护和数据合理使用之间往往存在着一定程度的冲突，是数据要素价值无法最大化面临的现实难题。2020 年 4 月，中共中央、国务院发布《关于构建更加完善的要素市场化配置体制机制的意见》，要求加快培育数据要素市场，对推进政府数据开放共享、提升社会数据资源价值、加强数据资源整合和安全保护做出了总体部署。为了推动数据要素在金融领域更加高效稳健的使用，实现数据使用和隐私保护的统一，应当从政策和技术两方面共同发力，夯实 BigTech 助力金融数字化的数据基础。

一方面，在《网络安全法》《个人信息保护法》《个人信息安全规范》《个人金融信息保护技术规范》的基础上进一步完善数据使用相关的政策法规和标准指引，规范数据收集、传输、存储、展示、共享和转让、汇聚融合等行为，为数据使用者设定合理合法使用的边界，并明确收益分配方式以及责任承担方式；另一方面，可以通过技术手段实现数据保护，如对于涉及个人隐私的信息，可以在约定授权范围的同时，通过脱敏处理方式实现数据交互；也可以在优化迭代联邦学习、分布式数据库等技术手段以及技术模型的基础上，使得作为信息控制者的 BigTech 可以不断提升数据使用效能并强化数据保护。

2. 完善政策指引和监管机制，明确 BigTch 赋能金融数字化的政策预期

金融数字化需要金融机构和 BigTech 企业的双轮驱动，BigTech 助力金融数字化需要清晰的制度环境，明确 BigTech 可以做什么以及如何做。中国人民银行在《金融科技发展规划（2019—2021 年）》《金融科技发展规划（2022—2025 年）》中分别从金融机构和金融业务的角度

明确了金融科技发展的主要目标和任务。还应在此基础上，进一步明确金融数字化相关的 BigTech 以及垂直领域数字科技企业的作用范围。同时，在目前已有的监管规则已经基本形成针对金融科技的监管框架时，应当进一步跟随着金融数字化、线上化发展做出适应性修改并完善监管机制，鼓励金融数字化创新发展。

监管机制正在向这一方面快速发展迭代，相关政策正在不断优化调整。例如在第一期北京金融科技监管试点中，所有的申请主体都是金融机构。而到了 2020 年 3 月，北京金融科技监管试点二期项目就规定，申报机构主体除持牌金融机构、持牌金融机构 + 科技企业外，从事金融相关业务系统、算力存储、算法模型等科技产品研发的科技公司也可独立申请。此后，在全国各地开展的金融科技创新监管试点中，其针对金融数字化发展的适应性程度越来越高。同时，针对金融数字化、线上化发展，相关部门正在研究制定《个人金融信息（数据）保护试行办法》等规则。下一步，还需要相关部门根据金融数字化发展的进程以及 BigTech 发挥的作用范围，对相关政策和规则进行动态修改。

3. 加快新基建，筑牢 BigTech 赋能金融数字化的基础设施

BigTech 是连接经济新基建与金融数字化的重要桥梁。新基建核心是数字经济的基建，既是我国应对当前新冠肺炎疫情冲击的重要政策，也是推动经济金融数字化变革、释放未来十年中国经济发展潜能的重要部署。2020 年 4 月，国家发展和改革委员会首次明确"新基建"包含信息基础设施、融合基础设施、创新基础设施三个方面，涵盖了 5G 网络建设、工业互联网、人工智能、大数据、智能交通基础设施、智慧能源基础设施等。一方面，以 BigTech 为代表科技企业是新基建的"技术供应商"，新基建需要 BigTech 的技术赋能；另一方面，BigTech 是金融数字化的重要参与者，金融的数字化才能更好地满足新基建发

展的金融需求。

BigTech 是数字化金融基础设施建设的重要参与者。我国正在积极推进统一社会信用代码体系建设，并与金融稳定理事会提出的法人机构识别编码——LEI 码建立起完善的映射关系，有利于促进信用信息资源共享，降低金融机构和数字科技企业的识别成本、管理成本。此外作为数字化金融基础设施"软件"的各类金融数字化技术标准也在积极推进，金融分布式账本技术、云计算技术金融应用标准已经发布，帮助金融行业以相互兼容的方式降低风险。在此基础上，为了更好地推进数字化金融基础设施建设，还需要统筹考虑解决一下问题：金融科技和数字化发展需要哪些基础设施保障，数据中心、金融云、数字化金融服务平台等企业推出的金融科技创新是不是重要的金融基础设施，金融数字化基础设施建设运营的准入条件是什么等问题。

五、小结

新冠肺炎疫情暴发后，非接触式金融的快速发展绝非偶然。其背后的原因不仅是数字科技的持续创新和广泛运用，还来源于我国快速发展起来的多层次、多样化的金融数字化生态体系。

金融数字化高质量发展需各方勠力创新。具体来看，在机构层面，需要发挥传统金融机构和 BigTech 的"双轮驱动"和"优势互补"，向金融机构持续输出金融科技技术、产品和解决方案，强化数据信息基础，注重数据应用赋能。在平台层面，需要借助 BigTech 的行业智识打造金融科技开放平台，利用数字科技连接金融机构和实体企业，实现技术、场景与金融业务的深度融合，推动金融数字化和产业数字化携同共进。

更进一步的是，作为一类特殊 BigTech 主体的"新型实体企业"

既承继了与传统金融机构的"双轮驱动",又创新发展了金融数字化和产业数字化高水平循环的路径。更为重要的是,由于"新型实体企业"的加入,金融数字化不仅仅局限在金融机构的数字化以及金融服务供应链上下游的数字化,而拓展到场景生态的整体数字化。

第三部分
农村中小银行数字化转型

农村中小银行是我国服务"三农"、服务乡村振兴的主力军，在大行服务下沉、互联网科技公司线上服务、自身服务创新能力不足的内外部冲击下，加快数字化转已是必然选择。

农村中小银行数字化转型应遵循"人—货—场"的发展逻辑，通过渠道融合创新提供数字化的产品和服务；遵循业务流、资金流和数据流三流交互的运行模式，创新推出"三农"贷款、三方支付、三资平台；遵循内外联动的实施方案，通过策略方案在动态发展中协同推进内外部数字化。

但农村中小银行扎根县域、服务普惠的机构定位以及"省联社—二级法人行社"的双层体制也决定了其数字化转型的目标、方式和路径必须拥有自己的特色，体现出针对性、必要性和时代性。针对性是指有的放矢，突出农村中小银行的特点数字化转型要利用好自己的比较优势；必要性是指最小必要，体现的是农村中小银行最突出、最紧急、最重点的数字化转型需求；时代性是指与时俱进，农村中小银行数字化转型与宏观经济发展、行业趋势、机构定位保持一致，适度超前。

第八章 农村中小银行加快数字化转型是大势所趋

从金融发展史看,金融与科技始终相伴而行,金融业由电子化、网络化时代进化至数字化、智能化时代的过程即是科技发展与应用深化的过程。在新冠肺炎疫情暴发后,非接触式金融服务更是在疫情中"提档加速",金融业数字化已经成为共识。

当前,在经济社会高质量发展、金融行业竞争持续加剧、技术创新应用不断加快的大环境下,数字化成为金融业发展的大趋势。各类银行业金融机构纷纷主动通过金融科技手段实现业务、技术、管理的数字化。

对于农村中小银行而言,数字化转型已经不是转不转的问题,而是转多快、转多少、怎么转的问题。尤其是在"十四五"发展大幕开启、省联社新一轮改革路线逐渐清晰的背景下,农村中小银行怎么推进数字化,应重点解决哪些问题、如何与自身发展优势相结合等,已成为各家省联社和农村中小银行不得不考虑和解决的重大发展问题。

一、数字经济需要金融数字化转型的支持协同

1. 数字经济发展需要金融数字化提供高效服务

实体经济与金融体系同存共荣,数字经济发展离不开金融数字化的服务供给。在新一代数字科技的支撑和引领下,近年来我国数字经济持续快速发展。数字经济是通过前沿科技释放数据的生产力,对产

业链上下游进行数字化升级、转型和再造。中国信息通信研究院数据显示，2021年中国数字经济增加值规模已高达45.5万亿元，占GDP比重达39.8%；同比名义增长16.2%，远高于同期GDP名义增速3.4个百分点。数字经济发展既包括"从无到有"创造新的商业模式和业态，也包括"从有到优"地提高已有产业供需的适配性，还包括"从1到N"地强化不同产业的协同发展，产业转型升级的步伐大幅加快，范围持续扩宽。所有这些都需要金融体系数字化转型的协同支持，改善金融服务的覆盖范围、产品模式、服务质效和风险防控。

2. 数字经济发展强化金融数字化转型数据基础

金融供给与金融需求相互依存，数字经济发展强化了金融数字化的转型基础。实体产业是金融服务的需求方，金融体系是金融服务供给方，产业数字化强化了金融数字化的数据基础和生态环境，与金融数字化相互依存相互促进。近年来，"金融（Finance）＋科技（Technology）＋产业（Industry）＋生态（Ecosystem）"金融数字化模式快速发展：通过服务产业数字化，可以使得金融和产业产生更紧密的场景联结，为金融机构搭建起能够创造增长的新场景，同时能够让实体产业更好地获得金融服务，从而实现金融数字化与产业数字化的同存共荣。

二、数字化转型是金融业高质量发展的"必经之路"

1. 在机构层面，数字化转型极大地提升了银行机构的金融服务供应链能力

金融服务质效提升，是金融服务供应链从产品设计、客户营销、筹集资金、信用评级、风险定价、资金发放、贷后管理等各环节共同发力的结果。在传统金融模式下，金融服务供应链的各个环节大都集

中在银行机构，任何节点出现"短板"，都会制约整条金融服务供应链能力。在金融数字化模式下，科技公司广泛参与供应链的各个环节，银行借助金融科技转变业务模式，或与外部机构合作开展技术赋能或者业务实践，通过深化分工协同，降低金融供求错配，极大地提升了金融机构的金融服务供应链能力，扩大了金融服务覆盖面和服务质效。

2. 在风控层面，数字化转型有效地降低了风险管理对抵质押物的高度依赖

在信贷审批和风险管理中引入海量非结构化数据，加大存量数据挖掘，建立智能风控模型，可以极大地降低金融机构与客户之间的信息不对称，提高风险定价精细化程度和信贷审批效率，缓解银行风险管理对抵质押物的依赖。基于数据分析和信息科技，还能协助金融机构改进资产管理模式，提升贷后催收效率，成功预测和有效降低信贷风险，强化金融服务的稳定性与可持续性。

3. 在客户层面，新冠肺炎疫情大大改变了农村地区客户需求金融服务的方式

新冠肺炎疫情之下，许多线下服务转为线上服务或者线下的非接触式服务。这种商业模式正越来越多地被各类消费者接受，在金融领域也是一样。农村金融客户对于金融产品和服务的认知由于非接触式支付、线上存贷款产品的出现和普及而发生了变化，农村中小银行的产品和服务跟随着客户需求的变化而更加数字化。疫情逐步恢复之后的变化表明，疫情对企业、个人的线下服务需求的冲击不是临时性的，而是趋势性的，未来线上服务需求会越来越大。

正因数字化正在全面改造银行业金融机构供应链各个环节，2020年10月，银保监会主席郭树清在2020金融街论坛年会指出，所有金融机构都要抓紧数字化转型；2020年10月，中国人民银行副行长范一

飞在第二届外滩金融峰会指出，应当推动数字金融扎根实体经济、大力推动数字普惠金融发展，金融机构要深化数据资源应用，充分发挥数据要素倍增作用，在数字化转型过程中，要充分关注不同人群、不同客户的需求，避免造成"数字鸿沟"。

三、数字化转型是农村中小银行应对内外部压力的战略选择

1. 大型银行、股份银行利用成本和渠道优势下沉争夺客户

大型银行、股份制银行的普惠小微金融服务政策压力不断增大。2020 年 4 月，中国银保监会办公厅发布《关于 2020 年推动小微企业金融服务"增量扩面、提质降本"有关工作的通知》，将小微金融服务目标从之前的"三个不低于"扩展为"四维目标"——增量、扩面、提质、降本。6 月 1 日，人民银行、银保监会等八部委发布《关于进一步强化中小微企业金融服务的指导意见》，将国有大型商业银行普惠型小微企业贷款余额的全面增速提升至不低于 40%。在政策压力下，国有大型银行、股份制银行纷纷进入下沉市场，利用其资金成本较低、产品额度高、优质客户群体突出、线上线下渠道基础牢靠等优势，将金融服务下沉延伸，挤占了农村中小银行的业务空间。此外，国有大型银行、股份制银行善于利用和地方政府的关系，将政府平台、行业平台或者政府基层治理网络（村干部、种养大户等）等，作为下沉"三农"金融服务的渠道入口（见图 8.1）。

2. 互联网平台以及科技公司依托技术和生态优势更好地满足客户需求

经过多年的经营，互联网平台以及科技公司特别是大型互联网平台以及科技公司打造了丰富、全面的线上生态，依托移动 App、小程

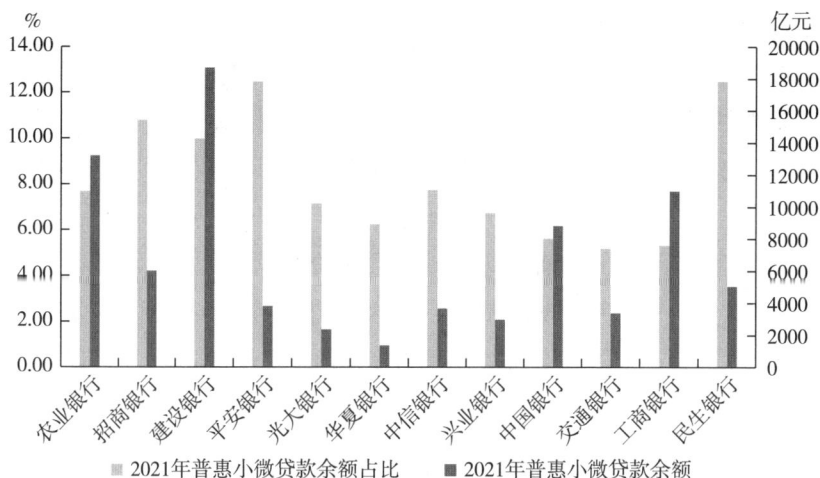

图 8.1　大型银行普惠小微贷款余额情况

（资料来源：各大银行公开财报）

序以及与地方政府合作渗透低线区县，科技公司将金融服务和生活服务共同下沉延伸，改变了农村中小银行的业务基本盘。相较农村中小银行来说，互联网平台以及科技公司依托自身的成熟生态，能够更精准地分析被纳入生态的下沉市场客户的金融需求；同时又凭借强大的技术能力和敏捷的组织能力创新供给，打造适合下沉市场客户的产品。此外，互联网平台以及科技公司通过线上渠道，并借助政府合作渠道，更好地满足了下沉市场的金融需求。

3. 农村中小银行需要提升创新能力来应对客户群体变化

农村中小银行的客户群体特征也在不断地发生变化。从传统上来说，农村、县域、长尾、中小企业客户呈现出存量小而散，单户产出低，风险识别难，需求低频、增长缓慢。从客户年龄结构来看，中老年本地客户占据了一半以上的比例。从客户分层结构来看，优质和普通客户的比例甚至达不到"二八定律"，普通客户占比达到九成以上。从客户风险控制角度来看，长尾客群的有效信息有限，获取和风控方式也较为传统且成本偏高。而在乡村振兴发展战略的顶层部署下，伴随着新型城镇化尤其是以县域为主的城镇化的推进，以及农业现代化的发展，农村中小银行的客户群体逐渐转变成"新农民"。与此同时，长期以来，农村中小银行服务本地客户，产品种类单一。随着农村中小银行的客户群体在逐渐演进，缺乏创新的产品无法满足日益变化的客户需求。国有银行、股份制银行以及互联网平台以及科技公司的下沉竞争，使得农村中小银行对于产品创新和需求响应能力的提升更加迫切。

四、数字化转型是农村中小银行落实国家发展战略的重要途径

1. 农村中小银行始终是国家战略的坚定支持者

经过多年发展，农村信用社成为向"三农"提供金融服务的主力军。党的十八届三中全会提出发展普惠金融最坚定的，2015 年底国务院发布《推进普惠金融发展规划（2016—2020 年)》，2017 年，党的十九大报告将精准脱贫作为三大攻坚战之一。其中，省联社、农信社、农村商业银行等农村中小银行坚持立足县域、服务社区、支农支小的发展战略，延伸服务网络，创新金融产品，增加贫困地区信贷投放，是上述战略坚定的实践者。

2. 乡村振兴依然需要农村中小银行作为主力军

2018 年，中共中央、国务院发布《关于实施乡村振兴战略的意见》《乡村振兴战略规划（2018—2022 年)》指出，推动农村信用社省联社改革，保持农村信用社县域法人地位和数量总体稳定，完善村镇

银行准入条件，地方法人金融机构要服务好乡村振兴。2019 年中国人民银行、银保监会、证监会配套出台《关于金融服务乡村振兴的指导意见》、银保监会出台《关于做好 2019 年银行业保险业服务乡村振兴和助力脱贫攻坚工作的通知》，都进一步强调了农村中小金融机构支农主力军的作用。在经济社会数字化飞速发展的外部变化之下，贫困发展地区、边缘农村地区与发达地区的经济被逐步拉开了距离，全新的数字鸿沟正在出现，实施乡村振兴需要农村中小银行进行数字化转型，为贫困发展地区、边缘农村地区提供更加高效、优质的金融服务。

五、数字化转型是全面深化农信社改革的应有之义

1. 数字化转型是农村中小银行供给侧结构性改革的重要突破口

金融行业创新发展的重点在于提升金融服务质效，但过去多年进展缓慢。最近两年来，伴随金融与科技融合加速，行业竞争与跨界合作被迅速激活，金融产品创新、服务场景延展取得重大进步，金融服务在覆盖面、可得性和效率维度上得到明显改观。也正因如此，2019年底银保监会发布《关于推动银行业和保险业高质量发展的指导意见》，明确"科技赋能"原则，对金融与科技融合发展提出若干具体政策要求。特别是疫情暴发后，"非接触式金融服务"体现出来的功效，让社会各界更好地认识到了数字化转型对于提升金融业服务质效的作用，对于推动金融供给侧结构性改革的意义。农村中小银行服务地域广、客户密度低、单个客户价值小、风险防控难度大，推进供给侧结构性改革更加需要数字化转型作为突破口。

2. 数字化转型有助于省联社更好履行深化改革确定的职能定位

2003 年，国务院发布《关于印发深化农村信用社改革试点方案的通知》，对于省联社的职能定位是，承担对辖内信用社的管理、指导、

协调和服务职能。2014 年，国务院办公厅发布《关于金融服务"三农"发展的若干意见》，要求省联社加快淡出行政管理，强化服务功能，优化协调指导，整合放大服务"三农"的能力。2019 年 2 月，人民银行、银保监会等五部委联合印发的《关于金融服务乡村振兴的指导意见》，要求淡化省联社在人事、财务、业务等方面的行政管理职能，突出专业化服务功能。2020 年是农信社改革的深化之年，5 月银保监会根据国务院金融稳定发展委员会要求，出台《农村信用社深化改革实施意见》，保持县域法人地位，强化正向激励，统筹做好改革和风险化解工作。

2022 年 4 月，数字化转型走在全国农信社前列的浙江省联社改革组建了浙江农商联合银行，预计数字化将会持续作为浙江农商联合银行的优势和特色，成为强化农村金融服务、赋能乡村振兴的重要抓手。

农村中小银行数字化是电子化、信息化之后的新阶段，核心是基于移动通信技术、人工智能、云计算、大数据、区块链等信息科技，对技术架构、业务模式和组织管理进行改造，推动数字技术、农村金融业务、与"三农"普惠生态的融合发展，着力缓解农村金融服务中的信息不可得、信息不对称和信息不会用的问题，全面释放数据要素的生产力，对内提高金融机构经营质效，高水平实现成本—收益—风险的平衡，对外提升农村金融服务的覆盖面和客户体验。

农村中小银行数字化涉及技术架构、业务模式和组织管理的转型，有助于实现坚持县域法人地位、改进省联社专业服务和风险管理等能力。一方面，技术架构和业务模式的数字化可以帮助县域法人提升经营质效，助力下沉市场竞争可以帮助线下网点智能化，提高普惠业务和基层治理的效率。另一方面，组织管理和技术架构的数字化可以帮助省联社改善技术服务方式，强化与二级法人行社的沟通，淡化管理职能。这些充分体现了在坚持县域法人、服务地方实体经济、支农支小普惠发展的定位下，以金融科技改革新农村金融服务，推动普惠金融和农村经济发展的政策方向。这也是对于省联社如何提升协调统筹能力、改善技术服务能力的政策回答。

六、小结

农村中小银行数字化是电子化、信息化之后的新阶段，核心是基于移动通信技术、人工智能、云计算、大数据、区块链等信息科技，对技术架构、业务模式和组织管理进行改造，推动数字技术、农村金融业务、"三农"普惠生态的融合发展，着力缓解农村金融服务中的信息不可得、信息不对称和信息不会用的问题，全面释放数据要素的生产力，对内提高金融机构经营质效，高水平实现成本—收益—风险的平衡，对外显著提升农村金融服务的覆盖面和客户体验。

从趋势来看，农村中小银行的数字化转型是应对大型银行、股份制银行、互联网平台以及科技公司外部冲击与自身内部服务创新供给能力不足压力的战略选择，也是农村中小银行落实国家战略的重要途径和农村中小银行改革的应有之意。在当前的大环境、大趋势下，对于农村中小银行而言，数字化转型已经不是转不转的问题，而是转多快、转多少、怎么转的问题。

第九章　农村中小银行数字化转型
面临的差距与挑战

一、农村中小银行数字化转型的实践探索

由于历史和环境等原因，当前各地的省联社、农商行的发展水平和发展模式存在较大差异，数字化转型大致分化为了头部、中部和尾部三个梯队（见表9.1）。

表9.1　　　　　　　　　中小银行数字化梯队

	头部省联社和农商行	中部省联社和农商行	尾部省联社和农商行
战略方面	制定详略得当、清晰可落地的数字化转型战略，并高效执行	转型快的中部省联社和农商行制定了较为全面的战略，并且明确重点任务和转型节奏，但缺乏高效执行 转型慢的中部省联社和农商行缺少全面战略，缺乏相应的转型路线图	缺少自上而下凝聚共识、统一规划的数字化战略
组织方面	改造或平行于现有架构，搭建适应数字化的"功能型平台"	保留省联社和法人行社的二元机制，初步探索管理委员会、产品研发部等方式	缺少支撑数字化转型的组织架构

续表

	头部省联社和农商行	中部省联社和农商行	尾部省联社和农商行
技术方面	存量：技术和系统架构基本改造完毕 增量：拥有双层联动的业务管理系统；拥有成熟的技术开发平台和工具；构建了自主可控的云架构	存量：技术和系统架构的问题还没有得到解决 增量：初步建立各类业务管理系统、技术开发平台和工具、云架构；自建系统无法有效支撑业务需求	存量：技术和系统架构尚处信息化阶段，缺乏整合能力 增量：缺少数字化研发能力，技术标准和路径不同
产品生态方面	实现线上线下渠道联动和普惠金融生态共建；掌握并重视用户、产品运营	不缺完整的线上、线下融合的渠道以及金融生态；不掌握用户、产品运营	开始尝试在部分业务中开展线上化、非接触化服务
数据方面	拥有成熟的数据治理架构，数据在体系内充分流动，成为串联技术与业务联动的要素	数据治理架构正在探索，数据在银行体内仍然存在孤岛，部分场景中，数据难以支撑技术与业务联动	缺少成熟的数据治理架构，信息量丰富，但无法成为数据要素

资料来源：农金 30 人论坛组织省联社和法人行社座谈会与线上调研。

1. 头部农村中小银行数字化转型较快，正在全方面探索推进

头部机构以东部沿海、华北、中部等经济发达地区的农村中小银行为代表。它们探索数字化转型的时间较早，在理念、组织、业务、管理、数据治理等方面拥有成熟实践经验，头部机构的战略规划、技术系统的改造与运维、科技部门和技术部门的联动实现了数字化"静态架构"和"动态运营"的结合。

在战略方面，对于数字化转型有清晰认识并重视规划的作用。例

如，某东南部省联社在"十三五"规划中就确定了实施构建"两朵云"的数字化转型方向和路径。又如2019年，某东部省联社提出了"以普惠引领大零售转型，以科技引领数字化转型"的发展战略，把科技引领作为数字化转型的重要抓手。

在组织方面，不论是"省联社—二级法人行社"双层体制，还是改组为独立法人机构的大中城市农商行都搭建了顺应数字化转型的功能型平台。功能型平台指的是能够开展数字化业务、实施数字化管理功能的组织架构，可能平行于现行的农村中小银行的组织架构，也可能将现有架构进行了适应性调整。例如某东部省联社一方面设立了数字化推进小组，全面统筹全省二级法人行社的数字化进程；另一方面成立了产品创新委员会，并交由省联社科技部主管。而某中部农商行在2018年成立金融创新部，2019年正式成立金融科技条线，由金融创新部、电子银行部和平行的直销银行团队、数据管理部、科技信息部以及应用研发部共5个一级部门形成金融科技条线，并设置了金融科技管理委员会，目标是通过前中后台贯通、实现科技赋能。

在技术方面，基层更加具有"能动性"的二级法人行社首先建设和运营了各类数字化平台系统，科技与业务之间的内部联动机制更好。一方面打造了前中后台的管理系统，将业务和管理"数字化"；另一方面拥有成熟的技术开发管理平台和工具，云架构成为头部农村中小银行数字化的必然选择。此外，技术领先的IT信息硬件设备也是头部梯队能够保持领先的重要保障。

在产品和生态方面，注重线上线下渠道共建和普惠金融生态共建。一是搭建便捷的线上线下产品渠道：一方面，通过移动App或者其他终端打造线上产品汇聚，形成拥有线上渠道的金融服务群组，例如线上产品超市、线上金融社区等；另一方面，用线下渠道和设备引导客户使用线上、移动端服务，打造具有鲜明本地特色的农商银行本地金融生态。二是打造基层治理与普惠金融融合的生态：一方面，利用线下网点推动政务服务；另一方面，依靠农村协理员、金融政务员、金融村官（银行派驻）推进金融业务。

在数据治理方面，从数据获取到数据分析、数据安全的数据全生命流程实现了技术与业务的联动。头部机构拥有成熟的数据收集和获取的渠道，并积累了丰富的数据量；拥有以需求为导向的成熟数据管理分析系统，形成标准化的内外部数据收集、清洗、使用流程，并制定了完善的数据管理制度，可以有效支持业务和管理；安全等级较高，个人信息保护到位，贯通数据治理。例如某东部省联社通过积累自身业务数据、获取外部政府数据"两条腿"走路的方式积累了大量的高质量数据。数据使用原则也是两个：一是以内部数据为主，以外部数据为辅，进行交叉验证；二是外部数据的使用，以可行的政府大数据作为首要标准。浙江、广东等地的省联社和二级法人行社都比较重视个人信息保护和数据安全，不论是行内的数据管理还是 App 的隐私保护都以安全作为重要的业务标准对待。

2. 中部梯队紧随头部梯队之后，正在从信息化向数字化迈进

中部梯队所在地区的经济实力总体呈现追赶经济发达地区的态势，在战略、技术、产品和生态等方面积极以头部梯队的农村中小银行为数字化转型的目标。这些机构的数字化静态架构往往都搭建得较为完备，但是组织架构、数据治理、技术能力等方面存在短板，无法实现成熟稳定的动态运营。

在战略方面，走得较快的中部梯队制定了较为全面的战略规划，并且明确重点任务和转型节奏。例如某中部省联社编制的《金融科技发展规划》，指出"以科技核心系统建设工程为总抓手；把建设自主开发的智慧银行作为总目标；打造政务＋普惠金融体系；稳步推进线上快贷服务，打造移动支付便民系统"。走得相对较慢的中部梯队代表则在数字化战略规划上稍显落后，缺乏相应的转型路线图。例如某中部

省联社对于自己未来3~5年数字化转型战略定位为"农村金融主力军银行、地方金融主力军银行、普惠金融主力军银行",实施差异化竞争,创新金融产品、创新服务模式,不断提高助力乡村振兴与县域经济高质量发展的能力和水平。

在组织方面,中部梯队的代表往往在架构上保留相对积极的省联社和较为分散的二级法人行社。在省联社层面,成立信息科技管理委员会,并且设立专门的产品研发部,并将重点首先放在技术系统和IT设备领域的改革,但是科技部门和业务部门之间的关系并不清晰;在二级法人行社层面,科技部门缺人手、缺资金、缺技术,大多数处于附属、弱势地位。例如某中部农商行拥有科技业务人员3位、懂技术的行领导1位,内部分工和职能尚不明确,同时也缺少业务人员协助科技开发。

在技术方面,中部梯队存在信息化技术与数字化需求之间不匹配的问题,表现在信息化系统重复建设、竖井式开发方式难以解耦、技术系统难以应对业务数字化的敏捷需求等。例如某中南部农商行反映,近年来搭建了包括核心系统、信贷系统、自建小微系统在内的不少IT系统,但是却无法将这些系统"用活"。

在产品和生态方面,中部梯队不缺完整的线上、线下融合渠道,以及金融生态,但是经常出现"路修好了,却无车可跑"的困局。中部梯队在产品和生态方面所做的数字化转型尝试最多,它们会选择和技术能力出众的科技公司合作,一方面合作数字化业务管理系统、打造云架构等;另一方面也会和科技公司共建不同的生态,但是业务往往无法起量。例如近年来,特别是自新冠肺炎疫情以来,某中部省联社在数字化营销、数字化风控、智能网点渠道建设方面均有过一定尝试,但是均没有达到预期的效果。

在数据治理方面,中部梯队农村中小银行的数据全生命周期管理仍在初级阶段,面临着内部数据不可用,外部数据不会用的问题:收集的数据质量不高、挖掘信息的技术不强，结合外部数据的能力也不足；同时，还缺乏有效的业务运营和技术运维，导致了"有系统，用不好；有业务，不会跑"的问题。

3. 尾部梯队尚处信息化阶段，数字化转型战略认知仍不清晰

尾部梯队以区位偏僻、地区经济发展落后等地区的农村中小银行为代表，由于本地经济、地理等因素影响，其信息化程度尚不高，开始数字化转型的时间也较晚。

在战略方面，缺少自上而下凝聚共识、统一规划的数字化转型战略。机构领导层面对于数字化转型的认知有限，思维转换慢，缺乏对转型方向、目标、理念、路径的认识；科技部门和业务部门对数字化的理解不同步。

在组织方面，省联社较为强势但是关注点较少在数字化转型，二级法人行社相对弱势，支撑数字化转型的人员和资金缺乏。走得较快的尾部机构会在省联社设立类似创新管理委员会的机制，可能交给科技部门或者业务部门的分管社领导主持管理；走得相对较慢的尾部机构则缺少业务和技术之间的协同机制。

在技术方面，尾部机构尚处在各类信息系统不断充实完善，但是技术标准和路线不一、缺乏整合能力的阶段。技术系统目前还难以支持业务的数字化发展需求。系统搭建的缓慢和数字化认知的滞后也会造成数字化转型进度的落后，造成内部管理成本畸高。

在产品和生态方面，开始尝试在业务方面开展线上化、非接触化服务，但是由于本地的金融需求跟不上，也因为尾部机构缺欠缺数字化产品和生态的思维模式，并没有创新的产品和服务甚至爆款的出现，基于农村中小银行自身的生态建设也相当的缓慢。

在数据治理方面，尾部机构信息量丰富，但无法成为数据要素。尽管信息化程度不高尚未开始数字化，尾部机构多年的经营还是沉淀

了海量的信息。但是由于缺乏数据治理的方式方法以及经验，大量的信息收集成了沉没成本。

此外，这些地区的农村中小银行往往治理水平低、改制进度慢，除了业务发展无法和头部农村中小银行相比外，还面临各类行政事务，导致信息化发展、数字化转型耗时长、连续性差。

二、省联社数字化转型案例研究：以浙江省为例

省联社一直是农村中小银行数字化转型的主要力量。近年来，浙江省农信社联社利用金融科技赋能农村金融业务和管理，并引入市场机制、逐步深化科技部门体制改革，浙江省农信社的数字化水平跻身头部梯队。2022 年 4 月，浙江省农信社改革组建浙江农商联合银行，成为全国首家由浙江省内全部法人农信机构（以下简称成员行）入股、具有独立企业法人资格的地方性银行业金融机构，是成员行的行业管理银行和联合服务银行。

1. 顶层设计数字化战略，推动二级法人行社实施"一号工程"

浙江省农信联社在"十三五"时期就确定了"紧随科技发展趋势，深入践行普惠金融服务，坚持以数字技术创新为依托，以开放共赢策略为理念，以线上线下融和为导向，以强化风险管理为基础，加快推进平台互联网化、支付互联网化、场景互联网化、融资互联网化"的指导思想。相关的组织架构、业务落地都在此基础上开展。2019 年，浙江省农信联社又在此基础上进一步明确"以普惠引领大零售转型，以科技引领数字化转型"的发展战略，坚持将普惠零售和科技转型的正路越走越宽。

此外，浙江省农信社也推动其成员二级法人行社发挥能动性，将数字化转型作为一号工程，制定适合自身的数字化规划。例如诸暨农

商行以董事长为第一责任人，制定《数字化转型三年行动计划》以及《数字化转型工作年度实施方案》，将数字化转型拆解为长、中、短期的目标，明确各条线的工作职责和重点任务，确保数字化转型各项工作推进有序。

2. 打造"功能型组织"，全员参与数字化组织管理

省联社发挥双层机制下的协调、指引、服务职能，在省联社和二级法人行社层面打造适合数字化转型和发展的功能型组织。一方面，在浙江省联社层面设立两个组织，在战略和产品两个层面同时推进。战略层面，设立数字化推进小组，全面统筹全省二级法人行社的数字化进程；产品层面，专门成立产品创新委员会，交由省联社科技部主管，强化产品创新的科技特色。

另一方面，在省联社和二级法人行社两层打造"功能型组织"，一般以金融科技管理委员会或者数字化转型领导小组牵头，下设以分管领导为第一责任人的决策、营销、渠道、风控、科技、保障等核心团队。通过组织架构的"前、中、后台化"，强化数字化思维的培育，加强部门条线协作，管控工作进度，解决困难问题，保障数字化转型工作全面落实。

3. 推进技术系统构建，推进技术驱动发展

浙江省联社十分重视技术系统建设以及与二级法人行社的技术协调。省联社统筹技术系统规划、设计落地包括 PAD、OA 系统、系统风险信息演绎系统、决策系统、风险管理系统、数字营销系统、客户风险预警系统、大信贷平台、核心系统、网络查控平台、客户关系管理系统等在内的数字化系统。在提供技术服务过程中，省联社通过调研、征询二级法人行社技术系统的用研需求，将二级法人行社的意见充分吸纳、反馈到系统建设中，实现了双层机制的充分互动与协调。

4. 从金融服务供应链角度推进业务数字化

浙江省联社将自身对业务数字化和技术数字化的认知融入农村金融服务供应链中，通过提升供应链的数字化程度，推动产品和服务的数字化。主要内容包括：一是打造产品营销体系，通过采用数字化营销方式，将积累的数据"用活"；二是打造商圈生态体系，打造金融生态，将线下网点获客拓展到以商圈作为更多元的流量入口；三是搭建决策管理体系，利用行内的数据进行分析，运用自己开发的决策管理系统，实现更科学的管理；四是设立风险信息演绎体系，采用大数据分析技术使得风控更智能；五是构建数据服务门户体系，完成数据治理的数字化。

5. 数字化成为浙江农商联合银行数字普惠发展的重要抓手

浙江省在全面改革为浙江农商联合银行之后，数字化手段将会更加适配其经营管理。在未来，浙江农商联合银行预计将会在以往数字化的基础上不断拓展数字普惠金融广度和深度，更好地强化对成员行的技术赋能，强化金融科技创新，通过线下线上渠道互补融合，有效提升金融服务的覆盖率、可得性和满意度。

三、农商行法人数字化转型案例：苏州农商银行

作为银保监会成立后全国第一批挂牌开业的农村商业银行，苏州农商银行及其前身的信用联社 2000 年在江苏省农信社系统第一家开办国际业务，2004 年成为全国第 4 家改制组建的农商银行，2016年成为全国第 4 家 A 股上市农商银行，2020 年下半年，苏州农商银行顺利完成换届，"敢闯敢试"的苏州农商银行一直将数字化转型作为实现其发展战略的重要手段，力争用五年时间再造一个"苏州农

商银行"，打造走在行业前列的标杆银行、社会倍加认可的价值银行和员工更多获得的幸福银行，助力苏州城乡一体化和长三角一体化，实现对自身发展的期许、对行业身份的定位、对地方经济发展的坚定承诺。

新时期的发展愿景和战略构想要依赖强大的数字化转型工作进行落地，自 2018 年初，苏州农商银行开启了新一轮数字化转型工作，将线上化、数字化、智慧化转型作为主线，向以零售银行、轻型银行、特色银行、智慧银行为内涵的"四型银行"转型，成绩斐然。

1. 实施全行级的大中台架构转型

大中台指的是连接后台和前台，以服务驱动的标准化、模块化平台，主要包括业务中台、技术中台、数据中台、风控中台等。"大中台模式"是典型的敏捷化转型方案，在推动金融机构敏捷化能力提升方面发挥了重要作用。整体而言，大中台模式可有效降低业务研发成本、减少业务运转时间，组件化提高业务效率，去除不必要的流程和障碍，真正实现组织的敏捷、技术的敏捷、产品的敏捷，并推动金融机构发挥规模效应、网络效应、协同效应，破解其业务发展"成本—风险—收益"不匹配的困局。

苏州农商银行在推进数字化转型过程中有针对性地选择双模 IT 作为技术系统的架构，以金融云平台（IaaS、PaaS）为基础建设的全行级能力复用平台促进了全行数据治理和组织架构的转型，既保障了传统 IT 安全可靠的运转，又通过开放的、弹性的、高效的、安全的功能型组织为业务快速发展提供技术中台、业务中台、数据中台提供了基础支撑。

2. 建设一体化服务的业务中台

目前，苏州农商银行已经搭建起一套银行业务中台，融合了线上、线下、客户、渠道、产品的一体化综合服务。以客群服务为中心，通过把交易银行业务抽象为微服务，规划服务群组，对原系统进行解耦重构，按照分布式微服务的架构，构建于私有金融云平台之上。业务中台解决了 3 个痛点：原有交易银行渠道系统的重复建设，客户使用体验无法一致，功能耦合无法支撑业务单元化发展。业务中台通过持续的对服务沉淀和积累、提高服务的复用、快速的编排服务来满足新的业务场景，提高需求的响应速度，为业务的发展提供有力的支撑。目前，交易银行中台落地的业务系统有企业版网上银行以及企业版手机 App，涵盖查询、支付、票据、国结、对账、融资等模块。

3. 打造高可用的安全技术中台

苏州农商银行搭建了京东科技开发的金融级分布式中间件平台（PaaS），旨在帮助金融机构搭建基于分布式架构的技术中台，在保障高可用、满足异地容灾、低成本快速扩容等需求的同时，助力业务开发从"稳态"到"敏态"、从开放到生态，适应快速变化的客户需求。具体包含分布式微服务开发框架、双模资源管理、分布式中间件、研发效能和监控一体化等能力。

微服务开发框架：分布式微服务开发框架（JSF）是京东科技自主研发的高性能分布式服务框架，是一套兼容 Dubbo、Spring Cloud 和 Service Mesh 的跨协议、跨语言的高效多模开发框架，提供黑白名单、负载均衡、动态分组等服务治理功能以及高性能和透明化的 RPC 远程服务调用方案，具有高效 RPC 调用，高可用的注册中心，完备的容灾特性，为从单体服务到微服务的演进提供有效支撑。

双模资源管理：既提供基于 VM 模式发布管控又兼顾容器化的能力，满足数据中心级别的应用运行、管理、流量管控、服务治理等全生命周期应用发布部署能力，同时对接服务网格，实现平台无关、语言无关的轻量无侵入特性的云原生通信方案。让用户在不关心资源而专注于应用的情况下，构建可灵活扩展的分布式微服务。

分布式中间件：提供在云原生分布式微服务的场景下稳妥的应对业务的扩大、分布式的服务通信、数据的扩展性和时效性以及事务一致性，同时支持秒级容灾、异步解耦、高读写性能缓存、Web 运维数据库集群等功能。

4. 构建快速响应的 IT 敏捷平台

为了提升研发质效，苏州农商银行引入 DevOps 平台，构建了敏捷高效、敏捷的开发运维体系，达到灵活支持客户业务需求的目的，有效支撑了互联网业务的高并发需求，打通了各业务系统中的数据孤岛和实现了快速的场景对接。

苏州农商银行首席信息官倪正华先生表示："未来苏州农商银行信息科技工作重心将由数字化转型升级为数智化转型，建设开放、共享的智慧化金融服务生态，为全行战略发展赋能。"

苏州农商银行基于金融云平台，实施大中台战略，利用中台的服务重用、数据累积、快速响应等优势，实现快速开发、快速响应和降本增效，让企业架构更具"韧性"，面对多变的环境迅速调整。此外，完成智慧银行建设，建立全行的智慧生态体系，实现线上、线下金融服务互融互通：智慧银行 API 输出能力提升显著，通过同业、跨界合作，将金融服务融入百姓的"衣、食、住、行、医、学"等生活场景中，提供 360 度金融服务体验；产品营销模式转变，搭建智慧银行运营、营销团队，与客户一起成长。

四、农村中小银行数字化与其他银行机构主要差距

1. 省联社/省农商行数字化人才积累少，二级法人行社人才吸引力更弱

金融科技人才稀缺和培养难已经成为制约农村中小银行数字化转型的最大瓶颈。技术的发展需要与之相匹配的人才队伍支撑，尤其是具备互联网思维、掌握数字化技能、拥有金融知识和大数据分析能力的复合型人才。而复合型人才培养迟缓，影响了中小银行数字化转型。在总体金融科技人才稀缺的情形下，面对大型银行的"虹吸效应"，农村中小银行如何在不具备市场化薪酬体系的背景下招揽能够满足自身发展的金融科技复合型人才就更是难上加难。

从技术人才占比上来看，农村中小银行的布局远远不足。相比较城商行中科技人员在总行的人员比例为 3%，省联社、农商行的这一数据大多在 1.1%～1.6%。同时，相比较万亿城商行中技术人才 1000 多人，正式员工和外包人员约为 1:2 的比例，大部分省联社、省级农商行外包比例更高。如果具体到二级法人行社，这种差异更加明显（见图 9.1）。

从技术人才专业领域来看，农村中小银行普遍缺少熟悉各种原生云和开源的云平台运维人才、大数据分析建模人才、架构规划人才，能够在性能测试和功能测试中确保质量以防后续反复出现漏洞的安全测试人才，产品经理、尤其是拥有多年经验并了解行内系统、能够将业务需求映射到系统架构当中的技术和业务复合型人才。

从人才吸引力来看，二级法人行社的科技人才占比更低。市县二级法人行社对高端科技人才的引进和留住问题非常大，地区＋待遇＋发展都是人才去留的考量。这直接导致本地化、操作性、复合型人才也非常缺失。

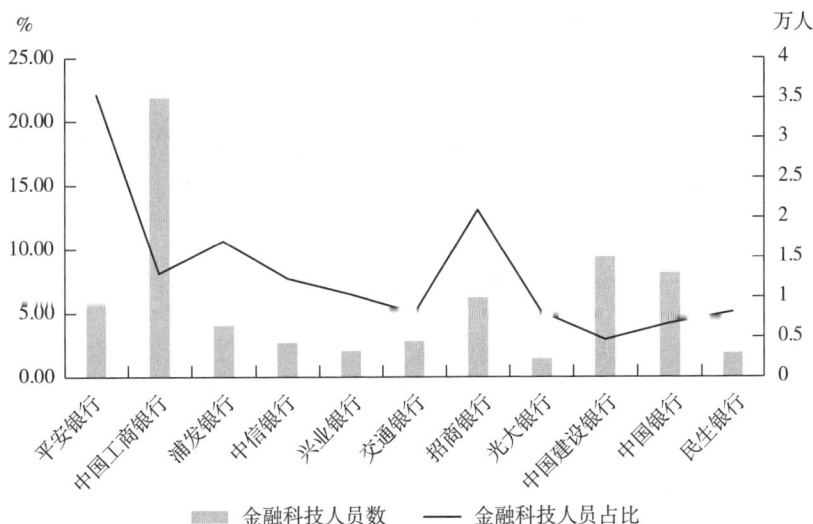

图 9.1　2021 年主要大型国有银行和股份制银行金融科技人才状况

（资料来源：各大银行公开财报）

2. 省联社/省农商行数字化技术积累少，二级法人行社技术基础更薄弱

相比较大行已经在行内统一运营多年的信息系统而言，农村中小银行的基础架构存在诸多问题。除了部分数字化转型先行的头部机构，各地省联社普遍存在技术体系较多、系统耦合度较低、系统运营成本高、IT 硬件资源弹性调剂能力低、人员技能难以复用、系统关联改造成本较高、业务需求交付效率难以提升等问题。且省联社往往技术投入资源有限，造成了机构对科技的接受进度较慢，在技术研发、创新、试点上的投入意愿十分有限，对于失败的接受度较低，容错空间较小。这个现象在二级法人行社体现得更加明显。由于不同二级法人行社之间的差异性更大，对于数字化的理解、需求以及自身的技术架构完全不同，其能进行数字化转型的技术基础更加缺乏。

3. 省联社/省农商行技术服务针对性不足，二级法人行社业务与技术融合慢

在不少农村中小银行，省联社向二级法人行社提供数字化技术及解决方案，但是由于其本身并不开展业务，导致远景规划到位，但是实际落地无法有针对性地满足业务数字化的需求，许多场景、边界、规则和领域仍然停留在理念层次；而数字化产品无法体现农村中小银行的特色，对于客户需求的分析能力较弱。从业务角度来看，民营银行在消费金融、供应链金融、智能客服、数字化营销平台等方面优势明显，而城商行则在支付结算、资产管理、便民业务、网络安全等方面成熟度相对稍高。但无论在上述任何一个方面，农商行都表现出明显的劣势。此外，尽管二级法人行社层面具体开展农村金融业务，但是自身的技术水平或者省联社的技术方案都无法支撑业务数字化转型，业务线条与金融科技应用的融合较慢。

4. 省联社/省农商行数字化组织不完善，二级法人行社的组织更不健全

数字化转型还需要组织架构变革的配合。目前国有大型银行、股份制商业银行等为支持金融科技发展与数字化转型，调整了组织架构或者设立了子公司。一方面，从技术角度成立独立的金融科技子公司，不仅可以支持并孵化自身内部的数字化最佳技术和最佳实践，还能够承担开放银行生态体系中对外赋能输出的战略使命。另一方面，从业务角度创设产品创新部门，内部进行科技到业务的标准化建模，实现大行内部的需求管理。从目前的数字化转型实践来看，农村中小银行的数字化组织架构尚不完善，主要表现在：大部分省联社没有以业务为导向重构数字化组织架构，而且不同区域和不同发展阶段的农村中小银行能够搭建的数字化组织也非常有限，功能也十分初级；二级法

人行社更加不具备开展数字化转型的必要组织要素（见表9.2）。

表9.2　　　　主要大型国有银行和股份制银行金融科技子公司或

联营公司设立情况

	银行	银行系金融科技子公司或联营公司	注册时间
1	兴业银行	兴业数字金融服务（上海）股份有限公司	2015年11月
2	平安银行	上海一账通金融科技有限公司	2015年12月
3	招商银行	招银云创（深圳）信息技术有限公司	2016年2月
4	深圳农商行	前海金信（深圳）科技有限责任公司	2016年5月
5	光大银行	光大科技有限公司	2016年12月
6	中国建设银行	建信金融科技有限责任公司	2018年4月
7	民生银行	民生科技有限公司	2018年4月
8	华夏银行	龙盈智达（深圳）科技有限公司	2018年5月
9	中国工商银行	工银科技有限公司	2019年3月
10	北京银行	北银金融科技有限责任公司	2019年5月
11	中国银行	中银金融科技有限公司	2019年6月
12	中国农业银行	农银金融科技有限责任公司	2020年7月
13	交通银行	交银金融科技有限公司	2020年8月
14	浙商银行	杭州易企银科创技术有限公司	2020年9月
15	厦门国际银行	集友科技创新（深圳）有限公司	2020年9月
16	廊坊银行	廊坊易达科技有限公司	2020年11月
17	广西农信社	广西桂盛金融信息科技服务有限公司	2020年12月
18	浙江农商联合银行	浙江农商信科技有限责任公司	2020年12月
19	浦发银行	浦银金融科技有限公司	2021年5月
20	盛京银行	盛银数科（沈阳）技术有限公司	2021年7月

资料来源：根据公开资料收集。

5. 省联社/省农商行数字化资源投入难，二级法人行社更缺乏资源保障

根据中小银行联盟、金融一账通、金融科技50人论坛发布的《中

小银行金融科技发展研究报告（2020）》统计显示，2019 年国有大型银行和股份制银行金融科技/信息科技资金投入合计 1008 亿元，占营收比重总体上超过了 2%，而且与 2018 年同比增长平均接近 30%。有 3 家大型银行投入超过两百亿元，分别是建设银行、工商银行和农业银行。根据各家上市银行 2021 年年报披露的数据，工商银行、建设银行和农业银行的金融科技投入均已超过了 200 亿元，13 家上市大中型银行的平均金融科技投入年增速近 13.7%。而农村中小银行数字化转型的经费投入主要在省联社。目前还没有一个省联社可以投入如此大规模的资金进行金融科技发展和数字化转型。但从实际看，投入低问题的实质在于预算花不出去、人才招募难、技术研发和架构改革进展慢，导致的"人才少，钱难花"。对于二级法人行社来说，自身实施企业级的架构转型更加缺乏资源保障（见表 9.3）。

表 9.3　2021 年主要大型国有银行和股份制银行金融科技投入统计

银行	金融科技投入与营收占比（%）	金融科技投入（亿元）	金融科技投入年增速（%）
招商银行	4.37	131.91	11.58
邮储银行	3.15	100.30	未披露 2021 年数据
中信银行	3.68	75.37	8.82
交通银行	3.24	87.50	23.6
光大银行	3.79	57.86	12.35
平安银行	4.36	73.83	2.4
建设银行	2.86	235.76	2.86
浦发银行	3.51	67.06	17.34
中国银行	3.1	186.18	11
农业银行	2.85	205.32	12.2
兴业银行	2.88	63.64	30.89
工商银行	2.76	259.87	9.1
民生银行	2.83	45.07	21.75

资料来源：根据各大银行公开财报。

五、农村中小银行推进数字化转型面临的主要挑战

1. 组织挑战：体制机制"双层性"与数字化转型"一条心"的协调

省联社既负责管理引领，又负责技术支撑。在数字化转型的过程中，省联社站位更加靠前，可以解决"小法人想做做不了、做了不实惠"的问题。由于不同区域农村中小银行的发展不均衡、农村金融业务发展不均衡，不同区域的省联社的实际职能会有差异。由于每一个区域的省联社都面对着数十家甚至上百家二级法人行社的需求，省联社的数字化难度不亚于甚至超越国有大行。有省联社测算发现，同样产品和功能的开发，农村中小银行代码的复杂程度是国有大行的1.5倍。

从提供农村金融产品和服务的实际分工来看，二级法人行社在一线开展业务，省联社实际上扮演着技术服务供应者的角色。基层能动性强的二级法人行社，相对省联社拥有更高的自主权限和资金实力，"自下而上"地自主开始数字化，形成支援自身业务发展的本地数字化系统。省联社为拥有本地系统的二级法人行社提供研发、测试等技术支持，实际上提供了"数字化系统的系统"。统筹、规划能力更强的省联社，"自上而下"地打造了满足二级法人行社业务和技术需求的数字化系统。这种双层体制下的数字化需要投入大量资源和资金，但是成本分摊目前没有合适的方式和比例。

省联社和二级法人行社之间是大平台和小法人的二元关系，存在统一性和个性化的角力。基层农信社既依赖省联社所搭建的服务平台，又在一定程度上希望减少乃至摆脱省联社的行政管理。一方面，省联社—县农社两级法人业务部门对不齐，县级法人主要是零售、公司业务等部分，省级业务部门不全，差异非常大、没有指标压力；另一方

面，省联社—县农社两级法人考虑的顺序不同，省级考虑合规、风险，然后才是业务发展。特殊的两级法人体制导致联社提供的科技服务和行社提出的科技需求往往存在错配。另外，不同地域发展差异也成为省联社统一推进数字化转型需要解决的问题。这些问题是银行数字化转型过程中农村中小银行所面临的特有问题和全新命题。

2. 技术挑战：技术升级需求大与技术供给能力弱的落差

对于多数农村中小银行而言，技术短板是推进科技赋能和数字化的核心痛点。一方面，数字化技术和系统快速革新，农村中小银行缺乏创新研发能力。另一方面，人工智能、分布式架构、云平台等技术及其解决方案是一个长期资源投入的过程，农村中小银行缺乏持续、稳定的人员和资金、业务资源投入。

农村中小银行与科技公司合作可弥补技术短板，但要解决技术沉淀和能力提升问题。在解决方案方面，互联网平台以及科技公司提供数字化技术解决方案，将其云技术和基于云的解决方案适用在农村金融服务领域，可以精准实现业务资源监测与规划，降低系统运行成本、扩展数字化支持的领域。在渠道和生态方面，互联网平台以及科技公司将自己的线上渠道和线上生态和农村中小银行联结，配合农村中小银行实现业务发展的目标。但在合作过程中，农村中小银行不能奉行简单的"拿来主义"，在合作和融合发展中要注重沉淀技术能力和数据资产，进而通过科技赋能，提升业务供应链能力。

3. 业务挑战：线上化、智能化转型与客户服务渠道的统一

农村中小银行客户以"三农"、小微、县域、长尾为主，业务以支农支小为主，地区以县域为边界。这个发展定位决定了农村中小银行和其他类型的银行业机构存在差异性定位，在提供的产品和服务方面也应当有所差别，尤其是线下网点服务是农村中小银行的一项鲜明特

色。农村中小银行怎样能够不丢失自身的业务特色，同时又能够借助智能化、非接触式的转型方案推进市场化的金融创新，从而更好地实现政策目标。这是农村中小银行数字化转型过程中需要妥善考量的问题。

4. 数据挑战：数据利用要求高与数据治理能力弱的错配

数据要素正在成为许多农村中小银行无法深入推进数字化的重要阻力。这主要表现在：缺少数据要素平台，导致数据绕圈跑；没有提炼数据、形成资产的能力；没有数字化营销、没有数据治理，不会做大数据挖掘，缺少牵头的数据管理部门，安全和数据隐私得不到保障。外部数据使用的耗费时间长、合规要求高、数据利用率低。数据质量不高、挖掘信息的能力不强，外部数据获取能力也不足，与社保、税务等外部数据需要进行更好的结合。

六、小结

实践中，不少农村中小银行开始了数字化转型探索，并形成了"三大梯队"：头部省联社和农商行数字化转型认识早、启动快，正在全面探索推进，并开始取得成效；中部省联社和农商行也开始制定数字化规划、明确了重点任务，正在从信息化向数字化迈进，处于"边修路、边跑车"状态；尾部省联社和农商行尚处于信息化阶段，缺少自上而下的共识，尚未形成统一的数字化转型战略和规划。

囿于各家机构的资产规模、资金实力、人才层次、业务特色、管理水平、地域环境、对数字化的理解等各方面的差别，其数字化转型的程度存在显著差距。具体体现在"五大差距"：省联社/省农商行数字化人才积累少，二级法人行社人才吸引力更弱；省联社/省农商行数字化技术积累少，二级法人行社技术基础更薄弱；省联社/省农商行技术服务针对性不足，二级法人行社业务与技术融合慢；省联社/省农商行数字化组织不完善，二级法人行社的组织更不健全；省联社/省农商行数字化资源投入难，二级法人行社更缺乏资源保障。

农村中小银行数字化转型各有千秋，但是不论是引领者还是落后者，都面临着共性的"四大挑战"：组织上体制机制"双层性"与数字化转型"一条心"的协调、技术上技术升级需求大与技术供给能力弱的落差、业务上线上化、智能化转型与客户服务渠道的统一，数据上数据利用要求高与数据治理能力弱的错配。

第十章　农村中小银行加快数字化转型的战略架构与路径

一、农村中小银行数字化转型的战略设计

1. 数字化转型的战略目标是对内提升质效、对外改善服务

农村中小银行数字化转型的战略目标是实现数字化，即达到继电子化、信息化之后的新阶段，核心是基于移动通信技术、人工智能、云计算、大数据、区块链等信息科技，对技术架构、业务模式和组织管理进行改造，推动数字技术、农村金融业务、与"三农"普惠生态的融合发展，着力缓解农村金融服务中的信息不可得、信息不对称和信息不会用的问题，全面释放数据要素的生产力，对内提高金融机构经营质效，高水平实现成本—收益—风险的平衡，对外显著提升农村金融服务的覆盖面和客户体验。

从国内外银行数字化转型的实践来看，数字化是一项系统性工程，是企业级的理念、架构、业务的整体转换。数字化的目的是最大限度地赋能个人、打破空间限制。数字化转型指的是从当前信息化环境下的人类行为、组织形态向数字化环境下的人类行为、组织形态转变的过程，银行数字化包含了赋能客户、赋能员工，有效控制风险、提升管理效能、提高经营业绩等诸多内容。而农村中小银行由于其扎根本地、服务"三农"的定位，其数字化发展具有银行数字化的共性部分，也有自身的个性特色。因此，农村中小银行的数字化不能走国有大行、股份行的老路，而要牢牢抓住自身的路径优势和机制特色，实现机构

改革、业务转型。

2. 数字化转型战略方案要坚持目标导向和问题导向的统一

由于不同的农村中小银行的发展阶段、所处环境和资源禀赋存在差异，一千家农村中小银行有一千种数字化转型战略。一方面，农村中小银行既要明确数字化转型需要解决的问题，例如如何设置转型优先级以满足不同区域、不同年龄层次客户对于金融服务的不同需求偏好；另一方面，要明确数字化转型需要实现的目标，例如如何明确不同阶段的渐进式目标。

3. 数字化转型战略设计要注重方向统一和动态调整的协调

农村中小银行数字化转型不是一蹴而就的，而是一个持续性、渐进性、拓展性的过程，因此数字化转型战略的设计要注重模块化、伸缩性、拓展力。

一是数字化转型战略设计要模块化。以模块化形式设计战略方案，将数字化项目按照应用场景拆解成不同的小模块，这些小的模块又可以自由组合和充分扩充，以便在实施过程中可以按照需求变化来调整战略方案。对于农村中小银行来说，其资金实力相对较弱，试错成本相对较高，因此更倾向于采用模块化的转型方式，以试点方式推进，在看到转型效果的前提下向更大规模、更全面的转型方向迈进。

二是数字化转型战略设计具有可伸缩性。战略方案要采用快速迭代和敏捷开发的模式，在数字化转型的过程中，可以对规划与落地方案不断进行调整，改变实施顺序和部署速度。农村中小银行的体量较小，业务复杂度较低，有能力和优势进行转型方向的快速调整。

三是数字化转型战略设计富有扩展力。市场变化和技术创新的速度在逐步加快，农村中小银行需要根据市场、产品、技术、顾客行为的变化而不断调整数字化战略方案，方案路线要有足够的留白，等待实践或市场环境变化带来的扩充或丰富。

二、农村中小银行数字化转型的框架设计

1. 建设"功能型平台"，最大化满足机构转型的需求

打造省联社/省农商行"功能型平台"，作为机构数字化发展的敏捷组织。"功能型平台"指的是能够开展数字化业务、实施数字化管理功能的组织架构，可以平行于现行的农村中小银行的组织架构，也可以将现有的架构进行适应性调整。敏捷组织指的是相对于传统组织，更可以快速响应业务、管理、技术需求的扁平化、小团队、小规模、跨职能的团队。敏捷组织往往责任明细，端到端进行任务拆解，能够更快地响应变化，各种职能角色有清晰的职责定义，为了共同的愿景和目标，往往自发地做出跨职能跨界的一些行为，所以有很强的执行力和行动力。科技公司需要进行产品或者服务快速迭代时，往往会采用敏捷组织形态。敏捷功能平台的原理是数字化业务的设计、上线需要快速研发、测试、运营、反馈和迭代，组织架构就需要相应地划分成前台、中台和后台。从数字化的视角来看，每一个部门都会在业务流程中有"数字化"的体现。例如，创新部门将数字业务的创新需求提交给业务部门，业务部门设计产品，并将研发需求提交给技术部门。与此同时，数据管理、法务财务等服务部门都会加入流程管理。这就需要根据业务流程和组织架构的特点同步设计适合该流程的技术架构。因此，技术架构就相应地可以拆分成前台、中台和后台。

省联社/省农商行"功能型平台"突出"大中台模式"，联结中、后台，实现业务与数据、业务与技术、技术与数据之间的高效联动。大中台模式首先是一种思维模式。业务、技术、数据治理都可以被标准化拆分，形成"零部件"之后再自由组合。中台就是链接各类标准化组件的"连接器"，也是一种资源组合模式。在中台模式下，当机构

需要开发新产品、新业务条线或调整原有老产品、老业务条线时，不需要重新从零开始，只需要借助沉淀在中台的资源、能力、数据、技术、风控等能力，由中台配置和组装，就可以统一对外输出定制化的产品服务和解决方案。大中台模式可有效降低业务研发成本、减少业务运转时间，组件化提高业务效率，去除不必要的流程和障碍，真正实现组织的敏捷、技术的敏捷、产品的敏捷，并推动金融机构发挥规模效应、网络效应、协同效应。

2. 建设"业务中台"，最大化推动业务数字化、智能化发展

业务中台为敏捷化转型提供全域营销、交易和服务。业务中台将不同业务能力沉淀封装到一个个模块中，变成标准化的方案和定制化的工具，综合提升组装能力、配置能力、扩展能力，形成标杆案例。从智能化、数字化运营的角度看，业务中台基于用户数据和算法模型形成用户画像，运用人工智能推荐系统、数字化运营核心系统为客户运营和客户触达提供路径。

业务中台可以提高对客户需求的响应速度。农村中小银行可以依托移动组件打通 C 端和 B 端的用户，整合不同客户的金融服务需求，建设统一的客户对接体系，支持客户需求的快速响应。一是对客户进行人群分析、营销触达、活动管理和效果分析，深化对客户需求和痛点的理解；二是针对客户需求丰富创新金融服务，将传统金融信贷、理财等服务嵌入到用户日常生产生活的场景中，为农户、个体经营户、小微企业主提供涉农金融信贷和理财服务；三是优化手机银行 App 界面、网络银行、小程序等移动端应用的可视化效果，减少烦琐程序，着重突出线上一站式、个性化、生活化、便捷化的客户体验。

业务中台可以驱动业务持续创新和规模化发展。整体而言，金融机构通过持续的能力沉淀，形成标准化、组件化的调用服务，可支持业务快速调用核心能力并且进行多样的快速判断。农村中小银行可统

筹考虑各业务链条和各业务条线，例如账户、产品、客户、交易、支付和信贷等，将各业务条线需要的资源和能力拆分为单位化的组件，通过人工智能和算法模型探索"千人千面"的精细化运营营销手段，推动业务快速创新和规模化发展。

3. 建设"技术中台"，打造全行级可复用技术平台

技术中台将能够复用的基础技术能力服务化、标准化、组合化，形成标准化的技术中间件，还支持中间件的整合和包装，提供高效多样的"工具箱"，以服务复用、数据累积、快速响应等优势，支持前台敏捷快速的创新业务研发，让企业架构更具"韧性"，面对多变的环境迅速调整。技术中台包括微服务开发框架、分布式数据库、消息中间件、分布式缓存、全链路监控、分布式网关等产品（见图 10.1）。

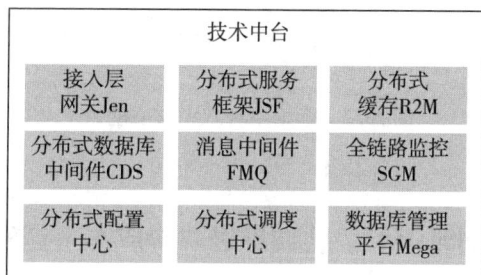

图 10.1　技术中台的可复用产品示意

（资料来源：作者绘制）

4. 建设"数据中台"，全面释放数据在数字化转型中的生产力

数据中台致力于打破数据孤岛、缓解数据共享难题，有效解决金融机构敏捷化转型的痛点。数据中台就是内嵌在大中台的数据管理平台。数据中台提供八项核心能力：数据整合能力、数据治理能力、数据资产化能力、平台化建设能力、工具智能化能力、数据服务能力、

数据风险管控能力和数据生态构建能力。按照业务属性对数据分级分类打标签，通过清洗、计算、整合、关联、建模等一系列流程，建立面向具体业务场景的数据集市和标准化流程，便利业务的衔接和推进（见图10.2）。

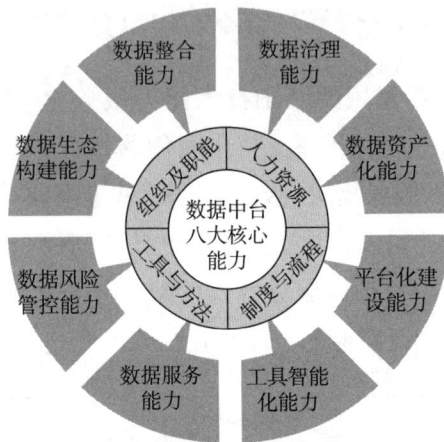

图 10.2　数据中台八大核心能力

（资料来源：作者绘制）

5. 建设"风控中台"，协同推进"降成本—提效率—控风险"

风控中台运用人脸识别、图计算、行为序列、OCR 等技术识别与监测风险，形成包含数据、系统、专家经验、咨询一体化的风险解决方案，搭建可视化、内容安全、基于指纹和生物探针的风险运营平台、风险处置平台、智能决策平台。对内支撑个人信贷、数字小贷、反欺诈等业务，对外输出至不同金融机构的信贷供应链、资管和财富管理供应链、区块链人工智能等创新业务供应链等。

风控中台以数据中台、业务中台以及技术系统为基础，协同推进"降成本—提效率—控风险"。农村中小银行通过统一业务能力整合和平台建设，可有效减少技术和流程的重复建设，降低研发成本和时间接入成本，提升业务创新和科技应用的协同效应。同时，农村中小银行应统筹数据、技术和场景在敏捷化转型中的作用，利用自身掌握的金融数据，探索便利数据共享与流通的机制，利用开放平台和接口拓展金融服务，增强金融服务的可获得性和便捷度。此外，通过建立技术层、数据层、风险层、业务层、移动端整套中台体系的标准指引，提升防控技术风险能力以及合规水平。

三、农村中小银行数字化转型的机制设计

1. 农村中小银行数字化转型实施是"一把手"工程

农村中小银行数字化转型需要顶层决策、顶层设计、顶层推动。一方面，在双层体制下，二级法人行社众多且分散，需要由顶层领导将农村中小银行的数字化转型需求进行集中；另一方面，因为机构内部科技和业务部门之间的协调联动，由顶层领导可以降低大量的摩擦成本。

农村中小银行应设立一把手牵头的"数字化转型委员会"。委员会决定转型的战略规划、阶段目标、重点任务、实施路径和资源配置等。委员会统筹协调各个职能部门、技术部门、业务条线和二级法人行社，解决数字化转型实施中的问题，提升数字化能力：快速迭代产品和服务；进行数据变现，把数据价值最大化，提升数据要素为经营所带来的贡献；不断扩大客户总体规模和提升客户的忠诚度；充分利用生态系统进行联合创新。

2. 农村中小银行数字化转型实施需要做好联动机制

农村中小银行数字化转型是要达到清晰、可行的数字化战略，数字化业务和支撑技术的顺畅融合，适配数字化发展的组织架构和专门人才，成熟的数据治理体系以及可持续性不间断的业务运营和技术运

维能力的统一。农村中小银行的数字化是一个系统工程，需要综合利用行政化手段和市场化机制加以实施，需要统筹做好资源联动、价值联动和机制联动。

一是要做好资源配置在宏观、中观和微观层面的联动。在宏观上需要做到拥有对于数字化转型深刻理解的战略规划，包含业务和技术融合、组织和人员匹配、运营和管理协同。在中观上需要以业务数字化发展为根本目标，规划业务数字化发展所需要的业务资源，并且提升数字化供给的水平。在微观上，既要做到科技支持系统的常态化和持续化运维，更要做到数字化业务发展的不间断运营。

二是在价值取向上做好成本、收益和安全的平衡。数字化业务的目标仍然也是通过更加高效的服务，给客户创造更大的价值，是一个"存量改造＋增量改革"持续推进的渐进过程，建立在业务不中断、风险可控、系统安全的基础上。要选择适合自己的技术系统，不是别人有的农村中小银行也要有，要考虑县域经济形态；要做到够用就行，略有超前，即使技术平台超前，业务跟不上就没有人用；要能够持续更新，系统开发要给更新迭代留有余地。

三是在管理机制上做好省联社和二级法人行社的上下联动。农村中小银行数字化转型的"一把手"工程，不仅是省联社的"一把手"工程，也是二级法人行社的"一把手"工程。因此需要建立两层机制下的"一把手"联动机制，降低沟通成本和内部耗损。

四是要搭建"前台导向""中台驱动"和"后台管理"体系。法务、财务、规划等后台部门应当根据本机构业务的特点以及大中台的需求进行改建。在省联社层面，将后台部门的职能限缩到省联社对二级法人行社提供服务的范围；在二级法人行社层面，尽量精简后台规模，向"中前台"迁移。

3. 数字化转型实施要做好技术与业务的协同

农村中小银行的数字化转型需要根据自身发展阶段、业务经营模式、技术积累基础等，在数字化转型推进过程中处理好技术发展和业务发展的先后关系。

一是"技术与业务同步推进"模式。同步推进模式是数字化转型效率最高的模式，也是难度最大的模式。这种模式需要技术部门和业务部门的深度联动和高水平协调，往往适用于已经具备了一定的数字化技术和业务转型基础的农村中小银行。

二是"技术驱动＋业务响应"模式，即优先发展技术数字化，进而以技术数字化带动业务数字化。这种模式往往适用于具备一定技术发展基础的省联社，以及技术部门作为主导的二级法人行社。

三是"业务发起＋技术支撑"模式，即优先推进业务数字化，根据业务数字化发展的需求适配相应的技术数字化需求。这种模式往往适用于业务部门比较强、发展比较早的二级法人行社和省联社。

4. 农村中小银行数字化转型需要做好进展评估

根据数字化转型的内在要求、外在表现以及实施过程，综合考虑国有行、股份制银行的数字化发展实践，农村中小银行数字化转型可以建立一个四维的评价模型，用以评估把握数字化发展的程度（见图10.3）。

一是"业务与技术融合程度"，代表的是从业务和管理流程的角度判断和评价数字化的效果。二级指标可以设置成：技术对于业务需求的响应周期、技术改造后节约的业务流程时间。

二是"数据征集和治理效果"，代表的是农村中小银行使用、管理数据的能力大小，该指标可以参照银保监会《银行业金融机构数据治理指引》《金融数据安全 数据安全分级指南》《个人金融信息保护技术规范》的要求选择从数据治理规则与标准、内部数据激活、外部数据引入和拓展、数据更新频率、管理制度与技术、安全策略与标准等角度评估数据治理架构、数据管理、数据安全、数据质量和数据价值实现。

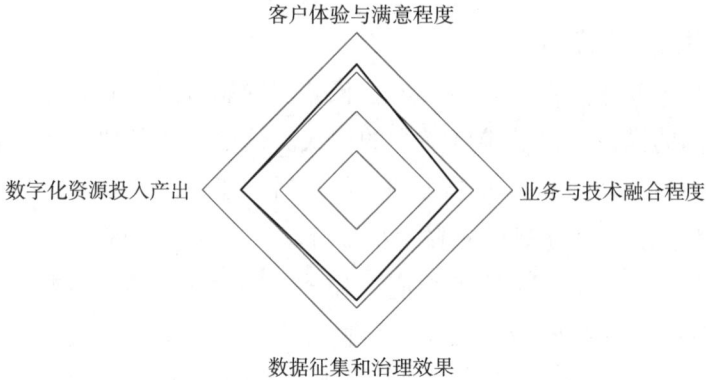

图 10.3　数字化程度评估的蛛网模型

（资料来源：作者绘制）

三是"数字化资源投入产出"，代表的是投入数字化转型的人力、资金等组织要素。具体可以设计几个二级指标：技术人员的占比、软硬件资金投入、技术改造耗费时间、业务数字化转型的程度、业务绩效的影响、技术赋能后业务的增长规模等。

四是"客户体验与满意程度"，代表的是接受数字化服务的客户如何评价数字化的效果。这里的"客户"可以是农村金融消费者，也可以是使用数字化改造后的内部工具、流程的机构工作人员。体验与满意程度的判断标准可以通过设计调查问卷或者评价打分卡来进行粗略的定量评估。

四、农村中小银行数字化转型的实施路径

1. 头部梯队应注重数据驱动，持续探索数字化的前沿和边界

头部梯队应当在战略、组织管理、技术架构、业务模式数字化程度较高的基础上，持续强化数据的作用，提升数字化的效率。通过自

已的摸索，头部梯队已经完成了自身机构"静态的数字化架构"和"动态的数字化运营"的结合。下一步应当把数据治理作为数字化发展的核心，依据数据战略的五要素，提升数据的量和质，通过创新算法模型提升算力，实现"数据驱动"的业务创新发展模式，实现成本效益、安全稳定动态平衡的经营管理。

与此同时，头部梯队还应当不断尝试新的架构和技术方案，为农村中小银行数字化持续提供最佳实践。如在组织管理方面尝试采取激励机制，进一步激发业务、技术人员的积极性；主动尝试对省联社进行改革，将科技部门改组金融科技公司，提升技术和数据的驱动效果。在技术方面尝试运用边缘计算、VR/AR等新技术，改善客户体验、改进业务质效。

2. 中部梯队应注重业务运营，同时不断补足组织管理和技术架构短板

中部梯队应当重点关注业务运营，让"更多的车行于数字化的大道上"。中部梯队在战略、技术架构、业务模式方面都已经有所尝试，这些数字化的"静态架构"已经初具规模，需要通过业务部门的营销、深挖客户运营和数据分析让数字化的架构得以畅通运行。

补齐组织管理和技术架构短板。伴随着数字化业务模式越来越成熟、规模越来越大，中部梯队在组织管理和技术架构上的短板将会显现，并且不断影响数字化的下一步发展。因此，中部梯队应当一方面搭建"功能型平台"，另一方面解决系统重复建设、竖井式开发效率低下、数据治理能力不强等问题。

3. 尾部梯队应注重先战略、组织，后技术、运营的顺序推进数字化转型

尽管尾部梯队的数字化基础最差，但是其包袱也最轻。最适合从

战略认知开始逐步开展数字化转型。在战略方面,由一把手挂帅,自上而下凝聚共识、明确战略规划。在组织管理方面,搭建"功能型平台",构建业务和技术之间的协同机制。在技术架构方面,有针对性地选择适合自己数字化发展的解决方案,并妥善选择互联网平台以及科技公司进行战略合作。在业务模式方面,打造线下网点智能化试点、尝试主营业务线上化齐头并进,并重视和政府机构、行业组织、互联网平台以及科技公司共建生态。在数据治理方面,尽可能收集数据,丰富数据量级、提升数据质量、保障数据安全。

五、小结

农村中小银行数字化转型的过程是转型战略与落地实施联动的过程。转型战略与落地实施具有内在一致性,"战略与机制"确定了农村中小银行数字化的目标、方向,"实施路径"显示了农村中小银行数字化的禀赋和特色。

在战略设计上,农村中小银行数字化转型要坚持对内提升质效、对外改善服务的双重目标,要坚持目标导向和问题导向统一的对接思路,要注重方向统一和动态调整协调的设计理念,做到可模块化、伸缩化和扩展化。

在框架设计上,农村中小银行数字化转型应统筹做好技术、业务和组织的协同。打造省联社(省农商行)"功能型平台",实现业务与数据、业务与技术、技术与数据之间的高效联动。建设"业务中台",最大化推动业务数字化、智能化发展;建设"技术中台",打造全行级可复用技术平台;建设"数据中台",全面释放数据在数字化转型中的生产力;建设"风控中台",在更高水平统筹"降成本—提效率—控风险"。

在机制设计上,农村中小银行数字化转型是"一把手"工程,需要自上而下制定全行级战略，需要顶层决策、顶层设计、顶层推动。农村中小银行数字化转型是系统工程，需要综合利用行政化手段和市场化机制加以实施，需要统筹做好资源联动、价值联动和机制联动。农村中小银行要根据自身发展阶段、业务经营模式、技术积累基础情况做好技术与业务的协同。农村中小银行数字化转型需要做好进展评估，考察业务与技术融合程度、数据征集和治理效果、数字化资源投入产出、客户体验与满意程度四类指标。

在实施路径上，农村中小银行数字化转型不能"依葫芦画瓢"，而是要根据自身发展阶段、资源禀赋选择不同的实施路径：头部梯队应注重数据驱动作用，持续探索数字化的前沿和边界；中部梯队应注重业务运营，同时不断补足组织管理和技术架构短板；尾部梯队应注重先战略再组织，后技术再运营的顺序推进数字化转型。

第十一章　农村中小银行加快数字化转型的战术方案与对策

一、将"大平台、小法人"打造为"技术供应商＋业务实施方"

将省联社（省农商行）升级为服务业务数字化转型的"功能型平台"，履行产品分析、技术供应、服务运维、敏捷开发等职能，充分发挥省联社大平台的资源集约化作用。在需求层面，成立创新部门，执行需求管理，尤其是强调分析客户需求、行业变化，深化客户分析能力；同时也作为业务部门和技术部门的桥梁，履行商业分析（Business Analytic）职责，作为内部沟通的润滑剂。在业务层面，成立数字化业务部门，具体打造数字化产品，管理客户、渠道，负责日常的业务运营。在数据层面，打造数据管理平台，负责数据资产的管理、全行数据治理、大数据运用等职责。在技术层面，负责全行数字化系统的建设、运维，重点是从宏观层面、底层技术层面开发技术系统。在敏捷响应层面，成立敏捷团队，作为"特种部队"，执行全行技术和应用方面的敏捷开发、运营和迭代。

在将省联社（省农商行）打造为数字化转型"功能型平台"的同时，二级法人行社放手推进业务数字化转型，保持以业务为导向的独立法人身份。在此基础上，二级法人行社基于大平台可以实现根据不同区域农村中小银行的特点进行个性化配置，更加有针对性地调配省联社和二级法人行社之间的成本分担、绩效分担、人员分担、责任承担和风险承担方式。

将省联社（省农商行）技术部门改组成立科技公司或科技中心，更好地统筹技术服务的成本收益分担。借鉴大型国有商业银行和全国股份制银行建立独立金融科技子公司的实践经验，省联社（省农商行）可在政策允许框架下，将省联社技术部门改造成独立或者准独立的科技公司，可以更好地实现成本分摊、效率提升。省联社改革与数字化转型除了将"功能型平台"在双层机制下进行分配外，还应当将额外的职能从省联社剥离并且构建更加市场化的架构。参考国有大行、股份制银行设立独立金融科技公司的实践，省联社技术部门可以改组成立独立或者准独立的科技公司。这样做方能更好地补齐原先省联社在金融科技运用、新产品研发等领域能力不足，快速响应、通过市场化的方式更好地提供二级法人行社亟须的技术服务。

二、将互联网平台以及科技公司定位为技术和业务能力提升的合作者

农村中小银行与互联网平台以及科技公司合作不是简单的"拿来主义"，而是要注重"学人以渔"。"学人以渔"是相对于"授人以渔"来说的，"授人以渔"指的是互联网平台以及科技公司向金融机构技术赋能来帮助其提升金融服务供应链能力。具体而言，科技公司利用自身的技术能力、对 C 端客群以及场景生态的深刻认知，向金融机构提供全渠道获客、精细化运营、大数据实时风控、全流程降本增效、用户体验提升等技术和业务解决方案，且在技术输出时向金融机构开放技术代码；金融机构可以通过技术开源、联合建模等形式，共享科技公司的经营管理、风控决策经验，不断沉淀技术能力，提升产品创新、营销获客、客户促活、风险定价、贷后催收等业务能力，提升金融机构在数字经济发展趋势下的供应链能力。农村中小银行与互联网技术

公司的合作不能全盘接收、全套引入互联网平台以及科技公司的技术，而是要"可控集成"，始终把握自主权。与此同时，不仅要合作技术，还要学习和吸收数字化技术的理念。

省联社要发挥"服务平台"的价值，要分级分类、有针对性地推动与互联网平台以及科技公司的有效合作。一方面是要搭建分级分类的评价体系框架，明确合作的领域和目标，按照技术、业务、渠道、管理进行划分；明确合作价值的判断标准，主要分为安全、效率、规模、成本等角度；明确合作的底线要求，尤其是核心风控能力、核心业务环节的技术、业务、渠道，以及农村中小银行所控制的个人信息、敏感数据都要注重安全，不能对外开放。另一方面是要制定严格的合作准入条件。例如，要求科技公司：一是对于农村中小银行需要有深入理解，系统、平台建设和技术应用要对农信社有特有认识，要有农村中小银行的案例；二是要考虑和农村中小银行合作的友好度，不能太过于强势；三是要对于知识产权的认定和分享、转移有合理的安排；四是拥有对技术系统的持续更新维护能力；五是技术架构需要有一定的兼容性，降低农村中小银行使用系统的技术壁垒；六是通过战略合作和具体项目的方式开展合作，以提高合作的延续性和数字化系统的稳定性。

三、将分散多元的线下网点打造为数字化生态入口

通过线上线下融合强化线下网点的"流量优势"。目前，包括大型互联网平台以及科技公司在内的商业机构正争相抢夺下沉市场的线下流量。而经过多年的建设和运营，依靠着熟人关系和感情联系，农村中小银行依托线下网点拥有了非常可观的线下流量优势和流量入口资源。农村中小银行可以通过线下服务网点的智能化升级和线上化拓展维持甚至扩大线下优势：一方面，打造信贷 App、服务 App 等

"线上网点"，同时运用线下渠道和设备引导客户使用线上、移动端服务；同时增加人工智能识别客户、智能化业务导航等功能实现线下网点的智能化升级。另一方面，与当地农业、制造业、旅游业等为行业企业开展线上合作，共同开发、维护、使用行业与金融服务 App 矩阵。

通过普惠金融与基层治理融合塑造线下网点的"渠道优势"。一是打造党建共建的良性农村信用体系，将农村客户有效串联；二是推动金融服务＋政务、社会服务相互赋能融合，推动政务系统与省联社"数字化普惠金融平台"开展信息互联互通、资源共建共享；三是将党建宣传、教育、医疗、供应链、智慧寺院等第三方生态接入系统，可以减轻触客渠道压力，实现基层网点客户触达。此外，利用线上网点，基于金融电商媒体＋政府服务，将电商、缴费等各类活动聚合。基层治理和普惠金融的生态联动是农村中小银行依托线下网点可以实现的有效功能，也是下沉市场竞争时农村中小银行的比较优势。

四、通过数据管理平台将"沉没信息"转化为"生产要素"

以数据管理平台为核心，整合数据采集、使用和管理规则。首先，通过数据平台完善数据采集的标准化流程，从数据收集开始，到整合、清洗、拆分、标签化、存储的全生命周期管理。将数据来源分为三类：数据中心和二级法人行社的数据、地方政府的数据以及第三方的可靠数据。数据中心和地方行的数据指的是通过省联社下放的数据、农信社自有的数据以及员工走访采集的数据。其次，通过业务和管理系统的对接实现数据在农村中小银行内部的流动。例如对接业务终端，实现数据的标准化采集，进入数据管理平台后匹配给相关业务，以最高效率地发挥数据要素的价值。最后，需要构建内外部的管理规则，确保数据的合规使用。一方面是在内部明确核心管理人员的权限，尤其是要构建省联社和二级法人行社之间数据流转的审批机制和责任机制，以强化信息安全；另一方面，是根据《个人信息保护法》《金融消费者权益保护实施办法》《银行业金融机构数据治理指引》《个人金融信息保护技术规范》等法律、规章以及标准规范性文件的要求，实施数据合规治理，以控制数据采集、存储、运营的全链条风险。

注重数据共享，发挥内外部数据价值。让数据在不同层面打通，实现部门与部门之间、业务与业务之间、机构与机构之间的数据共享，对数据进行实时管理与分析。要在用好内部数据的基础上，用好政府的行政处罚、失信和奖惩类信息，以及工商、统计、海关、法院、公积金、社保、反洗钱、税务、电力、运营商、房价、金融市场等外部数据，发挥数据的潜在价值，助力银行业务发展和精细化运营，实现数据变现。

注重发挥多法人数据优势，整合内部资源。对于农村中小银行而言，多法人、多线下网点的特征使得大量的信息在日常经营过程中被沉淀下来。通过搭建省联社层面的数据管理平台可以提高数据的数量，分散收集的信息可以聚拢存储、分析和使用；提升数据的质量，统一收集、使用数据的标准，统一清洗数据的结果；统一对接业务部门和管理部门的使用需求；提升数据利用的技术效率；进行统一审计，保障数据的可靠安全。

此外，农村中小银行作为农村金融、县域金融服务的主力军，其数字化转型既需要全国一盘棋，也需要因地制宜，兼顾不同地区、不同梯队省联社/省农商行、二级法人行社的差异性。这需要建立一个行业性的交流机制，互通有无，相互促进。为此，可以利用行业协会或者智库组织，定期或不定期组织开展农村中小银行数字化转型的业务研讨会、培训交流会等活动，分享案例，交流技术，总结经验，帮助省联社/省农商行、二级法人行社更好地把握数字化发展趋势、业务模式、技术方案、经验教训等，凝聚数字化转型的合力。

五、小结

"战术方案和对策"是农村中小银行数字化转型的"落脚点"。鉴于与其他类型银行业金融机构在组织形式、技术实力、业务优势等方面的区别，农村中小银行有必要形成"五大战术方案和应对策略"。

一是把"大平台、小法人"打造为"技术供应商＋业务实施方"，在政策允许时，将省联社（省农商行）技术部门改组成立科技公司或科技中心，二级法人行社负责具体的数字化业务改革与创新；二是借助互联网平台以及科技公司塑造农村中小银行自己的技术和业务能力；三是把多元、分散的线下网点打造为数字化生态入口；四是通过数据管理平台将"沉没信息"转化为"生产要素"。

第四部分
银行数字化转型赋能乡村振兴

乡村振兴已经成为国家战略,金融服务赋能乡村振兴已成为农村中小银行的历史使命。如何通过数字化转型赋能乡村振兴成为"十四五"时期农村中小银行必须考虑和解决的重大发展问题。

农村金融数字化和乡村产业数字化在逻辑框架、运行模式和内外联动方面拥有类似的发展逻辑。同时,双方的数字化内核具有一致性:数据驱动、技术支撑。农村中小银行数字化转型赋能乡村振兴的关键是要利用数据要素,数字技术加快农村金融服务供应链和乡村产业供应链数字化(双链数字化),进而推动农村金融服务供应链与乡村产业供应链各环节实现客户、渠道、场景的联动,最后促进乡村金融服务供应链和乡村产业供应链的协同发展(双链联动)。

"双链数字化"和"双链联动"互为因果、相辅相成。从高质量发展的"产业—科技—金融"高水平循环要求来看,"双链数字化 + 双链联动"是通过数字化转型,推动产业与金融更大范围、更高层次的"内外联动"。

第十二章 乡村振兴的金融服务需求和政策

一、全面乡村振兴战略的部署要求

近年来，全面乡村振兴已经成为重要的国家发展战略。2018 年，中央先后出台《中共中央 国务院关于实施乡村振兴战略的意见》（以下简称 2018 年中央一号文件）和《乡村振兴战略规划（2018—2022 年）》；2021 年 1 月又印发《中共中央 国务院关于全面推进乡村振兴加快农业农村现代化的意见》（以下简称 2021 年中央一号文件）；2021 年 3 月，"十四五"规划还专篇规划了"坚持农业农村优先发展全面推进乡村振兴"。[①]

乡村振兴的特殊重要地位可从以下三方面进行理解：一是强调乡村全面振兴、全党全社会共同行动。2018 年中央一号文件明确提出要"推动农业全面升级、农村全面进步、农民全面发展"；习近平总书记要求"各地区各部门要充分认识实施乡村振兴战略的重大意义，把实施乡村振兴战略摆在优先位置，让乡村振兴成为全党全社会的共同行动"。二是全球范围内首次对乡村振兴战略进行单独立法。2021 年 4 月，全国人大审议通过《乡村振兴促进法》，其中明确规定各级人民政府将乡村振兴促进工作纳入国民经济和社会发展规划；乡村振兴从国家战略上升到法律层面在全球范围内尚属首次、足见其重要意义。三

---

① 感谢京东经济发展研究院张晓晨研究员对本章的写作支持。

是部署建立相对严格的乡村振兴考核落实机制。2018 年 7 月，习近平总书记对实施乡村振兴战略作出重要指示，提出"坚持五级书记抓乡村振兴"；《乡村振兴促进法》明确规定了建立乡村振兴考核评价制度、工作年度报告制度和监督检查制度相关内容；2021 年中央一号文件则进一步要求强化五级书记抓乡村振兴的工作机制，强调要加强乡村振兴考核结果应用，注重提拔乡村振兴实绩突出的领导干部，建立对考核排名落后党政主要负责同志的常态化约谈机制。2022 年中央一号文件则强调扎实有序做好乡村发展、乡村建设、乡村治理重点工作，加快农业农村现代化。

表 12. 1 　　　　　　2018 年以来主要乡村振兴及农村金融政策文件

时间	总体部署
2018 年 1 月	中共中央　国务院《关于实施乡村振兴战略的意见》（中央一号文件）
2018 年 3 月	国务院总理李克强在《政府工作报告》中提到大力实施乡村振兴战略
2018 年 9 月	中共中央　国务院印发《乡村振兴战略规划（2018—2022 年)》
2019 年 5 月	中共中央　国务院《数字乡村发展战略纲要》
2021 年 1 月	中共中央　国务院《关于全面推进乡村振兴　加快农业农村现代化的意见》（中央一号文件）
2021 年 3 月	"十四五"规划专篇规划"坚持农业农村优先发展 全面推进乡村振兴"
2021 年 4 月	全国人大审议通过《乡村振兴促进法》
2022 年 1 月	中共中央　国务院《关于做好 2022 年全面推进乡村振兴重点工作的意见》（中央一号文件）
时间	监管要求
2019 年 1 月	人民银行等五部委《关于金融服务乡村振兴的指导意见》
2020 年 4 月	中国银保监会《关于 2020 年推动小微企业金融服务"增量扩面、提质降本"有关工作的通知》
2021 年 4 月	中国银保监会《关于 2021 年银行业保险业高质量服务乡村振兴的通知》

续表

时间	总体部署
2021 年 5 月	人民银行等《关于金融支持新型农业经营主体发展的意见》
2021 年 7 月	中国银保监会《金融机构服务乡村振兴考核评估办法》《金融机构服务乡村振兴考核评估指标体系》《金融机构服务乡村振兴考核评估指标定量说明》《金融机构服务乡村振兴考核评估指标评分办法》
2022 年 3 月	人民银行《关于做好 2022 年金融支持全面推进乡村振兴重点工作的意见》

资料来源：根据公开资料收集。

二、乡村振兴实施的金融服务基础

改革开放以来，农业、农村、农民为我国工业化和城镇化作出巨大历史贡献，但农村金融服务却长期面临有效供给严重不足、存在较大资金缺口问题，金融服务可获得性较低。

1. 农村金融服务发展趋势亟待改变

当前农村金融服务的总量供给仍显不足。一是涉农贷款增速处于低位、占比持续下降。根据人民银行最新数据，近年来我国涉农贷款余额持续保持增长，截至 2021 年末达到 43.21 万亿元，增速比上年末高 0.2 个百分点，同比增速在 2018 年之后有所回升、但仍处于近年来低位，占各项贷款比重则处于持续下降态势。二是实际涉农贷款总量被高估。由于我国涉农贷款按照"注册地"统计原则、口径统计相对宽泛，大量与农村无关的信贷（如房地产、建筑业）很可能被包含在内。三是中小银行风险进一步加剧供给不足。数据显示近年来农商行净息差持续下降，与此同时不良贷款比例显著高于国有行、股份行和城商行。此外，农村储蓄存款长期流失。估计结果显示，近年来存款类金融机构吸收的农户储蓄存款总量约为发放农户贷款总量的两倍以上，大量来自农村的资金并未用于农村，而是流向城市（见图 12.1、图 12.2）。

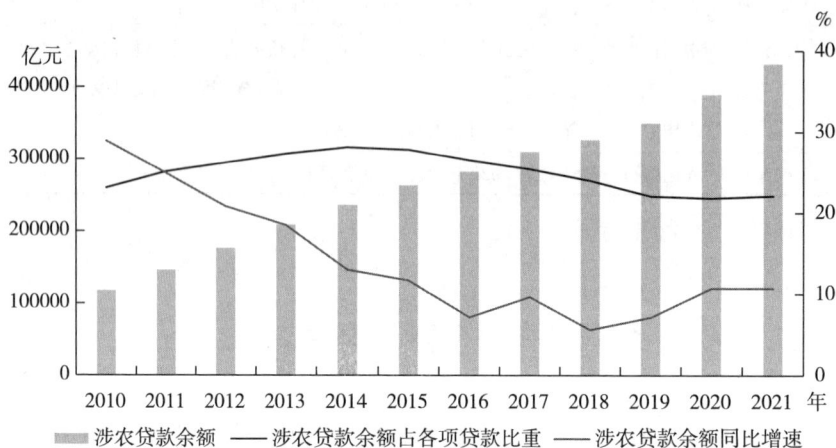

图 12.1　涉农贷款增速和占比均在下降

（资料来源：人民银行）

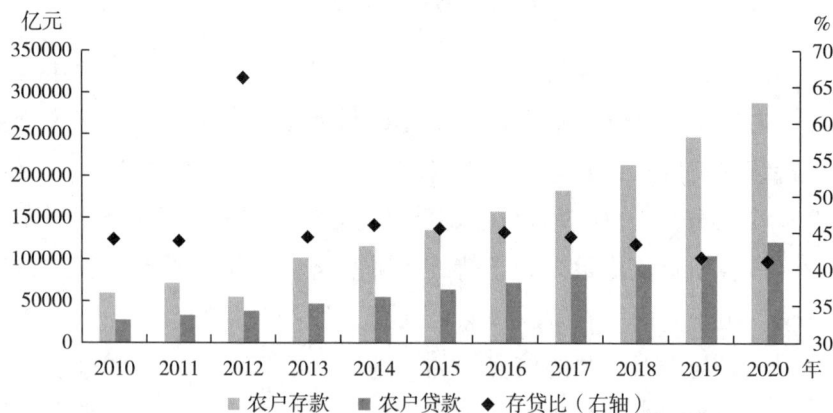

注：农户存款数据仅发布至 2014 年，后续年份数据为过去 5 年平均增速计算的预测值。

图 12.2　大量来自农村的资金并未用于农村而是流向城市

（资料来源：人民银行）

2. 农村金融服务存在较大供需缺口

从绝对缺口来看，由于数据缺乏难以准确估算，市场上引用较多的是中国社科院2016年8月发布的《"三农"互联网金融蓝皮书》。其综合利用农业增加值、农户贷款等数据估算得出当时我国三农金融供求缺口超过3万亿元；虽然估算模型存在一定缺陷，但仍具有一定指示意义。

从相对缺口来看，农村金融服务的资金缺口同样明显。居民部门方面，利用人民银行住户贷款余额、农户贷款余额等数据估算城乡居民人均贷款获得量，结果显示农村居民尚不足城镇居民一半；具体用途上，农村居民贷款主要用于生产经营，城镇居民则重点用于购房和消费支出。企业部门方面，分三大产业看一次产业贷款余额占其增加值比重显著低于二三产业，信贷资金投入差距明显；利用分行业贷款余额、分行业法人单位数量等数据估算企业户均贷款获得量，一次产业同样明显低于二三产业（见图12.3—图12.6）。

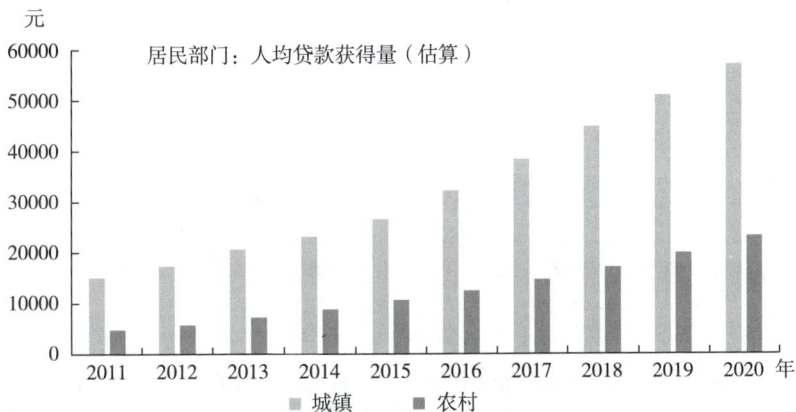

图 12.3　2011 年以来城乡居民人均贷款获得量差距巨大

（资料来源：人民银行、国家统计局）

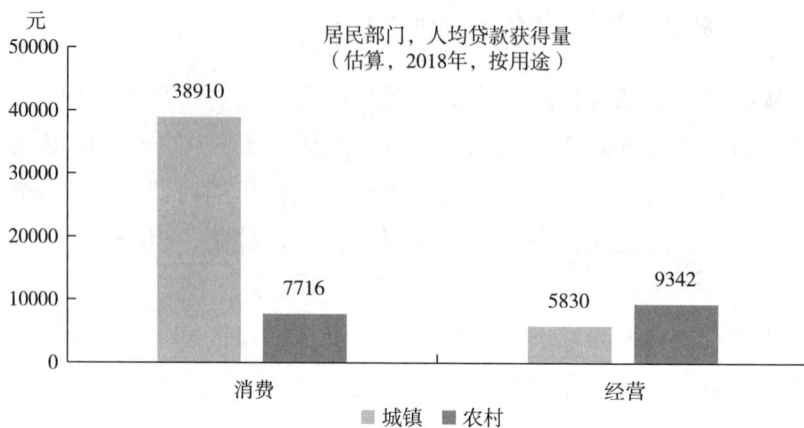

图 12.4　2018 年城乡居民消费和经营用途人均贷款获得量差距巨大

（资料来源：人民银行、国家统计局）

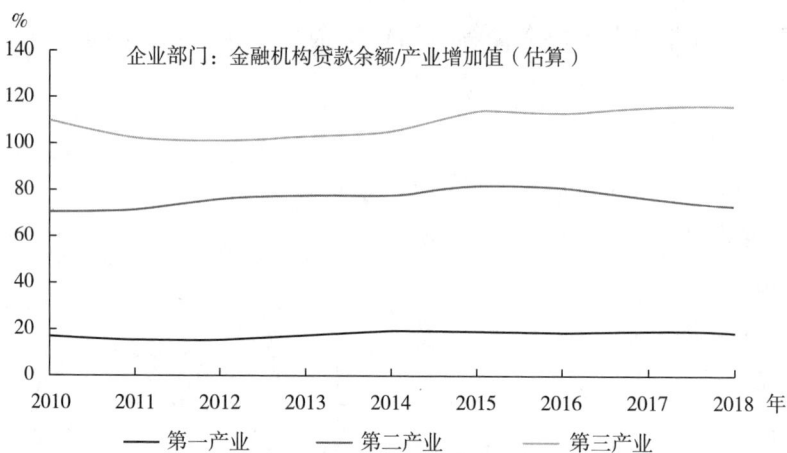

图 12.5　一次产业贷款余额与产业增加值之比显著高于二三产业

（资料来源：人民银行、国家统计局）

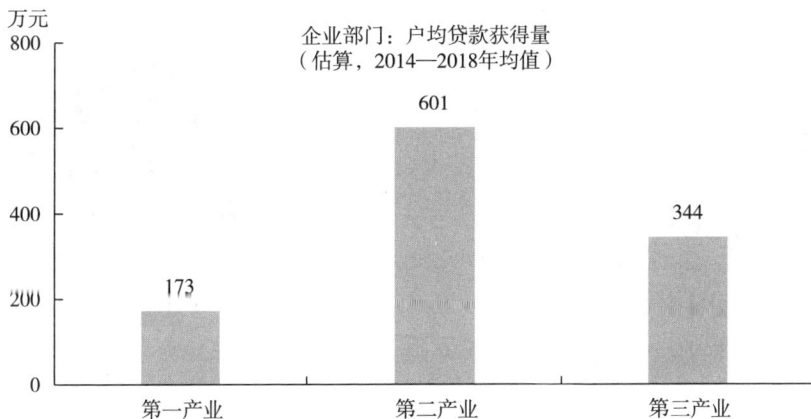

图12.6　一次产业户均贷款获得量与二三产业的相对差距明显

（资料来源：人民银行、国家统计局）

3. 农村金融服务可获得性有待提升

一方面，农村金融服务可获得性仍然较低。南京农业大学"中国农村小额信贷调查"课题组在 2019 年发布的调研报告显示，31.39%的样本农户存在明确信贷需求、信贷需求相对旺盛，但传统银行机构的信贷满足率较低、其中仅有 18.38%的农户可通过申请获得贷款，有明确信贷需求但未得到满足的农户占比超过 40%。另一方面，不同产品的可获得性差异较大。根据中国金融教育发展基金会和 VISA 公司在2016—2017 年对吉林、黑龙江、内蒙古等部分农村地区进行的金融需求调查，除基本的银行业务外，保险、外汇等其他类型的金融产品可获得性显著更低。

整体来看，当前我国农村金融服务具备良好发展基础，乡村振兴战略引导下发展空间巨大。下一步，应坚持目标导向和问题导向相结合，加速推动农村金融改革，持续提升农村金融服务总量供给、尽快弥补农业农村发展所需的金融缺口，不断扩大金融产品覆盖面、提高

样本农户信贷需求和信贷可获得性

无信贷需求，
68.61%

获得足额信贷，
18.38%

申请被拒或
额度不足，
13.85%

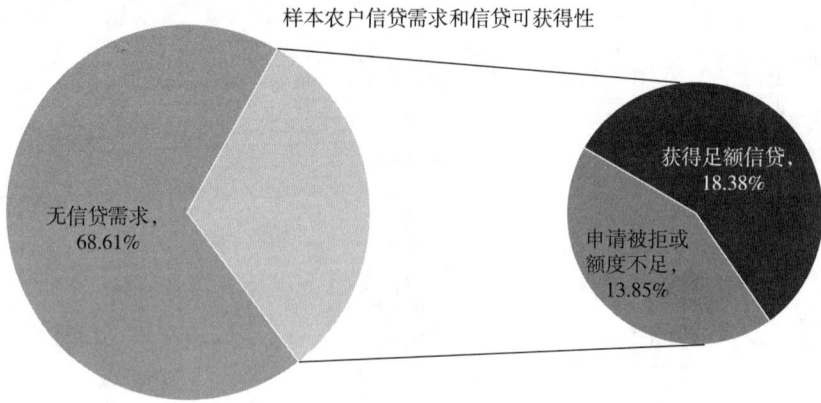

图 12.7　农村金融服务可获得性仍然较低

[资料来源：南京农业大学"中国农村小额信贷调查"报告（2019）]

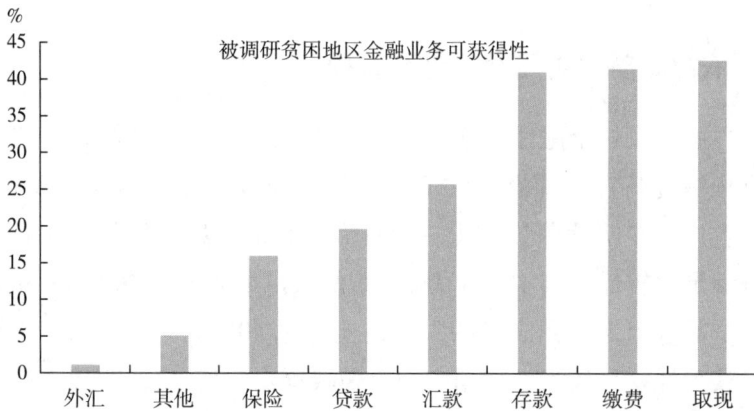

%

被调研贫困地区金融业务可获得性

45
40
35
30
25
20
15
10
5
0

外汇　其他　保险　贷款　汇款　存款　缴费　取现

图 12.8　不同产品的可获得性差异较大

（资料来源：《中国农村金融发展报告 2017—2018》）

可获得性，把更多金融资源配置到农村重点领域和薄弱环节，更好地
满足乡村振兴多样化、多层次的金融需求。

三、金融支持乡村振兴的政策部署

1. 政策要求金融全方位服务乡村振兴

2021 年 11 月，银保监会传达学习贯彻党的十九届六中全会和习近平总书记重要讲话精神时要求要健全农村金融服务体系。近几年来，相关政策从组织体系、产品服务、政策保障等多个方面，对金融服务乡村振兴提出了具体要求。

一是健全农村金融服务组织体系。2019 年 1 月人民银行等五部委联合印发《关于金融服务乡村振兴的指导意见》（以下简称《指导意见》），短期内重点部署开发性、政策性金融机构为乡村振兴提供中长期信贷支持，要求商业对乡村振兴加大支持力度，着重强化农村中小金融机构支农主力军作用；中长期明确了到 2035 年基本建立多层次、广覆盖、可持续、适度竞争、有序创新、风险可控的现代农村金融体系，到 2050 年现代农村金融组织体系、政策体系、产品体系全面建立，城乡金融资源配置合理有序，城乡金融服务均等化全面实现的多层次目标。2022 年中央一号文件进一步明确了农村金融服务组织体系的实现形式：鼓励机构法人在县域、业务在县域、资金主要用于乡村振兴的地方法人金融机构发展农村金融业务，加快农村信用社改革，完善省（自治区）农村信用社联合社治理机制，稳妥化解风险。

二是强化农村金融产品和服务方式创新。《指导意见》要求积极拓宽农业农村抵质押物范围、创新金融机构内部信贷管理机制、推动新技术在农村金融领域的应用推广、完善"三农"绿色金融产品和服务体系；2021 年中央一号文件和 2022 年中央一号文件都要求大力开展农户小额信用贷款、保单质押贷款、农机具和大棚设施抵押贷款业务，同时指出要发挥"保险 + 期货"在服务乡村产业发展中的作用。数字化赋能成为重点，《乡村振兴战略规划（2018—2022 年）》提出引导持牌金融机构通过互联网和移动终端提供普惠金融服务、促进数字化赋能与农村金融规范发展；2021年4月人民银行等七部门启动"数字化赋能乡村振兴示范工程"，旨在探索运用新一代信息技术因地制宜打造惠农利民金融产品与服务，全面提升农业产业现代化水平、农村金融承载能力和农民金融服务可得性。

三是完善农村金融政策保障体系。货币政策方面，《指导意见》要求加大再贷款、再贴现支持力度，充分发挥差别化存款准备金工具的正向激励作用，引导金融机构加强对乡村振兴的金融支持。财政政策方面，部署落实县域金融机构涉农贷款增量奖励、健全农业信贷担保体系，金融机构向农户、小微企业及个体工商户发放小额贷款取得的利息收入免征增值税等政策，旨在引导县域金融机构将吸收的存款主要投放当地、汇聚更多金融资源支持乡村振兴。同步完善差异化监管体系，提出适度放宽"三农"专项金融债券的发行条件和适度提高涉农贷款不良容忍度等。

2. 服务乡村振兴要扩面增量提质降本

2020年，中国银保监会办公厅发布《关于2020年推动小微企业金融服务"增量扩面、提质降本"有关工作的通知》，对普惠金融和小微金融服务提出"增量扩面、提质降本"的总体要求。其中"增量"指单户授信总额1000万元以下（含）的普惠型小微企业贷款确保实现"两增"，即贷款较年初增速不低于各项贷款增速、有贷款余额的户数不低于年初水平。"扩面"是指增加获得银行贷款的小微企业户数，着力提高当年新发放小微企业贷款户中"首贷户"的占比。除了数量的要求外，还规定了质量要求，即"提质"是指提升小微企业信贷服务便利度和满意度，努力提高信用贷款和续贷业务占比。"降本"是指进一步推动降低普惠型小微企业贷款的综合融资成本。

3. 金融机构服务乡村振兴要严格考评

2021 年，中国银保监会密集发布了《金融机构服务乡村振兴考核评估办法》以及《金融机构服务乡村振兴考核评估指标体系》《金融机构服务乡村振兴考核评估指标定量说明》《金融机构服务乡村振兴考核评估指标评分办法》三个附件，在前期政策要求的基础上，规定了考核评估的硬性指标，尤其是增量和增速指标。例如在考核时，涉农贷款、农林牧渔业贷款、农村基础设施建设贷款、新型农业经营主体贷款以及普惠型农户经营性贷款、普惠涉农小微企业贷款、农村承包土地的经营权抵押贷款、林权抵押贷款、农户信用贷款的增量和增速，要求都比存量的权重高；针对服务创新、支付服务还设计了定性指标。

2022 年人民银行发布的《关于做好 2022 年金融支持全面推进乡村振兴重点工作的意见》也明确强调了"强化统计监测与考核评估"，一是完善乡村振兴金融服务统计制度，根据实际需要调整指标定义内涵，开展数据质量评估。二是用好金融支持巩固脱贫和乡村振兴信息系统，加强脱贫人口金融信息管理。三是开展金融机构服务乡村振兴考核评估，强化评估结果运用，切实发挥评估工作对进一步改进乡村振兴金融服务的积极作用。

四、小结

农村金融服务的供需不平衡，长期存在较大缺口。相比较城市来说，农村金融服务的市场化程度较低。乡村振兴的金融服务处于从政策驱动向市场驱动的过渡阶段。

政策正在从三方面发力。一是在顶层设计层面，从《乡村振兴法》到"十四五"规划以及连续三年的中央一号文件，标志着全面乡村振兴已经成为国家法定的发展战略和首要发展任务。乡村振兴的金融服务也被写入顶层规划文件。二是在规划实施层面，中央网信办、金融监管部门、农业农村部、国家发改委、工信部、国家乡村振兴局等部委纷纷出台各主管领域相关的发展政策，促进包括农村金融服务在内的各项规划及时落地、工作任务按时完成。三是在数字化发展层面，以金融机构数字化转型和数字乡村建设为重点，齐头并进地推动数字化手段对于金融机构和乡村振兴的赋能。

第十三章　银行农村金融服务的
困境和出路

一、农村金融服务的发展现状

1. 农村中小银行开展农村金融服务的进展①

在中国农金 30 人论坛的大力支持下，2021 年我们面向各地省联社和法人行社的部门负责人和行社领导开展了线上调研，了解目前农村中小银行开展农村金融服务和支持乡村振兴面临的实际问题。线上发放了共 415 份问卷，回收 415 份，其中省联社负责人 51 人，占比 12%；法人行社负责人 364 人，占比 88%。调研结果比较全面清晰地展现了目前农村中小银行开展农村金融服务支持乡村振兴面临的挑战与压力。

面向农户生产和消费的"零散小"产品占据多数，仅有 50% 的省联社和法人行社以企业生产型的贷款产品为重点金融需求。一方面，几乎所有重点服务企业生产型贷款的农村中小银行都只是针对产业链核心企业发放贷款，而并没有拓展到行业的上下游；另一方面，农村中小银行逐渐越来越多地通过网络、手机渠道服务农户、居民等个人客户。

2. 农村中小银行开展农村金融服务的优势

一是本地经营优势。农村中小银行以县域法人为主，一直扎根于

---

① 感谢京东公共政策研究院龚谨研究员对本章写作的支持。

基层本地,在农村金融市场中发挥着金融主力军的作用。与大型银行和互联网公司相比,本地化经营的农村中小银行更能优先做到"人熟、地熟、情况熟"(见图 13.1、图 13.2)。这就是为什么农村中小银行会被称为"老百姓自己的银行"的原因所在,也使得农村中小银行与城乡基层社会治理能够形成联动效应(见图 13.3、图 13.4)。

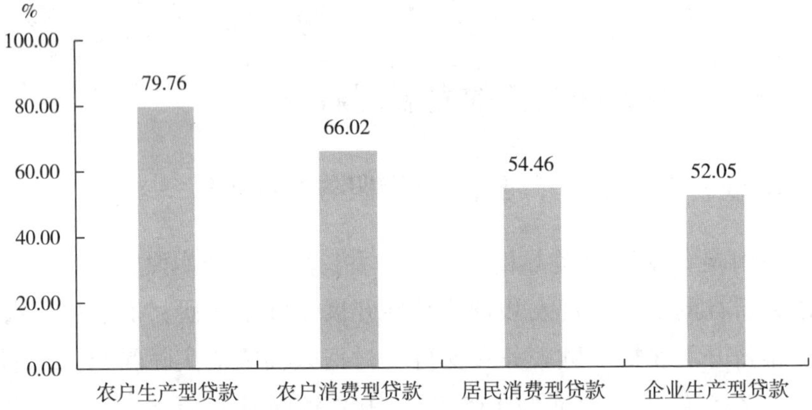

图 13.1 农村中小银行重点服务的金融需求

(资料来源:农金 30 人论坛组织省联社和法人行社座谈会与线上调研)

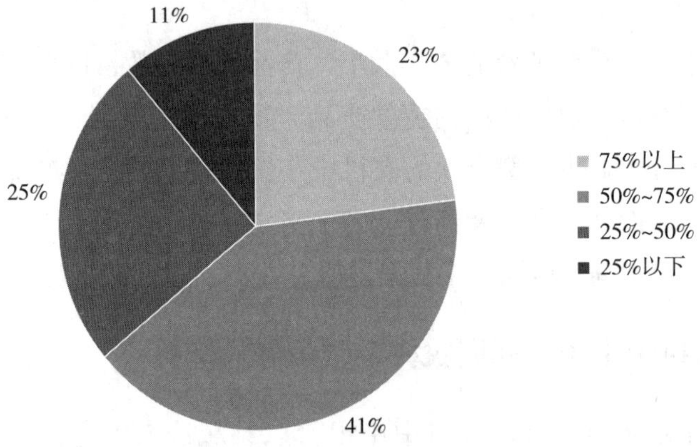

图 13.2 农村中小银行对本地主要产业的金融服务渗透率

(资料来源:农金 30 人论坛组织省联社和法人行社座谈会与线上调研)

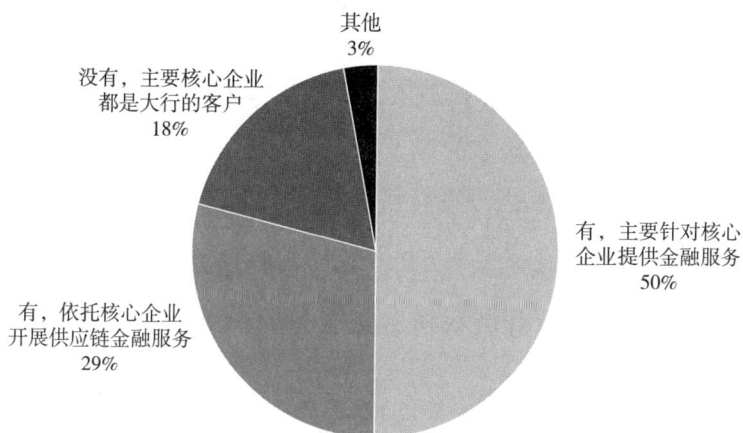

图 13.3 农村中小银行和本地核心实体企业是否有战略合作共同推进金融服务

（资料来源：农金 30 人论坛组织省联社和法人行社座谈会与线上调研）

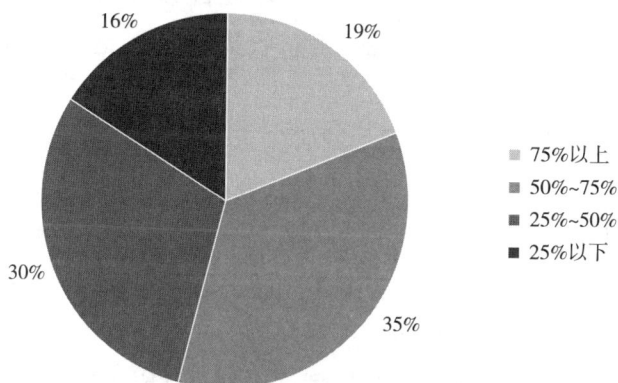

图 13.4 农村中小银行手机客户占比

（资料来源：农金 30 人论坛组织省联社和法人行社座谈会与线上调研）

　　二是组织体制优势。农村中小银行机构层级少、覆盖面广、经营方式灵活，与省联社各司其职，形成了"管理、指导、协调和服务"的良性互动。二元的组织体制优势使得农村中小银行对当地客户的信息掌握更及时、更全面，对提高金融业务决策和办理质效具有积极推动作用。

三是线下网点优势。农村中小银行定位支农支小、做小做散做精，形成了分布广泛、数量众多的线下网点，充实了农村金融服务领域的"毛细末端"。线下网点优势更有利于农村中小银行践行普惠金融，更密切地联系当地群众，更容易匹配资金需求。

3. 农村中小银行开展农村金融服务的挑战

一是信息短缺制约金融服务供应能力。实践中，农户、涉农小微企业以及其他新型农业经营主体长期存在着贷款主体现金流不稳定、贷款主体的信息收集难度大、财务报表不规范、抵质押物缺乏、风险防控压力大等问题。其中，贷款主体信息收集难度大是首要障碍，贷款产品和贷款主体的需求存在不匹配以及贷款主体现金流不稳定次之。从一定意义上来说，信息收集难度大是造成其他问题的重要原因。

二是数字化转型推进缓慢。调研显示，农村中小银行的数字化转型一般首先发生在营销获客环节，其次是风险控制和产品定价。这表明，很多机构仅仅开始实施的是渠道的数字化，而没有更加深入组织机构内部的数字化。同时，风险控制和产品定价存在着与自身业务匹配性低、数据质量差、模型维度少等多种问题。此外，农村中小银行的管理层普遍将线下网点多作为数字化转型过程中的首要优势，反映了农村中小银行管理层的思维定式：线下网点是过去业务开展的"桥头堡"，也应当成为数字化转型的"排头兵"，对数字化转型的本质和顶层架构认识不足。从"最难适应的数字化转型变革"的反馈中也可以看出，传统业务逻辑和经营理念对数字化转型的影响非常大，组织形态、技术能力、人员素质也都是重要的壁垒（见图13.5、图13.6）。

三是金融服务与乡村振兴融合不深。从"参与数字乡村治理的情

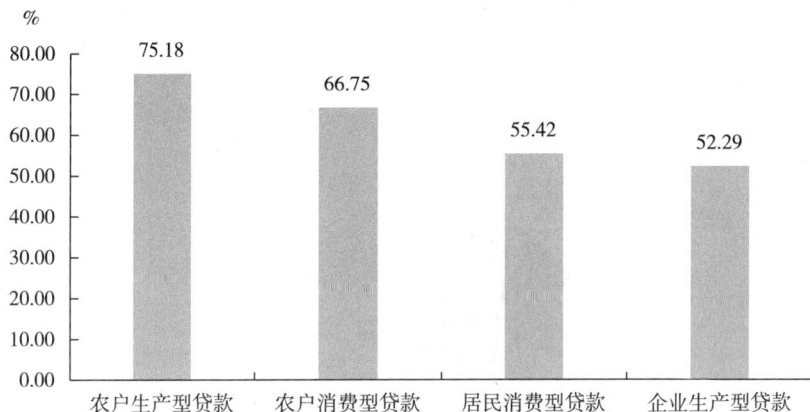

图 13.5　农村中小银行需要重点培育的金融需求

（资料来源：农金 30 人论坛组织省联社和法人行社座谈会与线上调研）

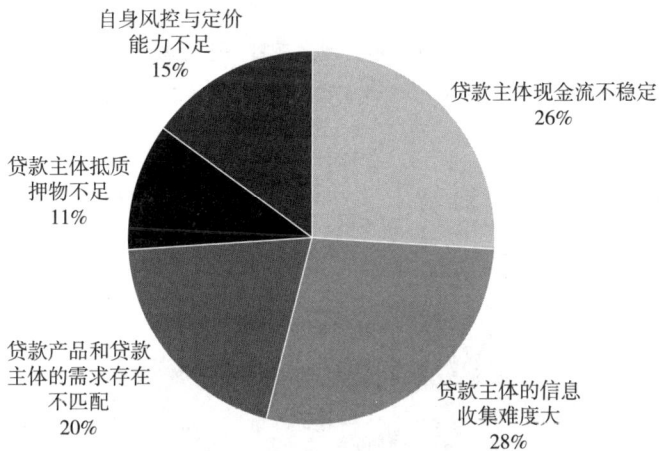

图 13.6　农村金融服务存在的主要障碍

（资料来源：农金 30 人论坛组织省联社和法人行社座谈会与线上调研）

况"可以看出，农村中小银行中仅有约 40% 有专门的规划和任务（见图 13.7、图 13.8），明确了服务数字乡村治理的分工和任务目标；另外约38%并没有明确的规划，但在日常经营中根据自身业务特点参与一些重点的数字乡村治理工作；还有23%并没有参与到本地的数字乡村治理中（见图13.9、图13.10）。

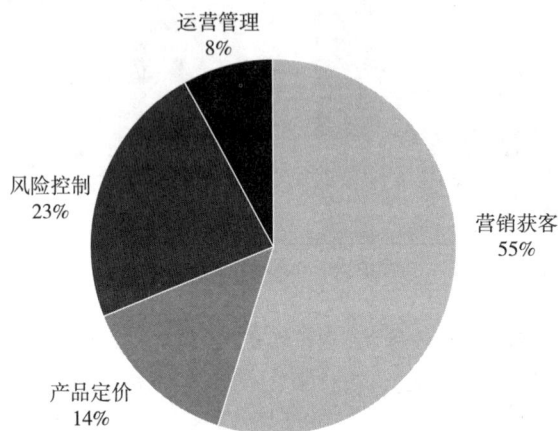

图13.7 数字化转型首先发生在哪一个金融业务环节

（资料来源：农金30人论坛组织省联社和法人行社座谈会与线上调研）

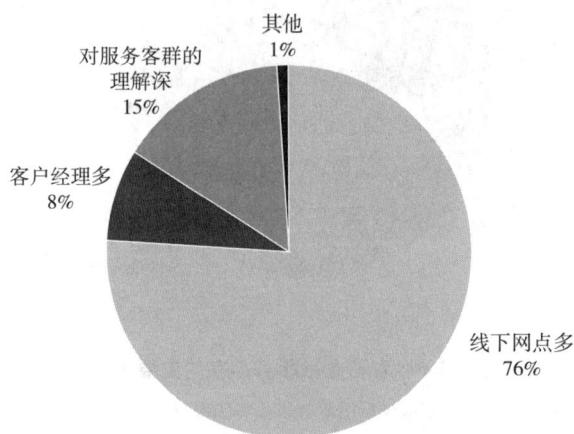

图13.8 农村中小银行在数字化转型中的优势

（资料来源：农金30人论坛组织省联社和法人行社座谈会与线上调研）

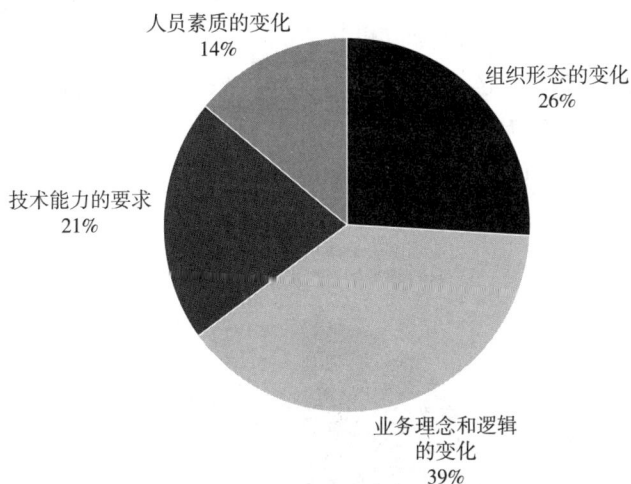

图 13.9　农村中小银行数字化转型最难适应的改变

（资料来源：农金30人论坛组织省联社和法人行社座谈会与线上调研）

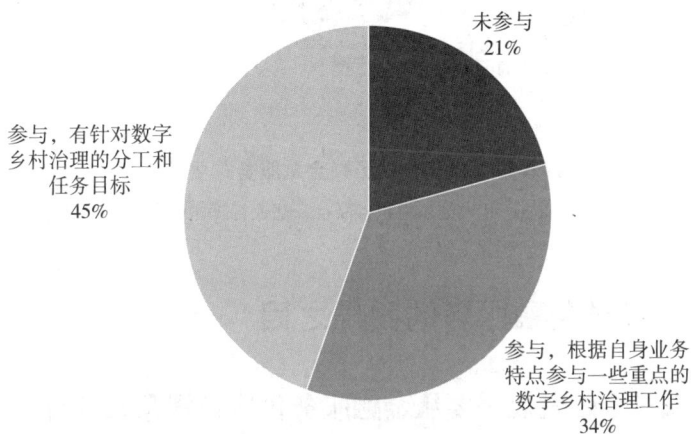

图 13.10　农村中小银行参与本地数字乡村治理

（资料来源：农金30人论坛组织省联社和法人行社座谈会与线上调研）

　　四是对农村金融服务如何破局认识不够。一半以上的被调研人认为，农村金融服务的短板来自机构外部，需要有外部的贷款服务机构以及成熟的产业供应链。这反过来证明，农村中小银行自身在农村金融服务方面的竞争力较弱，在自身如何破局、如何内外联动等方面认识不足（见图13.11）。

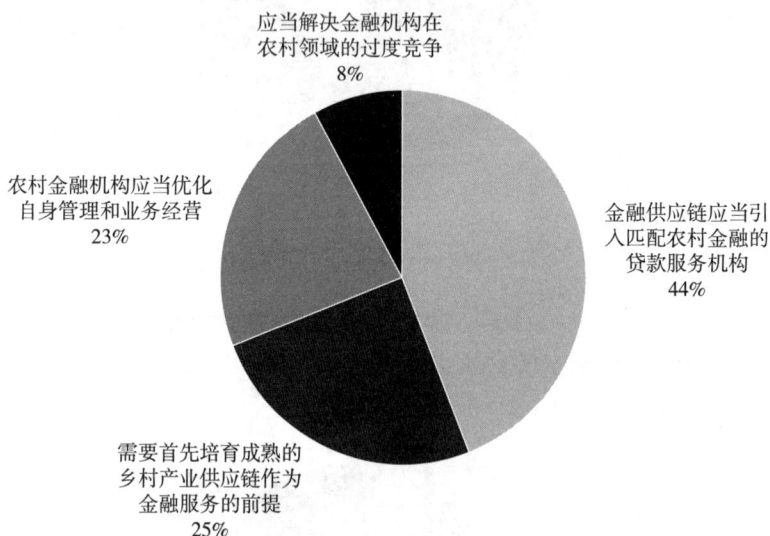

图13.11　强化乡村振兴金融服务首要做什么

（资料来源：农金30人论坛组织省联社和法人行社座谈会与线上调研）

二、农村金融服务的困局之因

1. 农村金融发展需要从金融服务供应链视角来理解

　　农村金融发展困局在于对金融服务链条的理解不深。已有关于农村金融发展的研究分析是点状的，是"只见树木不见森林"，将农村金融发展缓慢、供需缺口持续较大的原因主要归结为：农村金融服务的覆盖面和渗透率不高，商业可持续性不够；农村金融服务多层次市场建设和机构建设不强，产品创新不够；金融基础设施建设薄弱，信用信息体系不完善，金融法律法规体系不健全；支持政策体系不完善，金融消费者权益保护和金融素养教育不足等。这些问题都是中国农村金融发展落后的原因，但这些认识都是点状的、断裂的，系统性和根源性不足。事实上，金融服务是涉及"产品设计—营销获客—风险决策—贷款发放—贷后管理"的全链条，上述认识没有抓住问题的根源，在此基础上确定的支持政策和业务模式大都是碎片化和割裂的，难以带来系统性改变。

2. 农村金融发展滞后源于金融服务供应链循环不畅

农村金融发展水平相对滞后的实质在于，现有农村金融服务体系供应链存在环节缺失，且各环节之间无法形成有效协同和良性循环。以信贷业务为例，产品设计、资金供给、营销获客、征信审批、风险定价、交易支付、客户运营各个环节都存在着不足。比如在产品设计环节，农村金融机构的产品创新能力非常弱，国有大行多是分销总行的已有产品，不能因地制宜地设计适合农民和农业的信贷产品。在营销获客环节，农村金融机构提供线下服务的成本高，又缺乏有效的提供线上服务的工具。在征信审批、风险定价环节，农村金融机构缺少抵押物、农业主体生产消费信息等风控抓手，尽管担保公司、保险公司等主体的参与可以解决"风控难"的问题，但又会引发"借贷贵"的难点。在客户运营环节，农村金融机构也缺乏有效的工具和手段实现客户留存，这又进一步加剧了产品创新、营销获客、征信审批难，最后导致信贷服务"越做越小"。农村金融服务供应链循环不畅，直接影响信贷供应链上资金、信息和数据流的交互，最终结果便是农村金融服务的广度、深度、效率难以实质性改善。

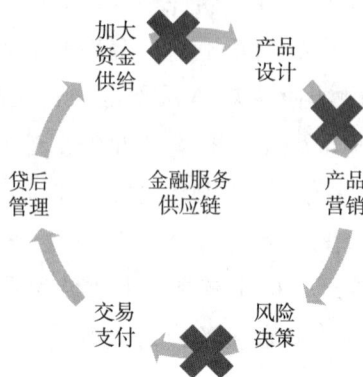

图 13. 12   金融服务供应链不畅源自缺乏与乡村产业供应链的协同

（资料来源：作者绘制）

3. 金融服务供应链不畅源于与乡村产业供应链缺乏协同

农村金融服务供应链不畅的根源不只是金融服务供应链本身的问题，更深层次地在于乡村产业供应链不完善，金融服务与实体经济缺乏协同。

相比较城市地区，乡村地区的各类产业链环节缺失、乡村治理效率低下、信息技术等基础设施也不完善。这使得农村金融缺少服务乡村振兴实体经济的"基础"。以生猪养殖金融服务为例，传统的生猪养殖大部分停留在"产"这个环节，农村信贷服务只能考虑农户养殖过程的风险和固定资产，无法获取生猪养殖的加工、销售等环节的"增量信息"。此外，养殖环节的"存量信息"不能有效沉淀，无法帮助改善金融服务效率。

4. 乡村产业链差异大、跨区域制约与金融服务供应链协同

乡村产业链链条长、差异大，农业产业供应链尤其明显。农业产业链涉及农产品生产、加工、运输、销售等诸多环节，包括农业产业

的产前、产中、产后，以及农业产业链上的生产经营主体的内部和相互之间形成的价值链、信息链、物流链以及资金链网络。

一方面，不同乡村产业链差异大。按照农产品类型来划分，农业产业链可以大致划分为种植业、养殖业、畜牧业、林业供应链等。这是最简单也是最常见的产业链划分方式，都包含产前、产中、产后初加工、产后深加工以及产后批发、运输、终端销售等环节。尽管种植业、养殖业、畜牧业、林业供应链的差异性非常大，但是产业链环节也由于交叉重复而出现了不少的共性，包括但不限于：产销一体、冷链物流、农民产业工人、订单农业等。

按照农产品上下游来划分，农业产业链可以大致划分为种植养殖供应链、采销供应链。种植养殖供应链是农业产业链的起点，主要指的是农户、种植养殖农场在产前、产中和产后环节的生产供应链形态，即围绕着农产品生产所形成的供应链。采销供应链是产业链的中下游，主要形态包括：从农户、种植养殖农场经由产地一批市场或者田头市场、销地一批、销地二批到达终端零售商（社区店、夫妻店、商超、农贸市场、食配企业、生鲜电商），最终由终端消费者完成农产品消费。其中，采销供应链各环节并不必然存在，但是农产品的商品化、标准化、配货运输等环节是必不可少的。

按照农产品主导主体来划分，农业产业链可以大致划分为农业公司主导产业链、政府主导产业链。一是种植养殖生产龙头企业为主导的产业。即依托大型种植养殖生产龙头企业，通过内部的生产组织和管理，实现农产品的生产标准化和产品商品化。二是销售贸易龙头企业为主导的产业链。主要指的是销售贸易龙头企业依托自身在销售端的渠道优势和客户优势，形成类似 C2M 的订单农业模式，整合生产供应链。三是农业技术服务龙头企业为主导的产业链。技术服务公司企业通过自身的技术优势、行业理解，为生产龙头企业提供生产过程监控、销端视频查看、生产决策分析、全程追溯、品牌增值、财务可视化、冷库仓储、经营管理、销售增长和数据融资等技术产品和咨询方案。四是政府主导产业链。政府通过采用农业补贴、监管以及对农户、种植养殖农场、合作社、生产龙头企业等主体的政府服务等方式嵌入农业供应链，驱动生产龙头，促进当地加工企业、贸易企业与生产龙头企业的互动。

与此相对的是，农村中小银行业务种类少、服务地域窄、金融服务需求的定制性强，导致金融服务供应链与乡村产业链协同难度极大。

另一方面，农村金融服务定位与产业供应链跨区域特点不匹配。除了产业链跨县域的特点之外，有的产业链龙头企业往往不在本地区县。据农业农村部统计，截至 2020 年 9 月，国家支持建设有农业产业强镇 811 个、国家现代农业产业园 138 个、优势特色产业集群 50 个、全国有各类农业产业化龙头企业 9 万家、其中已认定农业产业化国家重点龙头企业 1542 家、家庭农场 87 万家、注册登记农民合作社 220 万家。[①] 据国家统计局和农业农村部统计，截至 2020 年年底，全国设有村民委员会的行政村共有 502057 个，乡镇合计 29966 个，县、自治县共 1329 个[②]，即平均每 5 到 6 个行政村才有一个农业产业化龙头企业。

与此相对的是，农村供应链金融服务往往存在着"容易起步、不容易做好"的难题。主要表现在：一是业务做不大，"农金机构小，龙头企业大"，即农村中小银行培育的核心企业、产业集群一旦做大做好，农村中小银行就不再能够满足这类客户的综合金融需求，导致客户从农村中小银行流失；二是业务做不全，产业供应链的上下游往往横跨多个区县甚至省域范围，在"业务不出县，资金不出省"的监管要求下，农村中小银行无法实现跨县域的经营和风险管理；三是业务

---

① 《关于政协十三届全国委员会第三次会议第 2667 号（农业水利类 237 号）提案答复的函》；国务院联防联控机制 2020 年 4 月 28 日新闻发布会，农业农村部有关司局负责人介绍农村经济发展情况。

② 数据来源：国家统计局、农业农村部网站。

做不透，农村中小银行无法深入参与、把握供应链产业链信息，尤其是对于农业产业更是如此。因此农村供应链金融服务大多数只能针对某一方面的信息提供部分信贷服务。

三、农村金融服务的破局之道

1. 农村金融发展与乡村振兴五大目标协同推进

乡村振兴战略是长期的全面振兴，产业兴旺是基础。全面乡村振兴包括产业振兴、人才振兴、文化振兴、生态振兴、组织振兴。其中，产业振兴排序第一。对于产业振兴，《乡村振兴促进法》专门要求以乡村优势特色资源为依托，支持、促进农村一、二、三产业融合发展，推进数字乡村建设，培育新产业、新业态、新模式和新型农业经营主体，支持农民专业合作社、家庭农场和涉农企业、电子商务企业、农业专业化社会化服务组织等以多种方式与农民建立紧密型利益联结机制，让农民共享全产业链增值收益，并鼓励金融机构依法将更多资源配置到乡村发展的重点领域和薄弱环节。

农村中小银行服务应坚持"重点突破，协同推进"，优先服务产业振兴。此外，农村中小银行还应当做好产业振兴与人才振兴、文化振兴、生态振兴和组织振兴的协同推进。在农村金融提供支持下，促进乡村领域的人才聚集、文化建设、宜居生态改善、组织治理完备，并让人才、文化、生态和组织最终反过来帮助农村金融服务更好地在乡村落地。

2. 农村金融服务供应链与乡村产业供应链绑定突破

产业供应链的沉淀发展可以促进产业数据的进一步积累，填充金融服务供应链的"信息洼地"。相比较城市区域的供应链体系来说，长期以来乡村地区"无产业沉淀""无治理沉淀""无需求沉淀"，很多地方的乡村供应链"无数据沉淀"。促进乡村产业供应链的发展，其作用在于：

一方面，消除农村中小银行与客户之间的信息不对称。外部公共信息渠道覆盖面不断扩展，客户、场景、企业的供应链数据不断丰富，不再要求客户提供抵质押物或者通过第三方担保等方式来应对信息不对称。

另一方面，提升农村中小银行的金融信息分析应用能力。在信息与数据改善的基础上，农村中小银行通过提升业务流程和系统的数字化、智能化程度，激活使用沉淀的客户和产品数据，推动客户评估、资信评价、风险监测等模型趋于精细化，从而实现产品定制化、客户精细化、战略异质化，金融服务供给与金融产品需求的匹配性逐渐增强。

3. 农村金融服务以数字化提升金融服务供应链水平

数字化转型改造金融服务供应链的各个环节，从营销获客、产品设计、信用评估、风险定价到贷后管理等，可有效地提升信贷供应链能力。

一方面，提升前台业务效率。如构建智能化的风控管理、身份识别、信息采集和分析系统，实施高效反欺诈、动态监控资产质量和风险。数字化转型所构建的大数据风控平台，提供"系统 + 模型 + 数据"的全方位服务，收集从获客到售后管理的数据，建立完整的报表体系，实现对于资产风险以及资产质量的监控，并对出现的风险进行预警。

另一方面，提升中后台管理效率。如基于 OCR 图像识别、机器学习、大数据及云计算技术，实现票据录入，账务核算、纳税申报等内部运营管理全流程的智能化。在票据录入环节，中后台数字化通过 OCR 图像识别系统、票据整理归类系统，实现票据的自动化录入、不合规票据自动筛选以及合规票据的自动归类和汇算；智能记账环节，基于机器学习算法打造的智能做账引擎，会计做账效率大幅提升；税务申报环节，中后台数字化还可以帮助金融机构完成当前账期的所有数据监测工作，及时预警财务问题和税务风险，提高企业财务数据质量。

4. 数字化赋能农村金融服务已有较好实践探索

事实上，不少农村中小银行已经从数字化转型和乡村振兴服务两方面，探索数字化赋能乡村振兴，形成了不少业务模式和经验总结。在此过程中也形成了头部、中部和尾部三个农村中小银行数字化赋能乡村振兴梯队。

头部农村中小银行本身已经拥有较好的数字化、信息化基础，以及乡村振兴金融服务的基础，在数字化赋能乡村振兴的规划与实施、组织与人才、技术与架构、产品与生态、产业链协同以及数据治理六大方面，进行了较好的探索积累。这类农村中小银行以广东省联社、浙江省联社和江苏省联社等农村金融机构为代表。

这些先行探索具有六方面的共性经验。在发展路径方面，一是制定有目标清晰、措施具体的数字化赋能乡村振兴规划，并高效执行。二是一把手挂帅、分管领导主抓、专门部门负责，二元体制处置得当，组织架构分工明确、协同顺畅，专业人才"厚度"丰满、适应需求。三是已经越过存量系统架构和增量系统架构并存的阶段，开始实施存量与增量的并轨，初步建成了技术与架构数字化框架：系统标准化、架构构件化、流程模型化、部署多云化。四是实现了用户与生态从点到网的结合，拥有获客、留存、转化、运营的全方位用户能力，以及重点突出、定位清晰、标准化和差异化兼备的产品能力；实现线上线下渠道联动，网点、服务站与移动服务高效协同；打造了乡村振兴非银服务场景和农村金融服务深度融合的生态网。五是利用与乡村振兴的共同基础设施，共享通用的人工智能、区块链、云计算、大数据等数字科技能力，以数据分析作为农村金融服务供应链和乡村产业供应链的"桥梁"，实现客户、渠道、场景的联动，从而实现乡村金融服务供应链和乡村产业供应链协同。六是打造了适配性极强的数据治理机制，做到"一把手负责，源头治理"，内部管理实现数据标准统一、数据结构规范、数据字典丰富、数据管控严格、质量检核细致；对外使用实现与生产环节衔接，安全创新使用数据。

　　与头部农村中小银行梯队相比，还有一些农村中小银行分别在规划与实施、组织与人才、技术与架构、产品与生态、产业链协同以及数据治理六大方面存在不同程度的差距，使得数字化转型赋能乡村振兴无法最大化发挥其效能（见表13.1）。

表 13.1　　农村中小银行数字化转型赋能乡村振兴形成三大梯队

	头部农村中小银行	中部农村中小银行	尾部农村中小银行
规划与实施	制定目标清晰、措施具体的数字化赋能乡村振兴规划，并高效执行	缺乏较为清晰的规划或者缺少赋能方法论的认知、落地方案的执行	缺少自上而下的统一规划，数字化转型程度低，赋能乡村振兴起步晚
组织与人才	明确主责领导和负责部门，部门间、主体间协同顺畅；数字化"功能型平台"适配乡村振兴服务需求；数字化人才和业务人才"厚度"能适应组织需要	探索适合数字化赋能乡村振兴的专门架构；数字化人才和业务人才"厚度"并不突出	缺少支撑数字化赋能乡村振兴的专门组织架构、缺少数字化和乡村振兴业务的关键人才
技术与架构	存量与增量系统并轨，初步建成了技术与架构数字化框架：系统标准化、架构构件化、流程模型化、部署多云化	持续改造存量系统，单点实现技术与架构的数字化，仍存在系统、技术、架构相互协同不一致，无法有效支撑业务需求	落后半个代际到一个代际，正在探索数字化转型，无整合系统、架构、流程的能力

续表

	头部农村中小银行	中部农村中小银行	尾部农村中小银行
产品与生态	用户点：拥有获客、留存、转化、运营的全方位能力 产品线：重点突出、定位清晰，做到标准化和差异化协同 渠道面：线上线下联动、网点、服务站与移动服务协同 生态网：乡村振兴非银服务场景和农村金融服务深度融合	建立了基本的产品线、拓展渠道面并初步建立生态网，但是不掌握客户、缺少产品运营能力，产品、渠道和生态的协同融合程度低	逐渐开始在用户、产品、渠道、生态等方面开始创新尝试，但是缺少方式方法
产业链协同	与乡村振兴协同利用基础设施、共享技术能力和数据能力，实现客户、渠道、场景的联动，从而实现乡村金融服务供应链和乡村产业供应链的相互促进与质效提升	逐步开始试水产业链协同，缺少协同方法论认知和行业产业认知，使得产业链协同局限在单个环节，并且不够深入	缺少产业链协同的认知以及规划方案
数据治理	数据治理机制：一把手负责 对内管理：统一数据标准，规范数据结构和数据字典，严格数据管控和质量检核； 对外使用：与生产环节衔接，安全创新使用数据	制定相关数据治理机制规则，但是内容不清晰、落实不到位；对内数据治理和对外生产使用缺少认知理解和技术支撑，数据孤岛普遍存在	缺少数据治理认知、没有建立数据治理架构和相应技术支撑体系，信息量丰富但无法成为数据要素

资料来源：作者绘制。

在业务发展方面，农村中小银行也形成了不少的共性做法。产品端，消费信贷的数字化水平逐渐趋同，都通过数字化、智能化、移动化、平台化提升金融服务效能；渠道端，线上线下的互动与下沉形成了标准化方案，并在各自地区开展适应性改造；数据端，内部数据围绕整村授信模式创新，并积极引入外部数据提升数据使用能力；治理端，非银服务不断扩展，融合乡村治理场景和服务，同时开展金融村官下沉服务（见表 13.2）。

表 13.2　农村中小银行数字化转型赋能乡村振兴的行业共性经验

	共性模式	各地适应性调整	存在问题
助农服务点（金融服务点、乡村驿站等）	1. 定位清晰：服务农村的桥头堡、收集业务信息的交通站，做好边远地区的金融服务，切实打通金融服务农民群众的"最后一公里" 2. 立足基础金融服务，拓展其他助农服务，例如金融教育、电商物流、政府公共服务功等	1. 提供差异化场景服务、非银服务不同。例如支付、存贷汇、金融教育、电商、公共服务 2. 基于服务站开展客户运营服务不同。例如用信授信、产品推荐 3. 针对服务站开展分类管理和运营维护不同。例如客户经理督导员，异常时间段交易监测、整体系统监测、设备状态巡检 4. 进行数字化升级改造不同。例如二维码、生物识别、触摸屏 5. 市场化运营不同。例如农村地区经营规范稳定的商户，供销社、农资连锁店、电信移动网点、村委会或者代理人	1. 大行下沉加入竞争打破助农驿站平衡格局，布设设备差不多后续推广和运营受到影响 2. 农村空心化影响金融驿站基础服务的交易量不断下降，影响其他服务的承接 3. 和金融服务线上化形成替代关系，尤其是移动支付影响了较发达地区的服务点 4. 受限于服务点承载的其他服务形式的限制，例如运输物流只到村镇不到村屯 5. 服务点运营主体、助农商户利润较薄，没有吸引力 6. 重资产运营，差异化创新试错成本高

续表

	共性模式	各地适应性调整	存在问题
本地乡村产业链式服务	1. 初步建成"龙头企业+农民专业合作社+农户"产业链、"家庭农场、新型农村经营主体"生态链等合作服务模式 2. 以农业产业数字化、金融科技运用服务为工具帮助提升乡村产业数字化水平	1. 提供金融服务类型不同：例如提供存款服务、资金账户服务 2. 打造产业产品信息平台不同：例如通过核心分账平台强化产业金融服务激励；或者通过产业平台联动供应链上下游	1. 风控抓手不直接，依靠合作机构 2. 不同产业供应链发展水平不一，没有成熟可复制模式 3. 大行竞争，掐尖获取龙头企业，产业链式服务影响极大 4. 培育农业产业核心参与者周期很长，缺少商业可持续性 5. 产业链过长，农村中小银行无法服务跨区域的供应链
整村授信	1. 定位清晰：农户建档的自然延伸和授信模式创新，以一个行政村为单位，无须抵押和担保 2. 形成标准产品：信用村、信用户 3. 形成标准流程：建档、分类、走访、评议、授信	1. 采用的营销方式不同：例如与第三方网格营销公司合作；或者业务员下沉营销 2. 产品线上化程度不同：例如线上申请、线下核验；或者进件、风控、放款等集中线上化 3. 数据支撑不同：例如整村授信数据+行内数据；整村授信数据+外部数据 4. 产业链协同不同：例如与本地产业龙头企业联动；不联动 5. 业务创新不同：例如客户经理做贷前调查，村委会提供白名单，村干部、村代表、农商行人员三方评议	1. 客户经理数量和质量"双不足"，导致下沉授信和信用更新完成度不高 2. 信用信息维度较少、更新较慢 3. 产品管理和绩效管理制度不完善 4. 整村产业规模较小，产业协同效应不明显

续表

	共性模式	各地适应性调整	存在问题
线下网点智能化改造与移动展业	1. 目标定位清晰：轻型化、智能化网点，移动化营销展业；提升客户体验，重塑业务流程，实现高柜服务转向低柜营销；线上线下融合 2. 数字化改造内容近似：柜台 + 移动展业 + 智能机具，围绕业务数字化开发网点营销、移动营销工具、管理平台等 3. 新增各类刚需、差异化非银服务、场景服务，倾向于和第三方合作：例如生活缴费、康养、医疗、教育等	1. 客户细分不同。例如对老、弱、病、残及各类不便到网点办理业务的特殊客户群体主动上门服务或者提供专门线上服务渠道 2. 乡村领域线下商户的积累不同。例如通过移动支付线下收单服务积累本区域内各类小商户 3. 重视客户体验程度不同。例如网点转型社区服务、场景服务站点；无感支付、无感金融创新不同	1. 基于网点智能化和移动展业的商业模式创新不够，例如部分地区没有网点 + 移动设备、网点 + 营销产品的商业模式 2. 网点特色化、差异化程度还有待提高 3. 移动支付尚处于起步阶段，支付产品相对单一，支付服务较为缺乏，难以满足日益增长的商户需求
银政企合作	1. 大力推广与农村三资监管平台、银政直连平台等外部信息平台的合作共建，对农村集体三资业务管理、查询风控、有效监督，县乡村政府使用 2. 形成银政企的数据共享、渠道共享、业务合办等传统模式	1. 外部信息平台主导建设不同。例如政府部门委托农信机构搭建相关外部信息平台，平台租用公有云部署在农村中小银行外部 2. 银政企合作模式不同。例如是否与政府部门的数据管理平台开展基础设施和数据分析合作、是否和政府部门共享数据渠道和客户渠道、是否和政府部门合作提供政务和公共服务	1. 部分共建项目的信贷产品太政策性，多属于委托贷款，盈利较少，没有商业可持续性 2. 如何利用政府的数据治理平台、信用平台实现数据的汇聚融通目前没有方案 3. 如何协调不同外部信息平台的关系，是否存在重复建设、效能低下的问题

续表

	共性模式	各地适应性调整	存在问题
金融村官	1. 定位清晰：村银共建，治理有效 2. 参与村级基层治理，提供金融宣传、金融产品服务等	1. 金融村官任职人员不同。例如农商行员工派驻；或者村委会干部兼任 2. 费用成本不同。例如兼职村官没有激励；或者有差异化的激励费用	1. 金融村官在多大程度参与村级治理 2. 金融村官是否会形成内部代理人问题

资料来源：作者绘制。

四、农村供应链金融的创新发展模式

1. 农村供应链金融的六种模式

经过多年的探索和积累，农村供应链金融服务形成了五类基于自身资源禀赋和客户特点的发展模式。

第一种是核心企业合作模式。例如云南农信社的"烟农贷"产品即是通过和烟草公司合作获取辖内农户烟叶种植计划，并根据种植面积、计划产量等信息对烟农进行评级授信。

第二种是经营贷零售化模式。例如吉林农信社、内蒙古农信社等通过建档评议、网格营销、整村授信等方式，满足农牧民、养殖户、其他新型经营主体对于经营性贷款服务的需求。

第三种是特色产业集群模式。例如广东农信社围绕水果、蔬菜、南药、畜禽、水产、饲料6个千亿元特色产业形成"一镇一业""一村一品"的特色金融服务；又如江西农信社创新民宿贷、文旅贷、畜禽智能洁养贷、古村落金融贷等乡村振兴特色贷款产品。

第四种是生态链模式。例如福建农信社与核心企业打造县域特色产业平台——三明沙县小吃产、供、销数智化产业平台，打造"小吃＋数智＋金融"新模式；又如陕西农信社通过线下支付体系，以收单业务为抓手向客户提供经营贷款服务。

第五种是政府主导模式。例如上海农商行通过国家农业农村部"新型农业经营主体信息直报平台"向本地农民专业合作社等企业类涉农经营主体提供线上信贷产品；又如福建农信社对接省级产业服务平台——中国（福建）茶产业互联网综合服务平台（"福茶网"），创新推广"福茶贷"等系列金融产品。

第六种是综合发展模式。各地的农村供应链金融模式也不断在创新，逐渐形成了以上发展模式的综合模式。例如云南农信社在核心企业模式的基础上，承接烟草公司向农户收购烟叶款项的资金代发业务，实现"烟农贷"的资金闭环，确保信贷风险可控。

2. 农村供应链金融服务的新突破

农村供应链金融的整合壮大需求与农村中小银行做散、做小的服务定位和监管要求需要进一步求解。在一定程度上，供应链金融需要产业供应链的标准化或者金融服务供应链的规模化。从银行的角度来看，供应链金融指的是通过对供应链成员间的信息流、资金流、物流的有效整合，运用各种金融产品向供应链中所有企业（尤其是中小企业）提供的组织和调节供应链运作过程中货币资金的运作，从而提高资金运行效率的一种新型融资模式。从供应链核心企业的角度来看，指的是在核心企业主导的企业生态圈中，对资金的可得性和成本进行系统性优化的过程。这种优化主要是通过对供应链内的而信息流进行归集、整合、打包和利用的过程中，嵌入成本分析、成本管理和各种融资手段而实现的（深圳发展银行[①]、中欧国际工商学院"供应链金融"课题组，2009）。

---

① 2012 年，深圳发展银行更名为平安银行。

农村中小银行提供农村供应链金融应当更多地从产业供应链的标准化入手。一是依托服务本地的客户优势，不局限在信贷服务，而是分阶段、针对性、精细化地为农业产业经营主体提供金融服务产品，满足供应链金融做大；二是强化省农信系统内部法人主体之间、省农信系统之间的合作，实现供应链金融做全；三是绑定经营主体获取农业产业链全方位信息，并积极与政府、行业组织等合作强化信息共享，助力供应链金融做透。

为了实现农村金融服务供应链业务的创新突破，农村中小银行应当至少在三方面发力并构建农村供应链金融的数字化基础。

一是实现供应链金融服务的要素数据化，即将供应链金融全产业链的要素变成数据，并做好各类要素数据的收集、保存、加工、运用。例如福建农信打造福农综合平台，实现各类农村要素的数据化。例如通过与各级政府部门合作实现涉农数据要素在平台集聚，打造农业农村数据采集、综合治理、三资管理、资源要素流转等解决方案，推动"三农"资产数据化。

二是实现供应链金融服务的产业专业化，即通过与专业服务企业、核心农业企业等主体合作，提升对农业产业的专业理解。例如陕西农信与新希望集团收购的养猪企业合作，根据生猪生长周期，通过数据收集、建模、评估，实现生猪担保抵押物值的提升，从而增加授信。

三是实现供应链金融服务的科技赋能化，即采用各种数字科技技术，实现产业供应链和金融服务供应链的协同数字化。例如河北农信加快金融科技与惠农应用深度融合，筑牢农村金融服务技术支撑。以场景应用为例，河北农信关注农民支付需求从存取款等单一基础服务向移动扫码、网上交易等多方面服务应用的扩大转变，在数字科技的助力之下多元化拓宽农村地区金融服务的应用场景。

3. 供应链金融科技案例：产业数字化和供应链金融融合发展

2021年底，京东集团与喜达利正式签署战略合作协议，双方将在线上线下零售、跨境电商、国际国内物流和仓储、供应链金融科技等多个领域展开合作。

京东零售云依托京东集团在零售行业积淀多年的全链路技术能力和对零售行业的深度理解，为泛零售企业及区域产业提供全栈式、一体化、端到端的数智化转型解决方案与服务，通过技术赋能，全面推动产业的数智化转型升级。喜达利是一家全球知名的聚焦于供应链创新零售商业综合体、保税仓库及保税展示等领域的商业管理企业，在国内投资了上海喜达利购物公园等项目。

京东集团将为喜达利核心业务提供定制化专项解决方案，尤其将通过京东零售云为喜达利提供覆盖采购、运营、库存等产业链各环节的技术平台和相关技术服务，帮助喜达利进一步提质、降本、增效。

线上线下零售方面，在 B2C 层面，京东零售云将通过搭建喜达利私域商城，助其实现多品牌、多品类的私域流量运营。在 B2B 层面，京东零售云将通过搭建渠道分销平台，支持喜达利自有分销渠道和传统批发体系。京东零售云还将为喜达利线下卖场提供门店数字化解决方案，打造以智慧门店经营为核心的全链路数字化解决方案，实现端到端的门店全渠道、全流程数字化管理。除了对产供销业务的支持，京东零售云还将帮助喜达利构建奢潮品人—货—场业务支撑体系。

跨境电商方面，作为京东物流网络和一体化供应链的重要部分，京东国际物流近年来持续深耕国际供应链布局，与各合作伙伴共同搭建高效协同的全球智能供应链基础网络（GSSC），旨在全球构建"双48 小时"通路——实现 48 小时中国通达全球，48 小时各国本地交付。截至 2021 年，京东物流拥有 50 个保税仓库及海外仓库，总管理面积约为 50 万平方米。通过与国际及当地合作伙伴的合作，已建立了覆盖逾 220 个国家及地区的国际航线，为客户提供一体化跨境供应链服务。

物流仓储方面，京东集团将为喜达利提供仓、运、配一体化供应链服务，通过无人仓、立体化仓库、AGV 机器人等数字化技术和设备支持，持续优化喜达利的供应链效率并降低成本。为助力喜达利全面打通人货场、盘活产业链，京东零售云将依托在零售行业积淀多年的全链路技术能力，从技术平台、技术服务等多个维度发力，为喜达利搭建企业一站式全链路产供销业务运营平台，在降低综合采购、库存成本的同时，有效提升业务运营效率。

供应链金融科技方面，双方将加快建设供应链金融科技平台，并探讨更深层次的广泛合作。供应链金融科技的核心逻辑正式金融服务供应链和产业供应链的"双链联动"，即整合商流、物流、信息流与资金流，在奢侈品领域创新应用四流合一的一体化供应链金融科技解决方案，从而助力喜达利产业供应链提档增速。

五、数字化赋能农贷业务案例分析：佳木斯农信社"佳农 E 通"平台

1. "佳农 E 通"数字农贷平台介绍

佳木斯市郊区农村信用合作联社隶属于佳木斯市农村信用社，共设有 39 个营业网点，其中营业部 1 个，信用社 20 个，信用分社 9 个，储蓄所 9 个。营业网点覆盖了全辖所有社区乡镇，是佳木斯城区覆盖面最广的银行业金融机构。

在佳木斯市联社指导帮助下，佳木斯市郊区农村信用合作联社（以下简称郊区联社）以"三农"为核心服务宗旨，依托先进的互联网技术，通过完整系统结构，数字化重构业务流程，丰富场景生态，强化业务管理，强化科技与业务的融合，提升传统信贷产品的竞争力。通过多年的积累，并与京东科技合作，联合开发了"佳农 E 通"数字农贷平台。

"佳农 E 通"数字农贷平台项目于 2020 年 9 月 15 日启动，2020 年 10 月 15 日开展研发系统，2020 年 11 月 30 日系统试点运行，2020 年

12 月 10 正式上线放款。2020 年底，上线不足 1 个月共发放贷款 5000 万元。截至 2021 年 10 月 15 日，累计授信 4749 户，授信金额 3.23 亿元，其中新增授信 1893 户，新增授信金额 1.54 亿元；累计发放贷款 8253 笔，金额 3.02 亿元，贷款使用率 81.2%，目前贷款余额 2.45 亿元。

2. "佳农 E 通"数字农贷平台的产品定位

一是方便快捷。实现了对客户信息的实时采集，实时授信，实时审批，实时贷后等整个农贷流程的线上化，使客户经理 5 分钟内就可以完成之前 1~2 天的贷款流程。使农户足不出户 3 分钟就能完成贷款申请，秒级完成放款。

二是风险防控。根据佳木斯市联社积累的传统农户贷款风控管理经验，结合京东科技多年的数字化信贷风险管控经验，同时建立基于客户历史业绩的客户信息授信模型，完成风控线下的组合模式，实现"数据建模"，开发了多种线上业务评分卡。该卡可根据场景、消费者画像的不同，调节变量，对客户的贷款需求进行分析，给出初步判断标准，并做出最后决定。与此同时，以移动终端中的人脸识别技术为基础，以大数据为技术支持，识别高风险交易的特征，形成复贷记录和内部黑名单，利用人脸识别技术和社会网络、埋点信息，对同一时间、同一地点发生的多笔交易进行重点监控，并利用生物识别技术进行身份核验。采购并使用外部数据完善风控管理，在审批过程中，不同的风险规则被设置为规则引擎，快速反馈给客户的风险维度，从而加快业务决策。

三是高效运作。自动生成贷款数据、贷款数据、风险数据等业务数据的报表并生成图表，能有效反映当前业务中的难点和难点，帮助决策者做出判断。

四是技术先进。运用最先进的人脸识别、行为指纹、知识图谱等人工智能技术实现授信，进行免抵押、免担保的产品创新，并通过生产量化模型，将资金定时、定量地投入生产过程，以保证农户资金的有效使用。

3. "佳农 E 通"数字农贷平台的模式创新

"佳农 E 通"数字农贷平台可覆盖金融业务全流程，其中薪金贷、数字农贷业务可快速复制，实现零成本拎包入住，即插即用，无须大规模系统改造。采用 SaaS 化部署，实现标准化交付、规模化运营，金融机构一站式拎包入住，一个月即可上线。

"佳农 E 通"数字农贷平台全面灵活，提供资产、系统、数据、风控等标准产品，各产品可组合成整体方案，也可拆分为单个产品进行输出，更具有针对性。

"佳农 E 通"数字农贷平台覆盖信贷科技全业务流程，拥有营销能力、运营能力、风控能力、系统能力、生态能力五大数字化能力。

"佳农 E 通"数字农贷平台助力金融机构通过一个产品入口，助力合作银行构建精准获客、产品设计、营销管理、风险控制，客户运营等五项核心能力，实现金融机构信贷业务的全线上、全数字、全流程、全天候，助力金融机构业务迅速增长。

4. "佳农 E 通"数字农贷平台的技术创新

依托于京东云底座，在电子合同、活体检测、OCR、支付、消息触达、Passport、智能客服、AI 工具等基础服务之上，为银行机构提供营销系统、信贷业务系统、风险决策系统、贷后管理系统，通过云端部署形式实现系统对接，实现信贷业务低成本迅速线上化。

在业务营销方面，有农贷需求的客户可通过小程序发起农贷申请，客户经理可通过微信小程序，完成用户信息管理、贷款实时审批、贷后跟踪等相关工作。

在风控技术方面，"佳农 E 通"数字农贷平台在京东科技风控体系下的决策引擎经验基础上针对众金融机构多样化的业务需求，进一步提高了决策引擎的效能。

在决策引擎方面，"佳农 E 通"数字农贷平台可以实现高并发压力下的快速响应、快速部署和初始化、与其他系统的高效集成。

在催收平台方面，"佳农 E 通"数字农贷平台向债权人开放委托管理权限，实现债权人对催收运营处置的全面监控。

六、小结

尽管政策层面呼吁通过数字化转型赋能农村中小银行，但是农村金融服务的现状不尽如人意。农村中小银行直面三大挑战：数字化转型慢是其中之一，还有两大挑战与数字化转型直接相关：农村客户信息短缺和农村中小银行尚未深度融入乡村治理。挑战背后的原因在于两个"缺乏"：农村金融服务供应链上各个环节缺乏协同，农村金融服务供应链与乡村产业供应链缺乏协同。

解决农村金融服务供应链各环节的协同缺失问题可以通过强化数字化转型实现，而解决农村金融服务供应链与乡村产业供应链的协同缺失问题则需要借助于数字化的手段在农村金融和乡村产业两处发力，实现双链数字化，并最终实现双链的协同。

在实践中，各地的农村中小银行已经发展出数字化转型赋能乡村振兴的三个梯队。头部梯队在战略规划、组织分工、人才储备、技术系统、数据能力等各方面处于领跑者地位，其数字化转型赋能乡村振兴的战略规划清晰、组织分工明确、人才充分积累、技术系统完备、产品能力强大、数据治理高效，中部和尾部梯队则在规划与实施、组织与人才、技术与架构、产品与生态、产业链协同以及数据治理六大方面存在不同程度差距。

　　与此同时，农村中小银行探索出了金融驿站、本地产业、整村授信、线下网点数字化升级、银政企合作、金融村官六种数字化转型赋能乡村振兴的典型模式。这些模式的底层逻辑都相同：走出金融服务供应链，通过各种模式强化与农村金融服务对象的交互、获取更加全面、丰富、有针对性的信用信息。实践的探索也证明了"双链联动"需要依靠"双链数字化"来实现。

　　农村供应链金融的场景应用是一个典型的例子。在现有的六种创新模式基础上，农村中小银行可以通过数字科技的赋能实现供应链上产业服务的专业化和产业要素的数据化。

第十四章　农村中小银行数字化转型和数字乡村振兴的协同基础

一、数字化转型是战略方向

1. 数字化是全面乡村振兴的战略发展方向

2018 年，中共中央　国务院先后发布《关于实施乡村振兴战略的意见》和《乡村振兴战略规划（2018—2022 年）》，明确指出"实施数字乡村战略"。2019 年 5 月，中共中央办公厅、国务院办公厅印发《数字乡村发展战略纲要》，进一步指明"数字乡村是伴随网络化、信息化和数字化在农业农村经济社会发展中的应用，以及农民现代信息技能的提高而内生的农业农村现代化发展和转型进程，既是乡村振兴的战略方向，也是建设数字中国的重要内容。"《数字乡村发展战略纲要》还指出，我国的数字化乡村建设已经具备了一定的基础，但是仍然存在顶层设计缺失、资源统筹不足、基础设施薄弱、区域差异明显等问题，亟须进一步发掘信息化在乡村振兴中的巨大潜力，促进农业全面升级、农村全面进步、农民全面发展。

2021 年，中央网信办、农业农村部、国家发展改革委、工业和信息化部、科技部、市场监管总局以及国家乡村振兴局共同发布了《数字乡村建设指南 1.0》，用以指导各地的数字乡村建设。在该指南中，数字乡村建设主要由两大板块组成："两项数字基础设施 + 五项数字化振兴"。

"两项数字基础设施"指的是信息基础设施和公共支撑平台，前者指的是网络基础设施、信息服务基础设施以及传统基础设施数字化升级，如终端设备、网络传输设备、边缘终端设备等硬件设施；后者主要包括公共数据平台和应用支撑平台，如数据中台、IoT物管平台等软件设施和基础管理平台等。这些数字基础设施共同面向支撑环境控制、采食量分析、业务管理、资产收益管理等数字乡村的智能应用（见图14.1）。

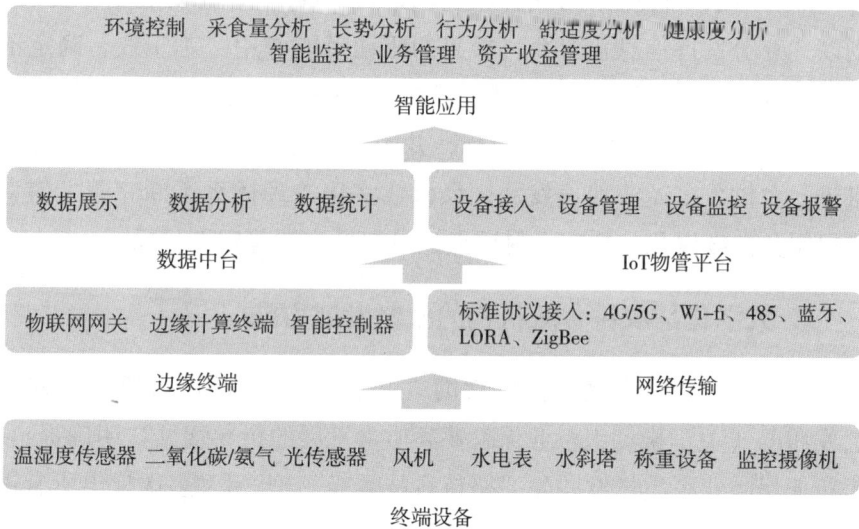

图 14.1 数字乡村的数字基础设施体系

（资料来源：京东集团）

"五项数字化振兴"分别对应的是数字化产业振兴、数字化生态振兴、数字化文化振兴、数字化组织振兴以及数字化人才振兴。数字化产业振兴指的是发展乡村数字经济，首先是智慧农业，还包括农村电子商务和其他乡村新业态，以及农业科技创新供给和农村数字普惠金融。数字化生态振兴的载体是智慧绿色乡村，围绕绿色乡村开展农业绿色生产、乡村绿色生活、农村生态保护信息化三项工作。数字化文化振兴的重点在乡村网络文化，包括农村网络文化阵地建设、乡村文化资源数字化、"三农"网络文化创作、乡村网络文化引导。数字化组织振兴指的是乡村数字治理，囊括智慧党建、"互联网＋政务服务"、网上村务管理、基层综合治理信息化、乡村智慧应急管理。数字化人才振兴强调信息惠民服务，既有"互联网＋教育"和"互联网＋医疗健康"，又有智慧养老和乡村数字素养提升。

2022 年，中央网信办、农业农村部、国家发展改革委、工业和信息化部、国家乡村振兴局联合印发《2022 年数字乡村发展工作要点》则以"充分发挥信息化对乡村振兴的驱动赋能作用"为主线，确定了到 2022 年底"农村地区互联网普及率超过 60%、农产品电商网络零售额突破 4300 亿元"两个定量目标，并明确乡村数字基础设施建设持续推进、乡村数字经济加速发展、乡村数字化治理体系不断完善、信息惠民服务持续深化、数字乡村试点建设初见成效等定性目标。

2. 数字化是农村金融机构的战略发展方向

数字化是金融业高质量发展的"必经之路"。2019 年底，银保监会发布的《关于推动银行业保险业高质量发展的指导意见》明确提出，银行业保险业高质量发展要"坚持科技赋能"，此后又多次提出所有银行金融机构都要加快推进数字化转型。2022 年初，银保监会进一步出台《关于银行业保险业数字化转型的指导意见》，全面推进数字化转型。2021 年 4 月，银保监会《关于 2021 年银行业保险业高质量服务乡村振兴的通知》重点要求"推动农村数字金融创新……积极推动金融科技和数字化技术在涉农金融领域的应用"。2022 年 3 月，人民银行发布《关于做好 2022 年金融支持全面推进乡村振兴重点工作的意见》更是明确指出"强化金融科技赋能乡村振兴"，强调了数字科技、信用数据对优化风险定价和管控模型、减少抵质押担保依赖的积极作用。

在机构层面，数字化极大升级了银行机构的金融服务供应链能力，通过深化分工协同，降低金融供求错配，扩大了金融服务覆盖面和服务质效；在风控层面，数字化降低了风险管理对抵质押物的高度依赖，极大地降低金融机构与客户之间的信息不对称，协助金融机构改进资产管理模式；在客户层面，数字化大大改变了农村地区客户的需求满足方式，农村金融逐渐转向了非接触式支付、线上存贷款产品等产品和服务模式。

数字化转型是农村中小银行应对内外部压力的战略选择。一方面，大型银行、股份银行开展"掐尖战术"，利用成本和渠道优势下沉争夺客户；另一方面，互联网平台以及科技公司依托技术和生态优势更好地满足客户需求，依托移动 App、小程序以及与地方政府合作渗透低线区县，科技公司将金融服务和生活服务共同下沉延伸，改变了农村中小银行的业务基本盘。此外，农村中小银行自身也需要提升创新能力来应对客户群体变化：长期以来，农村中小银行服务本地客户，产品种类单一，而在乡村振兴发展战略的顶层部署下，伴随着新型城镇化尤其是以县域为主的城镇化的推进，以及农业现代化的发展，农村中小银行的客户群体逐渐转变成"新农民"。随着农村中小银行的客户群体在逐渐演进，缺乏创新的产品无法满足日益变化的客户需求。

数字化转型是农村中小银行落实国家战略的重要途径。农村中小银行始终是国家战略的坚定支持者，省联社以及农信社、农村合作银行、农村商业银行、村镇银行等农村中小银行坚持立足县域、服务社区、支农支小的发展战略，延伸服务网络，创新金融产品，增加贫困地区信贷投放。乡村振兴需要农村中小银行作为主力军。2018 年，中共中央、国务院发布《关于实施乡村振兴战略的意见》《乡村振兴战略规划（2018—2022 年）》指出，推动农村信用社省联社改革，保持农村信用社县域法人地位和数量总体稳定，完善村镇银行准入条件，地方法人金融机构要服务好乡村振兴。

数字化转型是全面深化农信社改革的应有之义。数字化转型是农村中小银行供给侧结构性改革的重要突破口，农村中小银行服务地域广、客户密度低、单个客户价值小、风险防控难度大，推进供给侧结构性改革更加需要数字化转型作为突破口。数字化转型有助于省联社更好履行深化改革确定的职能定位，农村中小银行数字化涉及技术架构、业务模式和组织管理的转型，有助于实现坚持县域法人地位、改进省联社专业服务和风险管理等能力。2022 年 4 月，数字化转型走在全国农信社前列的浙江省联社改革组建了浙江农商联合银行，预计数字化将会持续作为浙江农商联合银行的优势和特色，成为强化农村金融服务、赋能乡村振兴的重要抓手。

二、基础设施协同

1. 硬件基础设施协同

农村中小银行数字化转型建立在硬件基础设施上。金融机构的智能转型、移动转型、网络转型、数据转型、云化转型等都需要数据中心、通信技术、物联网、智能设备等硬件基础设施承载。与国有大行和股份制银行相比，农村中小银行数字化转型还需要"将多元、分散的线下银行网点打造为数字化生态入口"（朱太辉、张彧通，2021）。这就要求加快农村公路、供水、供气、环保、电网、物流、信息、广播电视等基础设施建设，以满足线下网点拥有转型发展的硬件基础。

数字乡村建设要求农村基础设施提档升级：在加快农村公路、供水、供气、环保、电网、物流、信息、广播电视等基础设施建设的基础上，大幅提升乡村网络设施水平，加强基础设施共建共享，加快农村宽带通信网、移动互联网、数字电视网和下一代互联网发展与覆盖。此外，不少产业核心企业都在同步实施数字化转型，数字乡村硬件基础设施成为农村中小银行、核心产业主体数字化转型的共性基础。

2. 公共支撑平台协同

农村中小银行数字化转型需要数据支撑和应用支撑，应当要"通过数据管理平台将沉没信息转化为生产要素"（朱太辉、张彧通，

2021）。此外，农村中小银行通过搭建通用的应用支撑平台用以支持
"开放银行"的建设。

　　数字乡村建设需要搭建公共数据平台和应用支撑平台。乡村振兴
要求完善信息终端和服务供给，开发适应"三农"特点的信息终端、
技术产品、移动互联网应用（App）软件等，还要全面实施信息进村
入户工程，构建为农综合服务平台。例如，京东科技与地方政府及相
关机构合作，助力地方构建大数据底座——农业农村大数据中心。通
过大数据中心将农业信息线上化，为当地农户提供便捷信息化服务渠
道，优化农业产业。在大数据底座基础上，实现农业生产、物流、贸
易、农业金融服务的全生态协同。其中，农业资源一张图解决当地三
农资源汇聚问题；农业产业操作系统解决数据汇聚互联互通问题；物
联网管理应用平台解决物联综合管理问题（见图14.2）。

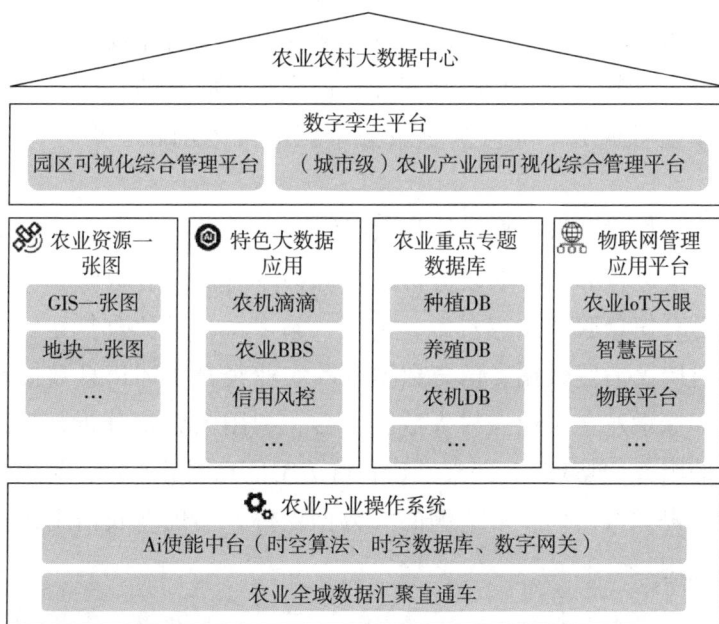

图 14.2　京东科技助力地方政府构建农业农村大数据中心

（资料来源：京东集团）

三、数据驱动协同

1. 数据收集协同

农村中小银行数字化转型和数字乡村建设，都需要依靠数据设备指纹、网络爬虫、生物探针、地理位置识别、活体检测等方式，依法合规地收集相关主体的信息。

2. 数据治理协同

农村中小银行数字化转型需要强化数据治理。人工智能、大数据、区块链等数字科技技术可以提升农村中小银行数据治理的效果，助力实现"质量上好、形式规范、管理便利、应用丰富"的数据治理良好局面。例如实时采集对比用户影像、语音、完成活体校验流程，通过OCR技术完成用户证件校验比对，从而在提升收集的数据质量的同时高效支撑金融业务，降低金融服务审核的准入门槛、提升风险管理效率。

数字乡村建设需要重点加强数据治理。依托国家数据共享交换平台体系，推进各部门涉农政务信息资源共享开放、有效整合。统筹整合乡村已有信息服务站点资源，推广一站多用，避免重复建设。充分利用农村居民消费数据、信贷数据以及农业经营主体信息数据等大数据信息，探索建立农业农村大数据平台，利用大数据分析，疏通供需不匹配的服务"堵点"。探索搭建农村信用信息服务平台，为农村地区信贷融资提供可信任、可追溯的大数据支撑，实现涉农信用数据跨领域共享应用。

3. 数据应用协同

农村中小银行数字化转型最终是要实现数据应用赋能。通过更高效地应用数据，农村中小银行可以更好地实现业务和管理的经营需求，做到事前、事中、事后全流程的赋能。例如数据优化金融产品和服务的定价：通过人工智能等技术分析数据进行金融产品的最优定价，既可以实现产品和服务的优化，又可以实现潜在损失和收益的平衡。又如数据创新定制化金融产品和服务：根据客户反馈情况优化营销策略，尤其做好针对中小微企业和个体工商户等长尾涉农客户的客群的产品营销，提供适度普惠的金融产品。此外要实现中小企业信贷金融产品的创新：善于运用地理位置、社交关系、语音文本等各类数据，改变现在金融产品的设计思路，根据企业主的多元化、多样化需求，从B2C转变为C2M，实现消费金融产品的"反向定制"。

数字乡村建设要求全面促进数据应用。例如，建立空间化、智能化的新型农村统计信息系统，以数据为基础、开发适应"三农"特点的信息技术、产品、应用和服务，推动远程医疗、远程教育等应用普及，弥合城乡数字鸿沟。

四、技术赋能协同

1. 信息系统协同

业务和管理信息系统已经成为农村中小银行发展的标配。银行信贷技术系统（包括但不限于网络金融核心系统、小微营销系统、客服系统、移动营销系统、风险控制平台和绩效考核平台、CRM、柜面系统、ECIF系统等）以及支持数字化信贷业务开展的后台管理系统是数字化信贷开展的技术基础。业务基础设施可以帮助有效实现业务管理，满足业务线上化、智能化之后爆发的业务管理需求。例如网络营销系统可以依托电子地图对客户进行网格化，还可以实现客户行为轨迹可查，便于跟踪监测。中后台的管理基础设施主要包括支持和管理系统，以及技术开发管理平台和开发管理工具，他们都是辅助数字化信贷开展的基础系统。

数字乡村建设离不开乡村振兴需要各类信息系统的高效支持。《数字乡村发展战略纲要》要求做到优化农业科技信息服务，包括建设一批新农民新技术创业创新中心，推动产学研用合作。建立农业科技成果转化网络服务体系，支持建设农业技术在线交易市场。完善农业科技信息服务平台，鼓励技术专家在线为农民解决农业生产难题。

2. 数字科技协同

农村中小银行的数字化转型需要依靠数字科技释放数据生产力。例如，综合运用自然语言学习、深度升级网络、云计算等技术手段创新而来的各类机器人可以帮助金融机构提升管理效率和运营效率。智能巡检机器人可以高效地完成线下机房、仓库、网点等硬件设施和设备的巡检，解决巡检时间长，人工成本高，巡检数据的准确性和及时性无法得到充分保证等问题。结合生物识别、计算机视觉等领先技术，智能巡检机器人高效率、低成本地实现 AI 技术与传统运维场景的无缝融合，在保障设备稳定安全运行的同时，能够大幅度降低运维成本。又如机器人客服能够完成全天候、无限量的客户服务，涵盖企业业务的各个环节，实现拟人化应答能力，提升平均响应时间、应答准确率以及客户满意度。

乡村振兴全方位也需要依靠数字科技推动产业数字化转型。一是通过云计算、大数据、物联网、人工智能在农业生产经营管理中的运用，使得新一代信息技术与种植业、种业、畜牧业、渔业、农产品加工业全面深度融合应用，转型发展科技农业、智慧农业、品牌农业。建设智慧农（牧）场，推广精准化农（牧）业作业。二是通过工业互联网、人工智能等数字科技技术与农业装备制造业结合，使得农业装备得以智能化改造升级，从而实现信息化与农业装备、农机作业服务和农机管理融合应用。三是利用新一代信息通信技术创新发展农村流通服务体系，包括通过"互联网＋"渠道实现农产品出村进城，以及通过深化乡村邮政和快递网点的智能化升级改造，打造智慧物流、深化电子商务进农村。

五、小结

得益于数字化，农村金融服务供应链和乡村产业供应链的协同找到了一个联结点。与金融数字化相同，乡村产业数字化也依托"人—货—场"的发展逻辑实现业务流、资金流、数据流的三流互动。乡村产业主体也需要通过策略方案实现经营管理两方面的内外数字化。此外，与大型科技公司合作、打造开放平台、在乡村产业链的基础层、架构层和应用层通过数字技术的赋能实现产业数字化，成为和金融数字化发展趋势相一致的乡村产业数字化发展趋势。

农村中小银行数字化转型和数字乡村建设是"双链数字化"的重点所在，它们之间存在三个方面的协同：一是共性基础设施协同，主要是硬件基础设施和软件信息基础设施、应用支撑平台的"软硬"协同；二是数据驱动协同，主要是数据收集、治理、应用驱动的"全流程"协同；三是技术赋能协同，主要是单一数字科技业务赋能和统一信息系统集成赋能的"点面"协同。

第十五章　农村中小银行数字化转型赋能乡村振兴的战略框架

一、战略方向注重产业—金融—科技"三角"联动

1. 数字化是"产业—金融—科技"联动的有效路径

数字化提升了金融机构服务实体产业的能力。国家"'十四五'规划和2035年远景目标"提出，健全具有高度适应性、竞争力、普惠性的现代金融体系，构建实体经济、科技创新、现代金融等协同发展的现代产业体系。2021年11月24日，刘鹤副总理在《人民日报》发表文章《必须实现高质量发展》，明确提出"实现'科技—产业—金融'的高水平循环"。金融数字化是金融与科技、产业三角循环的结合体，升级优化了金融服务供应链中的"人""货""场"，与提高金融体系的适应性、竞争力和普惠性具有内在一致性，将为我国现代金融体系和现代产业体系的建设提供强大动力。

产业数字化夯实了金融数字化的转型基础。经济金融发展是"融资—投资—盈利—偿债"不断循环反复的过程，实体产业和金融体系同存共荣。实体产业是金融服务的需求方，金融体系是金融服务供给方；产业数字化夯实了金融数字化的数据基础和生态环境，与金融数字化相互依存相互促进。产业数字化让金融和产业形成更加紧密的场景联结，为金融机构搭建起能够创造增长的新场景，同时能够让实体产业、低收入人群等更好地获得金融服务，从而实现金融数字化与产业数字化的相互促进。

科技能力决定了金融数字化的发展质量。数字科技的供给与金融数字化发展的快慢、安全密切相关。产业数字化和金融数字化有一个共同的基础，就是科技的赋能和数据的利用。科技赋能数字化转型，强化产业和金融共享同样的基础设施、同样的数据基础，推动实体经济、科技创新、现代金融更大范围、更高效率、更加深度地融合共进。越来越多的专项政策也开始关注科技赋能金融业务的重要性。例如2021年11月，中国银保监会召开专题会议研究部署银行业保险业深化供应链融资改革工作，重点要求"在保障数据安全性和风险控制独立性的前提下，通过科技赋能，破解动产质押、产品验证、风险监控等方面的难点痛点，避免资金脱实向虚"。2021年11月，国务院促进中小企业发展工作领导小组办公室发布《提升中小企业竞争力若干措施的通知》，专门部署要求"创新金融服务模式……提高供应链金融数字化水平"。

2. 农村中小银行数字化转型要"金融＋科技"融合

农村中小银行数字化应当坚守定位、聚焦支农支小主业不动摇。银行数字化是经历电子化、信息化之后的新发展阶段，农村中小银行数字化的核心是基于移动通信技术、人工智能、云计算、大数据、区块链等信息科技，对技术架构、业务模式和组织管理进行改造，推动数字技术、农村金融业务、三农普惠生态的融合发展，着力缓解农村金融服务中的信息不可得、信息不对称和信息不会用的问题，全面释放数据要素的生产力，对内提高金融机构经营质效，高水平实现成本—收益—风险的平衡，对外显著提升农村金融服务的覆盖面和客户体验（朱太辉和张彧通，2021）。

农村中小银行加快数字化转型是大势所趋。实体经济与金融体系同存共荣，数字经济需要金融数字化转型的支持配合。在机构层面，数字化转型从供给层面，极大地提升了银行机构的金融服务供应链能力。在风控层面，数字化转型大大降低了银行风险管理对抵质押物的高度依赖。从趋势来看，数字化转型是农村中小银行应对内外部压力的战略选择。农村中小银行的数字化转型是应对大型银行、股份制银行、互联网平台以及科技公司外部冲击与自身内部服务创新供给能力不足压力的战略选择，也是农村中小银行落实国家战略的重要途径和农村中小银行改革的应有之义。

3. 农村中小银行服务乡村振兴要"产业＋科技"融合

产业发展是金融服务的基础。农村中小银行服务乡村振兴就要求以"产业＋科技"构建数字化的农业产业。例如借助物联网、卫星遥感、图像识别、电子围栏等技术，实现作物、畜禽、水产、林木等农业"活体"动态跟踪，促进农业产业链数据自动化采集、可溯化信任和智能化分析，让"动产"转换为"不动产"，实现精准授信，推动信息流、技术流与资金流、物流、商流深度融合，这样方能形成供应链产业链金融的"贯穿式"服务，提升农业产业和上下游企业融资可得性，实现金融助力乡村产业振兴。

针对数字技术的使用，通过卫星、物联网、大数据平台、无人机等数字技术打造数字化农业产业链的软硬件基础；针对农业产业链生产经营主体的管理，将数字化 ERP 系统和认证咨询、标准制定和定制培训相结合，提升管理效能；针对农业生产流程，将对行业的理解（植保托管、土壤改良等）和技术赋能相结合，尤其是通过智能化分选、智能化包装等实现农产品产后的"标准化""模式化"；针对农业销售流程，利用流量、策略、物流等优势，帮助农业产业生产经营主体实现品牌建设、社群运营、客户管理等（见图 15.1）。

数字化建设服务
1.高光谱卫星遥感
2.农业大数据平台
3.物联网基础设施
4.植保/遥感无人机
5."谷语"数字化系统
6.产品全生命周期溯源

种植管理服务
1.植保托管服务
2.土壤改良服务
3.产量预测服务
4.专家指导服务
5.标准体系培训
6.产地环境检测
7."谷语"系统培训

品牌赋能服务
1.品牌建设
2.品牌宣传
3.渠道拓展
4.市场推广

产品销售一站式服务
1.电商培训
2.商业分析
3.卖点挖掘
4.店铺设计
5.一件代发
6.客诉处理
7.数据监测

农场管理提升服务
1. 认证咨询
2. 定制化培训
3.企业标准制定
4. HACCP、GAP、
ISO认证服务包

采后处理服务
1.培训赋能
2.产品检测
3.智能化分选方案
4.智能包装设计制作

营销规划服务
1.广告投放
2.社群运营
3.活动策划
4.客户管理

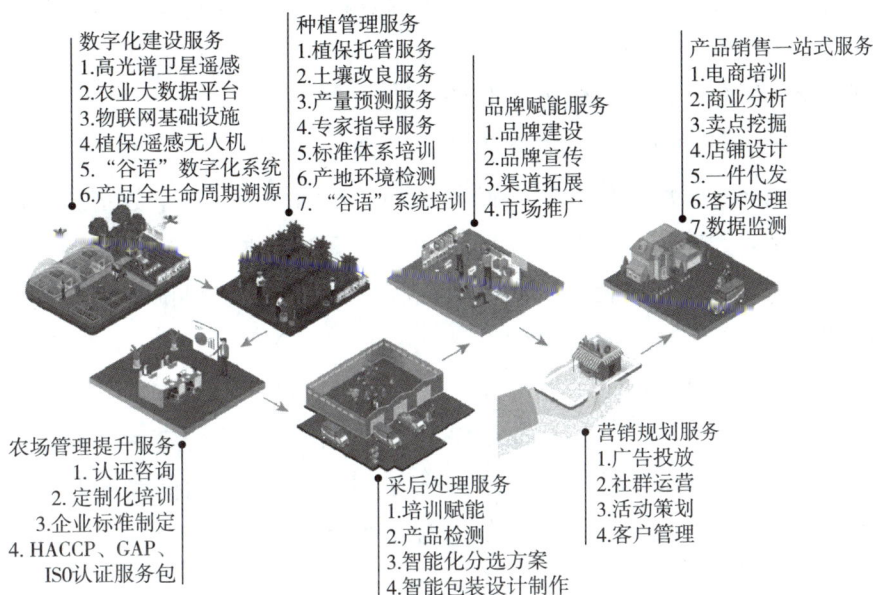

图 15.1　农业产业链的全面数字化转型

（资料来源：京东集团）

二、战略规划注重金融服务供应链与乡村产业供应链"双链联动"

1. "双链联动"提升双向循环

金融服务供应链包括产品设计、产品营销、风险决策、贷款发放和贷后管理等环节。在服务乡村振兴过程中，一条理想的金融服务供应链是通过金融服务的延展和积累，农村中小银行可以向服务对象供应更多更好的金融服务，从而形成金融服务乡村产业经营发展的正向循环。

乡村产业供应链包括产品设计、产品生产、产品营销、交易支付和售后管理等环节。同样，一条理想的乡村产业供应链是通过生产经营与金融服务的高效对接，乡村产业生产经营主体可以获得更多、更好的金融服务，从而形成拓展生产经营的正向循环。

金融服务供应链和乡村产业供应链的"双链联动"指的是金融服务供应链和乡村产业供应链协同利用共性基础设施、共享数字技术能力和数据处理能力，在两条供应链的各环节实现客户、渠道、场景的联动，从而实现乡村金融服务供应链和乡村产业供应链的相互促进与质效提升。

数字化是金融服务供应链和乡村产业供应链"双链联动"的核心动力。通过数字化赋能，让数据要素成为金融服务供应链和乡村产业供应链的"共同基础"，实现"人—货—场"要素在时间和空间上产生交集，进而实现"双链"在信息流、商流、物流和资金流方面的高效协同（见图 15.2）。

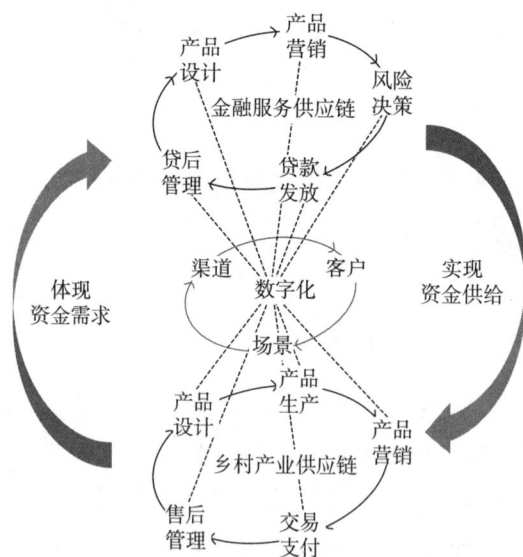

图 15.2　金融服务供应链和产业供应链的循环联动

（资料来源：作者绘制）

2. 客户的联动协同

不论是金融服务供应链还是乡村产业供应链，客户都是服务的起点。金融服务供应链中的"客户"指的是有借款需求的客户，可以分为从事生产活动的客户和用于消费目的的客户，大多分布在农村中小银行展业当地。乡村产业供应链中的"客户"指的是有获得产业供应链产品需求的客户，也可以分为从事生产活动的客户和用于消费目的的客户。和金融服务供应链中的"客户"有所不同的是，产业供应链中的"客户"大多不在本地，而是分布在多个乡村、县域甚至省区市。金融服务供应链和乡村产业供应链的客户联动协同主要体现在两方面。

一方面，金融服务供应链和乡村产业供应链"增量共享"客户。通过数字化赋能，金融服务供应链中的客户可以持续性地共享给乡村产业供应链，反之亦然。

农村中小银行可以通过数据、场景和技术方面的数字化赋能提升风险控制水平、扩展服务范围，在产品营销环节实现让传统金融无法或无意愿触达的小微企业、"三农"、征信白户、偏远地区人群以及年轻人群体等长尾客群成为自身的增量客户。例如数字化赋能帮助农村中小银行进一步巩固自身的线下网点优势，通过打造"智慧网点""移动网点"，保证了"基础金融服务不出村、综合金融服务不出镇"的目标实现。而线下网点数字化转型进一步拓展了农村中小银行服务的下沉客群范围，主要是各类农户、家庭农场、小微企业等传统客户和新型农业经营主体。而这类主体正是乡村产业振兴的最小"单元"，数字化改造的线下网点成为乡村产业振兴的重要基层纽带。

对于乡村产业生产经营主体来说，通过数字化赋能产品营销的方式也可以获得自身产品的增量客户。增量客户越来越广泛，加上已有的存量客户资源，金融服务供应链和乡村产业供应链可以持续性地丰富对方的客户资源。

　　另一方面，金融服务供应链和乡村产业供应链可以相互作用，互相促进彼此客户的精准画像，从而实现产品和服务的差异化定制化。通过数字化赋能，农村中小银行和乡村产业生产经营主体不仅可以实现自身客户的差异化定制化产品和服务，还可以有效地促进对方为其客户所提供的差异化定制化产品和服务。

　　农村中小银行通过人工智能算法和大数据分析，根据用户的消费习惯、行为轨迹等替代类数据，结合各类预测模型和用户画像进行精准分群，可以使得产品设计和风险决策更加精准，综合实现对农户和涉农小微企业"滴灌"式融资供给。农村中小银行能够将自身精准分层的用户画像和客户的电商平台交易记录、社交媒体动态以及网页浏览记录等替代类数据用于助力乡村产业生产经营主体的产品设计和产品生产环节的分析。

　　与此同时，乡村产业生产经营主体可以通过自身供应链所积累的数据和客户标签化，为农村中小银行提供可以更加细致的客户画像，从而帮助银行在产品设计环节更加精准地把握用户需求、提供定制化差异化产品和服务，在产品营销、风险决策环节实现优质客户识别、信用风险评估、防范和阻断风险传导（见图 15.3）。

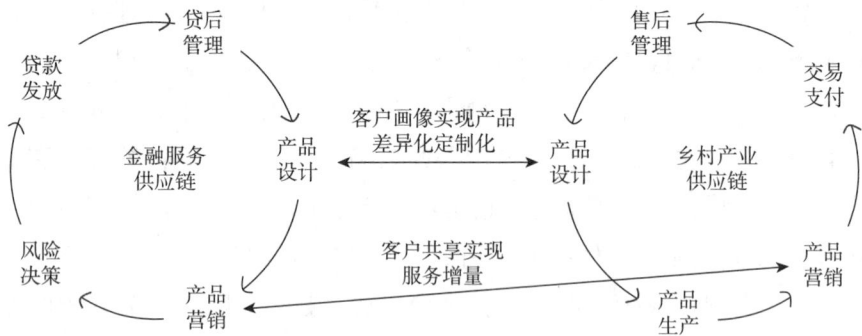

图 15.3　金融服务供应链和产业供应链的客户联动协同

（资料来源：作者绘制）

3. 场景和渠道的联动协同

场景和渠道共同组成了供应链的"场"。作为交易场所和触达手段，它们是金融服务供应链和乡村产业供应链能够在时间和空间上产生交集的基础。一般来说，场景可以分为金融场景和非金融场景（非金融场景还包含一些公共和政务场景，比产业场景范围要更广一些）；渠道可以分为线上渠道和线下渠道。值得注意的是，在金融和产业产品服务过程中，金融和非金融场景可能会存在交叉，线上和线下渠道也可能会存在融合，但是并不会影响到场景和渠道的联动协同效果。例如吃、住、行、游、购、娱等日常消费以及水电煤缴费等公共服务、智慧养老、智慧政务村务以及金融服务都存在线上线下的融合（见图15.4）。

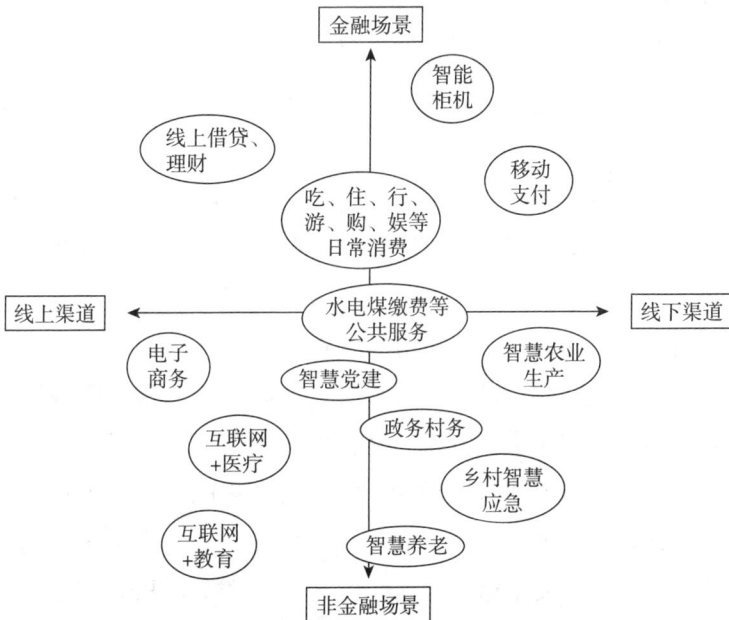

图15.4　金融服务供应链和产业供应链的场景和渠道象限

（资料来源：作者绘制）

金融服务供应链和乡村产业供应链的场景和渠道联动协同主要体现在两方面。

一方面，场景和渠道相互共享。共享的情形也有两种。第一种情形是，农村中小银行的产品设计和产品营销甚至贷款发放和贷后管理都可以借助乡村产业生产经营主体提供产品和服务的场景和渠道实现。乡村产业生产经营主体自己选择的场景和渠道上叠加金融产品和服务实现了"场"的共享。例如农村中小银行的客服经理可以在乡村产业生产经营主体设立的线下经营门店的物理空间内嵌套金融服务。反过来也是如此，例如乡村产业生产经营主体在农村中小银行提供的线上商城售卖产品。第二种情形是，农村中小银行和乡村产业生产经营主体可以共用相同的、第三方场景和渠道。例如不少地方政府主导搭建了具有其地方特色的线上产业服务平台或者是线下产业园区，聚集了产业供应链的上下游主体，农村中小银行和乡村产业生产经营主体可以共用该"场景和渠道"，从产品设计、产品营销到客户管理各环节都可以实现产业链的时空重叠。

另一方面，场景和渠道优化供应链。近年来，农村中小银行不断探索线上、线下渠道融合，并且不断发展和尝试场景金融服务。这些渠道和场景很多来自乡村产业生产经营主体。例如在电子商务场景、水电煤气缴费场景里面嵌入金融服务。通过场景金融服务的嵌入和服务渠道的融合，金融服务供应链的产品设计、风险决策、贷后管理等供应链环节相互之间可以产生数据互动，从而实现更好循环。反过来，乡村产业生产经营主体也可以通过农村中小银行所提供的场景和渠道提升自己的生产经营效率。例如在线上，农产品商城嵌入农村中小银行的网络银行，成为其销售的重要渠道。又如在线下，通过数字化改造柜台、柜机，农村中小银行的客户经理从流程工作中解放出来更多地参与到各类场景和渠道业务经营中。这种"高柜向低柜"的转变使得下沉客户能够接收更为贴身、优质的服务。公共服务、政务服务等也都可以嵌入到其中，形成金融服务与非金融服务的聚合（见图15.5）。

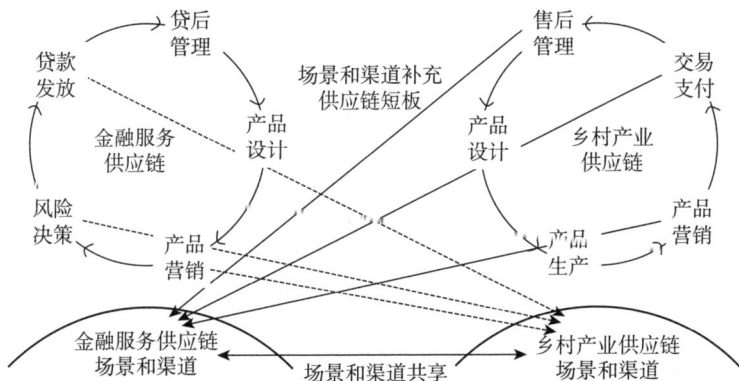

图 15.5　金融服务供应链和产业供应链的场景和渠道联动协同

（资料来源：作者绘制）

三、战略路径注重数字化转型"内外联动"

1. 数字化转型需做好内外联动

如果将视角聚焦到农村中小银行的金融服务供应链，数字化转型的过程应当同时在农村中小银行内外部（对内管理、对外经营）发生，也分别作用在内外部的"人、场、货"要素上。农村中小银行的数字化转型是一个系统工程、"一把手"工程，需要做好资源配置在宏观、中观和微观层面的联动，在价值取向上做好成本、收益和安全的平衡以及在管理机制上做好省联社和二级法人行社的上下联动（朱太辉、张彧通，2021）。这些实际上都包含了农村中小银行的内外部两个方面的"人、场、货"数字化。

在农村中小银行内部，"人"的数字化指的是数字化组织形式、数字化人才培养，尤其是需要打造匹配数字化发展的中台组织架构——

功能型平台。"场"的数字化指的是建设在核心系统、业务系统基础上的统一的信息基础架构所形成的数字化系统。"货"的数字化指的是机构内外部收集、管理、分析的各类数据（见图 15.6）。

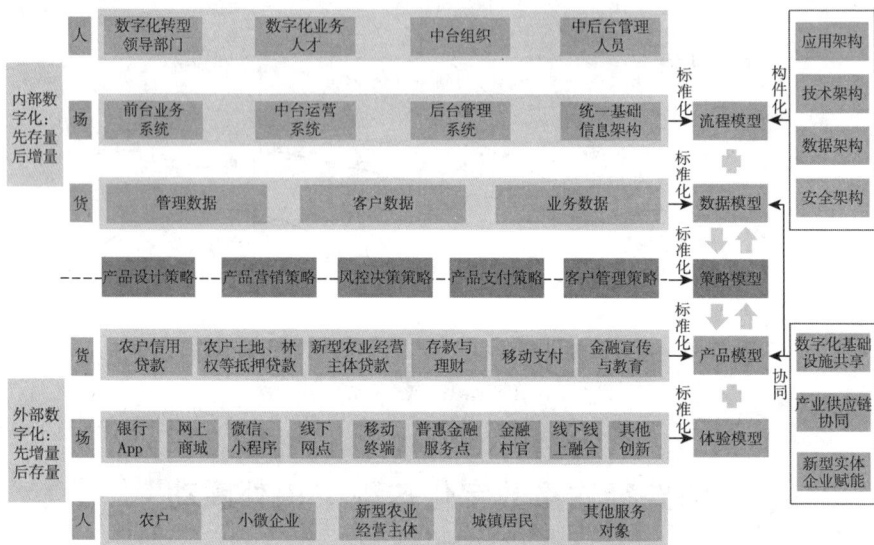

图 15.6　农村中小银行数字化赋能乡村振兴需要"内外"联动

（资料来源：作者绘制）

在农村中小银行外部，"人"的数字化指的是客户的"数字化"，即通过客户画像等手段抽象化的客户图谱；"场"的数字化指的是渠道的创新，包括线上线下的渠道拓展，以及线上线下渠道的创新融合；"货"的数字化指的是产品的数字化。外部的"人、场、货"的数字化与内部的"货"的数字化形成了明确、强烈的映射关系。

金融服务供应链策略是农村中小银行内外部数字化的桥梁。在农村中小银行内外部数字化之间，需要根据银行海量数据、以往内部管理和外部经营经验所形成的丰富的金融服务供应链策略。只有通过将策略标准化成策略模型并用于管理经营，才能够实现农村中小银行的动态"数字化"。

数字化赋能需要抽象业务和管理能力，实现标准化和构件化。数字化转型的背后是业务能力和管理能力的数字化升级，这就要求做到"人、场、货"的标准化，至少形成流程、数据、产品、体验等各类模型。与此同时，技术赋能的架构和方向是通过将应用、数据等构件化，形成业务、技术、数据、风控等各类中台。

产业供应链的协同也需要能够标准化产业数据和产业产品。在数字化赋能乡村振兴的过程中，产业供应链协同的背后也是产品、数据等模型的标准化。因此农村中小银行的数字化转型的标准化还应当面向乡村振兴的需求开展，即数字化转型和乡村振兴共享标准化、构件化的各类模型甚至是架构。

2. 打造金融服务供应链的数据能力

一是将传统数据架构转型为面向业务应用的大数据平台。面向业务应用的大数据平台是农村中小银行内部的数据系统方向。一方面，数据集市、数据仓库应当向大数据平台过渡、迭代，实现内外部结构化、半结构化和非结构化数据的实时采集、计算、存储和处理，提供智能决策引擎、自动化授信、大数据风险监控等功能。另一方面，搭建功能强大的数据中台，在大数据平台基础上为经营决策、精准营销、风险防控等提供全面的数据工具支撑。并在此基础上加载报表查询、监管报送、API 服务、数据探索分析、移动决策等相关应用系统，解决算力不足、存储成本高、无法面向窗口的数据服务运用问题，为更好地发挥"自主用数、自助分析、实施决策"的数据价值夯实硬件基础。

二是实现数据治理能力和数据运用能力的"相辅相成"。数据治理的目的是提高数据质量。一方面，要强化数据治理的顶层推动。数字化转型是"一把手"工程，数据治理需要"一把手"负责统一数据标准，建立起规范化的数据结构和数据字典；明确数据管控，实施数据质量检核。另一方面要做到与生产环节衔接数据运用。始终围绕助力经营决策、精细管理、创造价值的目标开展创新。例如在数据仓库、数据平台为核心的数据类信息系统上，统一企业级数据视图以及与外部信息的互联共享，面向客户关系管理、财务绩效、资产负债及风险管理等业务主题和应用，提供客户准入、贷后预警等风控规则的实时服务，为大信贷的客户风险评级、信贷风险管理提供决策支撑；提供对行内交易的实时风险监控服务，提供交易阻断和实时预警服务，为全流程的交易风险管理提供决策支持。

三是提升涉农数据的治理和应用能力。农村中小银行应当学会活用、善用涉农数据；涉农数据也应当在农村中小银行最为管用。这要求一方面从农村金融服务的业务角度，以业务牵头、专项治理的方式，提升涉农数据的使用效率；另一方面，从农村中小银行的管理角度，以省联社服务、法人行社治理的方式"突前"使用，即省联社确定统一的数据治理标准，法人行社管理、使用数据，优化两级法人的分工合作。

3. 打造金融服务供应链的技术能力

一是加快强化核心业务系统的业务支持能力。推进"一点对接"网联清算平台建设，对照业务规则、实施方案和技术规范，开发一键绑卡、网关签约账户侧与代收、网关支付受理侧新增业务，实现"传统银行＋互联网金融"双核驱动。同时，还需要根据不同省联社的技术基础，决定是否搭建新数据中心，以实现基础性架构解耦，以及满足双态、多活、多灾备的要求。

二是稳步推进行业云平台建设。云平台是提供存储、计算资源分配、管理的关键基础设施。根据农村中小银行的业务发展需求和资源管理需求，省联社层面可以统筹建设行内云、行业云，为各法人行社的自建系统提供计算、存储、网络、数据库、安全支撑等云化托管服务，并由省联社统一管理出口。有条件的省联社还可以基于头部银行的先进业务管理经验，形成省级的 SaaS 级服务，向后进机构提供。云上提供的是端到端的服务，而不仅仅是系统。例如在省联社的 SaaS 服务中归纳、抽象不同区域的特色小微信贷作业模式，并形成模块对外提供。

三是加快农村金融业务与数字技术创新的深度融合。研发分布式架构系统，重塑技术架构，解决批量运行时间长、下发数据不及时等问题。拓展微服务架构，实现应用灵活扩展，保证系统可以自如应对负载的变化。打造开发平台，探索敏捷开发模式，引入移动开发平台、机器学习平台、统一开发平台，强化开发测试自动监测、自主可控。

四是提升技术管理模式适配性，符合农村中小银行业务管理需求。一方面，要突出省联社的服务和管理职能，在管和放之间实现法人行社和省联社之间技术系统沟通、协调、服务的平衡。法人聚焦在如何解决业务问题，省联社聚焦在如何提供服务。例如法人行社开展业务，需要主要考虑技术系统的安全性、健壮性、稳定性；省联社则完成业务的解构、需求的沟通、技术的协调，从而开发可适配法人行社的业务系统。另一方面，应当从业务需求的层面出发重新梳理科技管理和产品研发的流程。单纯的科技管理方式——使用、托管、维护等流程比较复杂；从需求出发更好地重新梳理流程，打造"中台做大，前台做新"的科技管理模式：科技聚焦在提供业务工具的层面，实现可以更快更便捷组合使用的目标；业务更加轻量级地实现创新、评估与迭代。此外，农村中小银行需要考虑数字化的实现方式，设立独立的数字化赋能公司效率更高。数字化赋能的核心是需求开发。将技术研发和业务适配从省联社的职能中集中到单一的数字化赋能公司法人，并且施行市场化管理，可以更好地破除两级法人架构下的科技部门技术研发能力弱、工作激励水平低的恶性循环。

五是主动满足信创要求。在积极推动数字化转型发展的过程中，农村中小银行应当严格落实国家和监管部门政策部署，主动承担应有责任和义务，全面推动自主可控与数字化转型的深度融合，落实关键系统国产化改造事宜。

4. 打造金融服务供应链的产品能力

一是打造产品中台，构建敏捷高效的产品研发体系。按照"敏捷前台、强大中台、稳定后台"的架构，产品研发体系是前中台架构的必要连接。为了支持前台业务的快速发展，有必要构建包含渠道接入、核心服务、业务应用、基础支撑、信息安全、生产运维和管理决策等应用系统的产品研发体系。

二是专注主责主业，构建适合三农特点的金融产品体系。应当在乡村振兴的发展基础上，充分发挥农村电商产销对接、信息集成等作用，打造个性化定制和柔性化金融服务产品供给模式，将供应商、经销商、物流企业、消费者紧密连接，推动城乡生产与消费有效对接，扩大农村消费，助力产供销一体化现代农业发展。适当降低小微企业支付手续费，提高农村地区购买生产资料和销售产品的效率。

三是提升渠道效率，完善线上线下的渠道融合。一方面要坚持线下优先，通过线下网点转型和移动支付下沉更深层次地服务乡村，"柜台＋移动展业＋智能机具"的多元深度融合服务模式，是拓展"年轻客户自助办、中年客户协助办、老年（特殊）客户柜台办"线下模式的必经之路；"移动支付＋场景构建＋线下收单"的一体化上下游融合服务模式，是发展"非银服务＋金融服务"的重要工具。另一方面要积极发展线上业务，通过产品线上化创新，拓展线上化红利，为农村金融服务提供重要的增量。例如线上贷款的模式提升了消费者的体验、更快速地满足了借款者的需求。此外，还应当关注线上线下渠道的深度融合，通过与政务、医院、小区、学校、菜场、停车场等"跨界"

合作，积极探索"场景＋金融"新生态。

四、小结

金融服务供应链和产业供应链共用基础设施和数字技术、再加上不同来源的数据融汇、共同构成了统一的数字化"操作系统"。在这个"操作系统"之上，可以嵌套供应链各环节、客户、产品和服务、各类渠道。由此形成了"双链数字化"的实施路径。

"双链联动"即是在此基础上，通过数字化的金融服务供应链和数字化的乡村产业供应链，协同利用共性基础设施、共享数字技术能力和数据处理能力，在两条供应链的各个环节推动客户、渠道、场景的联动，从而实现乡村金融服务供应链和乡村产业供应链的相互促进与质效提升，以产业振兴带动全面乡村振兴。

从战略框架来看，"双链数字化"和"双链联动"互为因果、相辅相成，并各自有所侧重。对于农村中小银行而言，应当通过"内外联动"的数字化转型路径，实现双链"人、场、货"在时间和空间上的交集互动，进而实现双链在信息流、商流、物流和资金流方面的高效协同和良性循环。

第十六章　农村中小银行数字化转型赋能乡村振兴的实施路径

一、数据抓手：与数字乡村治理协同，强化服务的数据收集利用

1. 为数字乡村治理提供工具，强化数字化服务的数据基础

各地的农村中小银行尤其是地处偏远的法人行社往往是其本地治理的重要环节。随着经济社会技术的快速发展，农村客户因时而变、因地而动，农村客户的需求也在快速变化。农村中小银行可以通过为数字乡村治理提供信息查询、政务服务入口等工具，实现获客、黏客。

第一种是以贵州农信为代表的综合治理工具。为农村集体经济组织设计开发的集业务应用、数据汇总、互联共享、展示分析、监督审计和决策指挥于一体的"智慧乡村综合服务平台"。

第二种是以广东农信为代表的政务治理工具。广东农信打造了一款乡村振兴的专属产品——互通 App，实现线上线下资源的整合。互通 App 的银行属性偏弱，目的是撬动政府、注入产业。其商业逻辑靠后，触达非农商行客户，再转化成持卡客户。

第三种是以福建农信为代表的产业治理工具。福建农信社积极探索以金融杠杆撬动农村要素，打通农民融资担保难的堵点，促进农民发展生产、增收致富。对接特色产业平台，探索产业链金融服务模式，并实现产业链向生态链延展，助推产供销一体化发展。

2. 与乡村振兴数据治理基础设施强化合作，善用全量数据

一是积极参与信用数据专题库建设，协同推进"数字信用"。抓住建设数字乡村公共数据平台的契机，打造农村信用数据专题库，实现信用数据的全汇聚。一方面，构建"政府主导、部门支持、农信主推"的农村信用数据专题库建设机制，在政府层面实现数据共享汇集、在部门层面实现技术支撑管理、在农信层面实现专题数据治理。农村信用数据专题库包含新型农业经营主体信用、农户信用、小微企业信用等各类专题体系，实现农信主体和行为的"信用数字化"。另一方面，立足于对乡村公共数据平台的原始数据进行集成、清洗、脱敏和归集，善用农业农村、商务、民政、公安、市场监管、自然资源等相关部门数据以及国家基础数据库的人口、法人、空间地理等基础数据。

二是强化行内大数据平台与乡村应用支撑平台的互动，提升涉农信用信息使用效率。数字乡村应用支撑平台提供丰富的业务功能标准化模块和编程接口，包含用户身份认证模块、业务流程模块、信用信息模块等基本功能模块。农村中小银行应强化行内大数据平台与支撑平台的互动，统筹运用农村信用专题数据库和行内数据，实现数据利用效率的持续提升。

3. 与数字乡村治理的外部数据源开放共享，活用行内数据

一是强化数据共享认知，提升存量行内数据的效用。在农村中小银行广泛大力推行整村授信、城镇信用体系建设和农牧民建档授信等工作的基础上，将所获得的各类行内数据与外部信用体系的数据共享，巩固信用体系建设成果，进一步助力"信用户""信用村""信用乡（镇）"建设，从而实现反哺农村金融业务的目标。

二是强化数据层面的政银合作，打破涉农数据孤岛。一方面与市场监督管理局、住建厅、人社厅、财政厅、卫健委、税务机关等政府

部门拓宽"总对总"合作渠道，以"政务＋金融"理念积极探索数字金融转型，不仅开展企业工资代发、代理工商注册登记和代办营业执照等多项业务代办，而且立足各类政府数据创新贷款产品，开发税务贷、公积金贷、产业贷等各类产品。另一方面与政府机关（农业农村等）、产业服务机构（广电网络等）、金融交易组织（产权交易、融资担保等）单位签订乡村振兴战略协议，深化信息和渠道共享合作。

三是引入外部数据聚合服务商，不断丰富数据维度和覆盖面。除了接入涉案涉诉、运营商、个人征信、企业纳税等政府和公共数据源以外，还可以有条件地选择接入第三方数据聚合平台，更好地满足农村中小银行对行外海量数据的采集、加工、整合、应用需求，为基于实际业务场景的数据指标和标签体系提供有益的数据补充。

四是活用三资平台、新农直报平台，推动农村产业信息化赋能农村金融新模式。为促进乡村振兴发展，农业农村部在各地开展"农村集体三资监管平台"试点，实现农村集体资金、资源和资产的监管。尽管各地三资平台的建设模式和使用职权有所不同，但是三资平台对于农村集体资金、资源和资产的数据统计和分析，可以非常好地完成整村授信、整族授信、整产业授信的数据收集工作。此外，还可以直接登录使用由国家农业农村部建设的专门扶持培育新型农业经营主体的官方管理服务平台——新农直报（新型农业经营主体信息直报）平台，通过主体直连、信息直报、服务直通、共享共用，为新型农业经营主体提供全方位、点对点对接信贷、保险培训、生产作业、产品营销等多项服务。

二、产业抓手：与核心实体企业协同，强化供应链金融服务能力

1. 与供应链核心企业合作，为乡村产业供应链赋能

农村中小银行依靠与供应链核心企业合作打破城乡信息不对称、

提升乡村产业供应链效率。供应链核心企业参与赋能乡村产业供应链主要有五种模式：一是"做宽"供应链，供应链核心企业依托"本地+国内+国际"的供应链能力实现农产品进城、工业品下乡，助力提升乡村产业的供给能力、满足乡村居民的消费需求；二是"做深"供应链，供应链核心企业依托"商品+服务"的成熟供应链模式，帮助完善乡村零售、健康、教育等各类产业的供应链；三是"做厚"供应链，供应链核心企业为农户、家庭农场等主体同时提供线上平台等渠道供应链能力以及物流、仓储等流通供应链能力；四是"做长"供应链，供应链核心企业通过对营销交易、售后、仓储配送的理解，帮助乡村产业从创意、设计、研发、制造、定价等环节实现效率提升；五是"做透"供应链，供应链核心企业通过技术赋能的方式，实现乡村产业供应链的每个环节的数据化、网络化、智能化（见图6.1）。

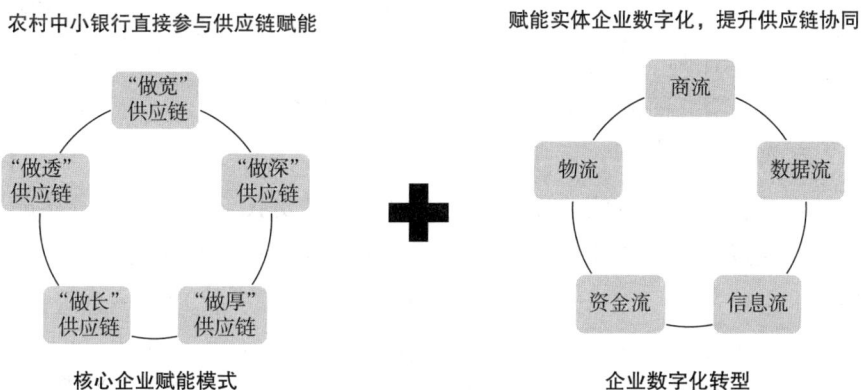

图 16.1　农村中小银行参与供应链数字化赋能模式

（资料来源：作者绘制）

　　农村中小银行应直接参与核心企业对乡村产业供应链的赋能。一方面，有针对性地向乡村产业生产经营主体提供"产业链赋能贷"等创新型供应链金融产品和服务，帮助他们低成本地参与"供应链核心企业"改造的乡村产业供应链；另一方面，直接向乡村产业供应链开放金融服务供应链环节，通过共享乡村主体的数据、线上线下的流量、普惠金融服务点等多元渠道，与供应链核心企业参与改造的乡村产业供应链形成协同。

例如京东集团打造的赋能乡村农产品上行产业链。农业社会化服务是促进农户生产和现代农业链接的重要途径，京东集团打造了赋能乡村产业供应链产销两端的"京喜农场"，通过将先进适用的品种、技术、装备、组织形式等现代生产要素有效导入农业，降低农户生产成本，提高经营效益。

在产业供给方面，京喜农场推出"强村计划"提出"农资降本、农服增效"的模式，从当前农业种养产业的普遍痛点出发，为农户提供集采降本，科学增效的赋能服务。在"强村计划"下，农户生产的区域优质农产品有机会以统一品控和售后标准，通过"惠农直采"统一为"京喜农场"标识售卖，同时将集中专属营销会场、京喜直播、京喜玩法、整合营销推广等优势资源，助力产地新锐品牌打造。以订单农业发展为目标，精准种植打造农产品上行全链路体系。

在农资降本方面，依托京东集团强大的供应链组织能力，京喜农场可以有效减少农资流通环节，让农户极致性价比获取优质农资产品。传统的农资流通渠道比较冗长，农户从镇上或者村里采买的农资商品，基本上会经过 3~4 个环节，最长可能会经历厂家—代理商—总经销商—区域经销商—市经销商—镇经销店—村经销店的 7 个环节。长链路的多级流通使得最终农户拿到手里的农资商品相比出厂价，有些甚至加价了80%~100%。而京喜农场可以实现正品行货农资产品极致性价比从厂商直达农户，通过农资专区便可一键购买，有效降低农资购买成本。

在农服增效方面，京喜农场将组织全国优秀的农业技术服务商成为"强村合伙人"，为农户提供田间地头、从种养到收获的全程贴心服务。覆盖产前、产中、产后等环节及金融保险等配套服务，全方位闭环实现种养科学化、系统化、规模化，在提高效率的同时，帮助农户增产增收。

2. 赋能实体企业数字化转型，提升供应链协同程度

加快实体企业数字化转型，是实现乡村产业振兴与农村中小银行数字化转型协同的关键。实体企业的数字化转型可以实现商流、物流、资金流、信息流、数据流等核心要素高效匹配，一方面有效促进乡村产业供应链上下游的融合互动，另一方面有效降低乡村经济、乡村治理、乡村生活等方面信息堵塞和不对称，从而为农村金融服务供应链提供更好的协同基础。例如针对畜牧、水产养殖等逐渐开始规模化、集约化生产的产业来说，一套完善的 ERP 系统通过信息收集、分析实现生产经营主体生产状况的实时跟踪与优化。促进行业效率提升的同时，更是帮助农村中小银行获取高质量的主体数据、生产数据，为金融服务提供了抓手。

农村中小银行可以直接参与实体企业的数字化转型：一方面，有针对性地向实体企业提供"数字化转型贷"等创新金融产品和服务，专门用于支持实体企业数字化转型；另一方面，向产业企业开放应用平台、数据平台等数字化基础设施，并共享乡村主体的数据、线上线下的流量、普惠金融服务点等多元渠道，与此同时也可以获取实体企业所在产业的信息，从而提升产业链协同程度。

三、生态抓手：与互联网平台以及科技公司协同，强化金融服务的生态搭建

1. 以场景为主导，全面构建农村普惠金融特色生态

在金融数字化发展过程中，互联网平台以及科技公司与传统金融机构的资源禀赋存在差异，各有优势。金融机构在金融市场筹集资金

的成本低，金融风险控制能力强，但技术基因不及互联网平台以及科技公司；金融科技公司则在技术上有核心禀赋，在跨界联动、快速响应市场需求上具有明显的竞争优势。互联网平台以及科技公司与传统金融机构协同推进，可以更好地实现技术、场景与金融的深度融合。

农村中小银行可以以场景为牵引，全面构建普惠金融特色生态。整合行内金融产品和服务能力，形成标准服务输出，搭建金融、电商、物流、民生、政务等普惠金融综合服务平台，实现政府端连接、同业端共享、企业端赋能和客户端直达，将金融服务融入政务、民生和社会治理。打造特色民生生态圈，省联社统一对接全省共性的民生服务，农商银行负责构建本地特色民生生态，联通整合行内各项金融服务和行外行业应用与生活服务，逐步实现水、电、气等民生场景全覆盖。打造数字普惠支付金融生态圈，大力拓展商户、医疗、校园、政务、社区服务各类行业场景应用。从京东的实践来看，在此过程中，大型互联网平台以及科技公司可以通过自身电商、物流、营销等生态进一步充实农村中小银行的普惠金融生态（见图16.2）。

图 16.2　京东科技的生态供应链体系

（资料来源：京东科技）

228

2. "金融+科技+产业+生态"模式提升供应链金融服务能力

金融机构借助科技赋能，提升数字化服务能力。相对于金融机构自建金融科技、推进数字化转型来说，以金融科技公司为代表的互联网平台以及科技公司拥有更加成熟的数字化解决方案、更加多样的数字化渠道。在助力金融机构数字化的过程中，互联网平台以及科技公司或金融科技公司的效率和成本更加具有优势。在实践过程中，头部的金融科技公司企业将数字营销、智能风控等能力整合输出，一方面开放自身流量，体现渠道优势，协助金融机构完成线下向线上的迁移；另一方面为金融机构打造技术中台、数据中台、业务中台、移动中台、开放平台等核心能力，提供定制化解决方案，助力金融机构的管理更加高效。金融科技公司企业利用信息科技比较优势和数字化输出能力，协助金融机构改造业务模式、管理方式、发展理念，形成差异化的市场定位、业务模式和竞争优势。

金融机构借助产业生态，提升产融互动能力。金融科技平台建立产融互动的基础设施和生态，促进实体经济与金融行业融合发展。一方面，金融科技平台可以强化产业和金融共性基础设施建设，完善数据存储和分析、金融科技操作系统、营销渠道等解决方案，进一步提高金融科技、金融机构、企业个人之间供需交互、对接和迭代的效率。另一方面，依托开放平台和基础设施，打造技术与金融、金融与产业良性循环的生态：科技公司的产业解决方案嵌入金融机构业务流程，并帮助金融机构将业务流程嵌入产业生产和企业经营流程。科技公司、金融机构、企业居民之间的共生关系不断加强，并形成"金融科技—金融机构""金融科技—个人消费""金融机构—企业经营""企业个人—金融科技"之间持续的双向赋能。

例如京东科技依托京东集团的供应链优势，通过数字技术解决供应链金融行业痛点，成为更懂产业的供应链金融解决方案提供商。作为一家新型实体企业，京东集团一端联结消费互联网，一端联结产业互联网，通过数字技术形成了物流、零售、智能城市、健康、金融等产业的数字化解决方案的最佳实践。从供应链产业链整体出发，京东科技充分利用区块链、大数据、智能风控、云计算等技术和能力，深入到产品交易的每一个环节，通过"金融＋科技＋产业＋生态"模式，打破原有授信过程中的数据孤岛，实现供应链上信息流、物流、资金流、商流的"四流"合一，构建了"生产服务＋贸易模式＋金融服务"数字化新生态（见图16.3）。

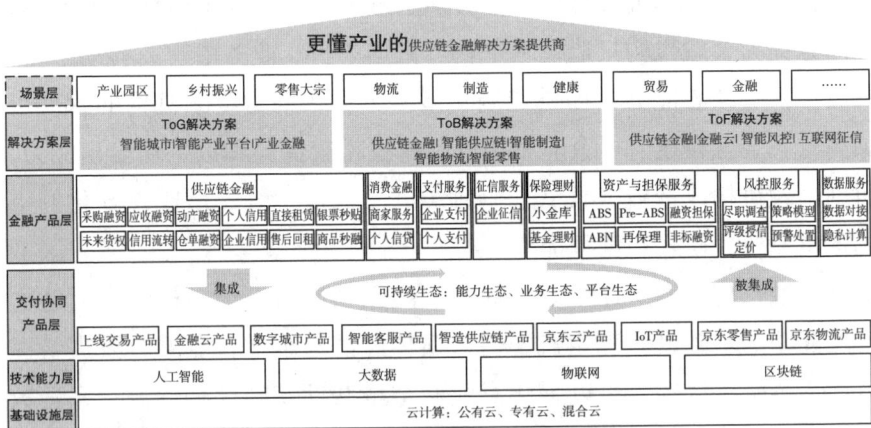

图16.3　京东科技供应链金融解决方案

（资料来源：京东科技）

具体到数字化的乡村产业供应链金融服务，主要包括供应链金融科技三大解决方案，分别是基于核心企业的供应链金融综合解决方案、基于物流场景的货押融资解决方案和基于供应链的小微金融解决方案，致力于帮助中小微企业降低融资难、融资贵的问题。

基于核心企业的供应链金融综合解决方案提供针对核心企业上游应收融资以及核心企业下游基于信用和未来货权的采购融资产品，已覆盖消费、制造、能源、通信等30多个场景和服务超10万客户。以未来货权采购融资产品为例，基于某贸易企业与酒厂的供销关系，通过接入京东物流的仓库进行监管，由京东科技承担物流、货物质押监管、提供资金、风险评估等责任，满足了该贸易企业对高额资金的需求。

基于物流场景的货押融资解决方案以可信货物融资管理平台为支撑，面向消费品融资、大宗商品融资两大领域构建解决方案，并通过标准化数字仓库方案，有效实现了场景和资金的高效联结，为产业和金融机构搭建起信任通道，最终助力产业稳健发展。以标准化数字仓库方案为例，其以数字仓储为底座，通过提供"数字仓库+"服务，搭建了"数字贸易+数字仓储+数字金融"三位一体的新型大宗商品贸易生态体系，助力产业多方实现协同发展。截至2022年6月，京东供应链金融科技物流金融已与28家仓储企业实现合作，仓储监管面积达3000万平方米，监管库房超2000个。

基于供应链的小微金融解决方案则以供应链场景、京东生态消费场景为中心，以企业征信、大数据风控能力为底层支撑，可精准识别中小微企业的信用状况和融资需求，提供纯线上、纯信用、随借随还的低成本快捷融资方式。此外，京东科技还通过科技服务助力打造一站式线上小微融资快车道，逐步实现平台化，为小微客户多元化融资需求提供差异化产品。

数据显示，在2021年下半年至2022年上半年的近一年时间里，京东科技小微金融普惠小微贷款已服务客户近27万家；在助力实体经济中服务实体小微企业近17万户，覆盖8大实体行业提供近350亿元用款服务；同时支持专精特新小微企业近5000户，提供超36亿元用款服务（见图16.4）。

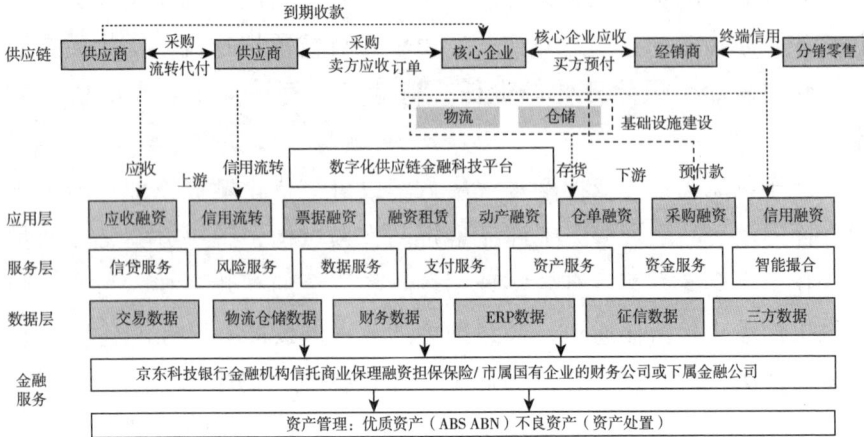

图 16.4 供应链金融科技平台为产业发展提供动能

(资料来源：京东科技)

四、渠道抓手：与乡村服务下沉协同，强化线上线下业务的联动

1. 做强做优金融服务网点

一是实现网点智能转型，实现跳出银行做银行的服务转型。充分发挥网点网格化辐射作用，针对农村具体需求提供具有针对性、便捷性的金融服务产品，提高农村金融服务覆盖面和信贷渗透率。应当优化网点服务流程，提升农村金融网点规范化建设水平，优化客户体验，打造网点服务品牌标杆，提高农村人员对金融服务的可得性。网点转型主要是为了反哺金融主业，重点是获客、黏客，提供的应该更多是刚需的、稀缺的服务资源，例如生活缴费、康养、医疗、教育等，需要和第三方深度合作。

二是大力发展创新社区银行。在大力发展手机银行的基础上，立足服务社区，打造线上线下、有形商品和无形服务的融合的本地生活综合服务平台，将传统银行服务从线下延伸至线上，金融服务跨界至生活服务，社区居民线上下单、线下提货，能够以优惠的价格享受高品质的生活服务或商品，为居民搭建了值得信赖的生活平台。社区银行还具有免收额外费用、资金实时到账、银行增信、综合金融服务等独特优势，为商户搭建免费电商平台、为农户搭建快捷销售平台。

三是运营升级农村普惠金融服务点。在充分发挥服务点现金取款、现金汇款、转账汇款、代理缴费等基础金融业务优势的基础上，可以通过与京东集团这类拥有大量生态场景和科技能力的互联网平台以及科技公司合作，将民生商品、便民服务、京东药房、互联网医院、物流配送等各项电商、健康、物流产品和服务嵌入站点，实现金融服务、生活服务的融合（见图16.5）。

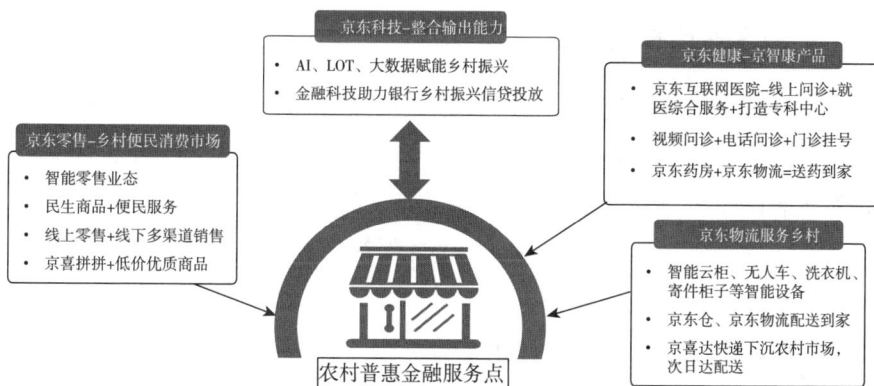

图16.5　京东集团综合赋能农村普惠金融服务点
（资料来源：京东集团）

同时，京东集团通过人工智能、物联网等数字科技赋能普惠金融服务点的数字化、智慧化升级：通过运营平台将京东集团的营销、活动策划、物流配送、金融服务等各项解决方案输出到客户流量管理和站点经营管理，进一步提升快递、零售、金融、健康等各类服务内容的质效提升（见图16.6）。

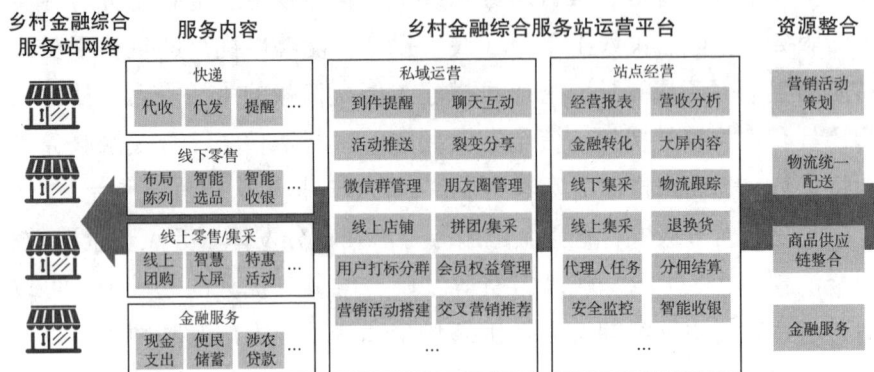

图16.6　京东农村普惠金融服务点解决方案

（资料来源：京东集团）

2. 做深做透移动金融服务

大力拓展移动信贷上门服务。信贷员或者综合营销人员手持PAD，走村串户，深入田间地头，为客户上门提供金融服务。目前，主要提供移动信贷业务，贷前调查、业务受理、评级授信、移动审批、贷后管理等功能。下一步，应当拓展到综合营销，实现移动开卡、开户、签约等适合移动化的金融服务，建成多功能的移动展业平台，为农信社发扬传统亲民、近民优势提供工具。

3. 做好做细金融村官制度

作为乡村有效治理的一部分，线上线下融合发展的农村金融服务需要金融村官制度做好做多。尽管网点智能化水平不断提升，客户经理不断移动展业，但是和广大村镇数量还是存在不匹配，仍然需要金融村官的驻村服务。同时，普惠金融服务点等农村金融服务在线下的延伸还仍然比较单一，仅仅能提供基础金融服务，非银服务效果不明显。因此要实现村银共建，通过党建示范点＋金融的方式提供基础金融服务，实现民众的金融教育。金融村官应当由政府的组织部门专门委派、由银行员工派驻，参与村级治理。

五、打造农村中小银行共性基础设施，提升数字化赋能创新效率

农村中小银行发展阶段各有不同、业务重心也有侧重，在数字化转型、供应链金融等业务协同，以及以中国农金 30 人论坛为代表的行业沟通机制方面都急需适用于全行业、全国性的平台、工具和生态作为行业基础设施，以锻造共性能力，服务行业发展。

1. 打造满足数字化转型需求的技术赋能基础设施

农村中小银行的数字化基础薄弱、路径各异、成本较高，可以借鉴农信银资金清算中心的经验，将数字科技能力和数据分析应用能力聚合，打造行业云平台、建设数据中心，形成农村中小银行的混合加强数据平台，以实现业务支撑、创新支撑、安全支撑。同时，还可以农信行业云平台为基础，打造围绕产品、技术、服务、解决方案，与代理商、经销商、ISV（独立软件开发商）、SI（业务集成商）、咨询公司、SaaS/PaaS 厂商，以及运营交付服务商等伙伴开展合作的生态。

2. 打造产业链金融跨区域协同的业务合作基础设施

农村中小银行在开展农村金融业务或者内部管理时面临着不同的需求，例如农村供应链金融可能需要跨区域经营、农村消费金融面临线上化趋势等。可以围绕零售业务、批发业务、乡村振兴业务、普惠业务、资金业务等各类农村中小银行前台业务，以及中后台管理职能形成经营管理协同机制，明确省联社、法人行社相互之间开展业务合

作的实现机制、激励机制和风险防范机制，也可以打造并共享适用于互联网贷款、人力资源管理等相同经营管理类型的平台系统，实现跨区域业务的客户合作、产品合作以及管理合作。

3. 打造机构先进案例互通共鉴的行业交流基础设施

在中国农金 30 人论坛以及中国农村金融杂志社等平台和机构的交流基础上，可以升级打造服务、扩展行业交流的"案例库""人才库""供应商库"，加快农村金融体系人才的培养，实现经验共享、业务互助、抱团发展的良好局面。

六、根据资源禀赋和发展选择数字化赋能乡村振兴的适配性路径

1. 头部梯队保持探索创新，引领数字化赋能转型前沿

在数字化转型赋能的带动下，头部农村中小银行的农村金融服务不断深化创新。未来应当发挥"头雁效应"，在三个方面做好探索，开创农村中小银行数字化转型和服务乡村振兴的新模式。

一是组织平台化。头部农村中小银行应当探索在数字化赋能的专门组织架构基础上，融合业务流程管理和业务运营，形成"功能型平台"基础上的"平台组织"，即组织的主要组成单元是前台、中台和后台的各类平台。

二是产品数字化。头部农村中小银行应当在现有消费金融产品数字化的基础上，实现包括供应链金融产品数字化在内的全量产品数字化。这意味着，头部农村中小银行需要在核心实体企业和互联网平台以及科技公司协同的基础上，根据各自的区域特色和产业特色，用一套数字化供应链金融平台融合农业产业数字化管理平台和农业供应链业务。

三是数据产品化。头部农村中小银行应当在自身数据治理完备的基础上，进一步利用数据优势探索消费金融、供应链金融的反向定制。

2. 中部梯队不断借鉴追赶，提高数字化赋能行业水平

中部农村中小银行梯队是最急需数字化赋能乡村振兴的群体。一方面，根据自身的数字化转型战略与服务乡村振兴规划的目标和需要，形成适合组织自身的认知论和方法论，并明确好与产业链协同的突破口和数字化转型的关键口。另一方面，积极吸收头部梯队的经验，并将之内化为适合自身发展的有效模式，尤其要关注针对已经形成行业共识的标准模式（例如整村授信、便民服务点）的本地化改造和创新，从而提升农村中小银行服务乡村振兴的整体水平。

3. 尾部梯队敢于坚定跳级，升级数字化赋能业务能力

尾部农村中小银行的数字化基础最弱，服务乡村振兴的能力最弱，在选择通过数字化赋能乡村振兴时应当明确"敢于突破、有所侧重"的思路。一方面，应当在战略认知和组织结构上进行"根本性"突破，敲碎传统业务模式路径依赖的"坚冰"，做到一把手负责数字化转型战略和主责部门负责推动，尤其是要坚定数字化赋能乡村振兴的路径。另一方面，在产品、渠道、管理等方面按需选择创新模式，满足尾部农村中小银行所处的发展阶段，逐步过渡到中部和头部梯队的数字化赋能水平。

七、小结

农村金融服务供应链与乡村产业供应链"双链联动"也是两条供应链中核心主体的相互联动。所以四大抓手的本质是两条链中的核心主体在四个方面的合作模式：一是数据合作，在和数字乡村治理相关

主体的协同中实现数据收集利用；二是产业合作，在和产业链实体企业的协同中实现产业链的数字化、标准化；三是生态合作，在和互联网平台以及科技公司的协同中实现生态中的场景、科技、业务赋能；四是渠道合作，在和乡村服务相关主体的协同中实现渠道的数字化。

为了实现四个方面的合作模式，最需要保障的是作为双链协同基础的"共性基础设施"。一是行业技术基础设施，满足农村中小银行数字化转型的技术需要；二是业务合作基础设施，满足跨区域服务乡村产业链的业务协同需求；三是行业交流基础设施，满足农村中小银行互通有无的典型案例交流需求。

在农村中小银行要真正具体操作双链联动时，应当根据自己的发展阶段、资源禀赋选择合适的发展路径的策略：头部农村中小银行梯队保持探路先行，引领行业数字化赋能新高度；中部梯队不断追赶，提高数字化赋能的整体行业水平；尾部梯队敢于跳级，提升自身数字化赋能业务水平。

第五部分

结　论

金融数字化是电子化、信息化之后的发展新阶段，核心是基于移动通信技术、人工智能、云计算、大数据、区块链等数字科技，对金融机构的技术架构、业务模式和组织管理进行改造，推动数字技术、大数据与金融业务的融合发展，从而创新金融服务供应链，缓解金融服务中的信息不可得、信息不对称和信息不会用的问题，全面释放数据要素的生产力，对内提高金融机构的经营质效，在更高水平实现成本—收益—风险的平衡，对外提升金融服务的覆盖面和客户体验，有助于全面推进普惠金融发展。

1. 金融数字化的"三三二"框架

在发展逻辑上，金融数字化是从"人—货—场"三方面对金融服务供应链进行创新升级。精准定位"人"（用户）的核心在于：精准描绘客户画像、机构画像，从而实现金融机构对存量客户进行分层、对增量客户进行延伸。全面优化"货"（产品和运营）的核心在于：改善反欺诈、评估定价、客户服务等业务环节以及财务、组织等运维管理的质效，从而创新金融产品和服务、推动运营降本增效。无界融合"场"（场景和场所）的核心在于：打破传统金融服务的场景和渠道的限制，既创新线上渠道和非金融场景，又推动线下网点智慧升级，从而促进线上线下渠道的融合、场景服务与金融服务的融合。金融数字化是推动"产业—科技—金融"良性循环的有效抓手，也是金融体系与实体经济融合发展的必经之路。

在运行模式上，金融数字化转型遵循"三维框架"：主体维度金融机构、金融客户和数字科技公司的合作联动，要素维度用户、产品和场景的创新升级，运行维度业务、资金和数据的实施交互。在数字科技公司主导的模式下，金融服务的业务流、资金流和数据流出现了向拥有客户、数据、技术优势的数字科技公司和少量大型金融机构集中的趋势；随着"金融的归金融，科技的归科技，数据的归征信"监管框架的确立，"三流集中"式的运行模式正在向"分流交互"的模式转变。在新的"分流交互"运行模式下：金融机构将专注在采用数字化的方式实现金融业务的高效经营管理，而数字科技公司则将专注在通过为金融机构提供数字技术、数据治理等手段和方案参与金融数字化。

在内外联动上，业务经营数字化和运营管理数字化的高效联动才能从根本上强化金融机构数字化转型的"内生动力"，推动数字化不断迭代升级。实践中，很多金融机构的数字化转型缺乏明确的内外联动框架，陷入了数字化转型的误区，对数字化的作用过于乐观，对数据驱动的重视不够，对数字化框架理解不深，制约了数字化转型的效果。金融机构数字化转型"内外联动"的核心是要实现业务经营数字化和运营管理数字化"人—货—场"框架的映射联动，关键是要发挥策略方案的"桥梁作用"，在内部数字化发展过程中通过技术迭代促进策略模型的沉淀，在外部数字化应用过程中通过业务发展提升策略模型的适配度。

2. 金融数字化的四大发展趋势

政策趋势：引导金融数字化向"金融体系全面数字化转型"聚力。主体层面从金融科技公司主导转向持牌金融机构数字化主导；动力层面从注重科技创新转向注重数据赋能；客户层面从个人服务转向更加注重企业服务；业务层面更加重视普惠和绿色金融补短板；监管层面金融科技监管全面化和监管工具机制数字化并进。

产业趋势：相对于 C 端服务数字化，B 端金融服务数字化发展前景更大。金融科技是实现"科技—产业—金融"高水平循环的重要途径，随着大数据、人工智能、区块链、云计算等新技术的深入应用，未来"供应链金融科技"将在缓解中小微企业融资难融资贵现象,提升中国产业链供应链的韧性方面发挥更大的作用,未来发展空间更加值得期待。

技术趋势:技术创新更加注重提升金融服务供应链的效率、成本和体验。通过人工智能、大数据、区块链、云计算等各项数字技术的多元融合,金融数字化以"核心技术创新赋能 + 适配金融服务需求"的方式形成场景化、通用化、模块化的数字化金融服务供应链体系,从而实现赋能金融服务供应链、填补行业发展洼地的目标。

生态趋势:金融机构与 BigTech 共建开放生态是数字化发展的必然要求。BigTech(具有技术优势和渠道优势的大型科技公司)是金融数字化的同行者,扮演了金融科技服务商和数字科技服务商等诸多角色,提升了金融生态的丰富性。此外,近年来拥有实体性、科技性、生态性和网络性的新型实体企业快速发展,利用自身的产业生态、数据优势和科技能力,推动金融数字化依照"金融 + 科技 + 产业 + 生态"的模式快速发展。

3. 农村中小银行数字化转型的五点建议

农村中小银行作为农村金融服务和乡村振兴服务的主力金融机构,在组织架构、管理模式、运行机制、经营区域、服务对象等方面具有很大的差异性,其数字化转型需要在"三三二"框架的基础上,利用好自己的优势,因地制宜。

从趋势来看,农村中小银行加快数字化转型势在必行。具体而言,数字化转型是农村中小银行应对大型银行、股份制银行、互联网平台以及科技公司外部冲击与自身内部服务创新供给能力不足压力的战略选择,也是农村中小银行落实国家战略的重要途径和农村中小银行改革的应有之意。在当前的大环境、大趋势下,农村中小银行的数字化转型不是要不要转的问题，而是要多快转、怎么转的问题。

从实践来看，农村中小银行的数字化转型探索形成了"三大梯队"：头部省联社和农商行数字化转型认识早、启动快，正在全方面探索推进，并开始取得成效；中部省联社和农商行也开始制定数字化规划、明确了重点任务，正在从信息化向数字化迈进，处于"边修路、边跑车"状态；尾部省联社和农商行尚处于信息化阶段，缺少自上而下的共识，尚未没有形成统一的数字化转型战略和规划。

从差距来看，农村中小银行推进数字化转型存在"五大差距"：省联社/省农商行数字化人才积累少，二级法人行社人才吸引力更弱；省联社/省农商行数字化技术积累少，二级法人行社技术基础更薄弱；省联社/省农商行技术服务针对性不足，二级法人行社业务与技术融合慢；省联社/省农商行数字化组织不完善，二级法人行社的组织更不健全；省联社/省农商行数字化资源投入难，二级法人行社更缺乏资源保障。

从挑战来看，农村中小银行的数字化转型面临"四大挑战"：组织上体制机制"双层性"（省级联社与二级法人行社）与数字化转型"一条心"的协调，技术上技术升级需求大与技术供给能力弱的落差，业务上线上化、智能化转型与客户服务渠道的统一，数据上数据利用要求高与数据治理能力弱的错配。

建议一：在战略规划上，农村中小银行的数字化转型方案需要"走一步、看三步"。农村中小银行数字化转型要坚持对内提升质效、对外改善服务的双重目标，要坚持目标导向和问题导向统一的对接思路，要注重方向统一和动态调整协调的设计理念。战略设计不能照搬大中型银行的做法，而是要结合自己的发展阶段、资源禀赋、服务对象做好差异化安排，战略方案要注重模块化、伸缩化、扩展化。

建议二：在框架搭建上，农村中小银行数字化转型应统筹做好技术、业务和组织的协同。打造省联社（省农商行）"功能型平台"，实现业务与数据、业务与技术、技术与数据之间的高效联动。建设"业务中台",最大化推动业务数字化、智能化发展;建设"技术中台",打造全行级可复用技术平台;建设"数据中台",全面释放数据在数字化转型中的生产力;建设"风控中台",在更高水平统筹"降成本—提效率—控风险"。

建议三:在推进机制上,农村中小银行数字化转型要当作"一把手"工程,顶层决策、顶层设计、顶层推动。农村中小银行数字化转型是系统工程,推进机制需要综合利用行政化手段和市场化机制,统筹做好资源联动、价值联动和机制联动;根据自身发展阶段、业务经营模式、技术积累基础情况,做好技术转型与业务转型的协同;做好数字化转型过程评估,重点考察业务与技术融合程度、数据征集和治理效果、数字化资源投入产出、客户体验与满意程度。

建议四:在实施路径上,农村中小银行数字化转型不能"依葫芦画瓢"。农村中小银行要根据自身发展阶段、资源禀赋选择不同的实施路径:头部梯队应注重数据驱动作用,持续探索数字化的前沿和边界;中部梯队应注重业务运营,同时不断补足组织管理和技术架构短板;尾部梯队应注重先战略、组织,后技术、运营的顺序推进数字化转型。

建议五:在战术方案上,农村中小银行数字化转型依循"五大战术方案和应对策略"。一是把"大平台、小法人"打造为"技术供应商+业务实施方",在政策允许时,将省联社(省农商行)技术部门改组成立科技公司或科技中心,二级法人行社负责具体的数字化业务改革与创新;二是借助互联网平台以及科技公司塑造农村中小银行自己的技术和业务能力;三是把多元、分散的线下网点打造为数字化生态入口;四是通过数据管理平台将"沉没信息"转化为"生产要素";五是基于"农金30人论坛"打造数字化转型行业协同机制,凝聚数字化转型的合力。

4. 金融数字化赋能乡村振兴重在"双链联动"

产业振兴是全面乡村振兴的排头兵，金融数字化转型赋能乡村振兴的关键是实现金融服务供应链与乡村产业供应链的"双链联动"：金融服务供应链和乡村产业供应链协同利用共性基础设施、共享数字技术能力和数据处理能力，在两条供应链的各个环节推动客户、渠道、场景的联动，从而实现农村金融服务供应链和乡村产业供应链的相互促进与质效提升，以产业振兴带动全面乡村振兴。

近年来，我国农村金融发展相对滞后，有机构体系不丰富、法律制度不健全、基础设施不完善、支持政策不到位等多方面的原因，但根本原因在于农村金融服务供应链上各个环节（产品、营销、风控、支付、贷后）良莠不齐，且前后环节之间没有形成良性协同；同时，金融服务供应链循环不畅源于与乡村产业供应链缺乏协同，农村中小银行的金融服务无法有效匹配乡村产业供应链差异大、跨区域的金融需求。

从发展实践看，金融数字化转型赋能乡村振兴的"双链联动"模式切实可行。在政策的引导下，当前已有一些金融机构制定了数字化转型赋能乡村振兴的战略规划和组织安排，在人才招纳、技术升级、产品创新、数据治理等方面已经做了大量的准备，为"双链联动"提供了战略支撑；与此同时，金融机构在数字化转型赋能乡村振兴方面已经探索出助农服务站（又称金融驿站）、本地乡村产业链金融服务、整村授信、线下网点智能化改造与移动展业、银政企合作、金融村官六类典型模式，为"双链联动"提供了业务支撑。

从联动基础看，金融数字化转型和数字乡村振兴建设具有三个方面协同性。一是共性基础设施协同，主要是硬件基础设施和软件信息基础设施、应用支撑平台的"软硬"协同；二是数据驱动协同，主要是数据收集、治理、应用驱动的"全流程"协同；三是技术赋能协同，主要是单一数字科技业务赋能和统一信息系统集成赋能的"点面"协同。

从战略实施看，数字化赋能农村金融服务供应链与乡村产业供应链"双链联动"需要用好四大抓手。一是数据抓手，与数字乡村治理协同，强化数据收集利用；二是产业抓手，与核心实体企业协同，强化供应链金融服务能力；三是生态抓手，与互联网平台以及科技公司协同，提升生态、场景、科技赋能；四是渠道抓手，与乡村服务下沉协同，渠道联动、线下网点、移动服务、金融村官是重点。

从战略保障看，数字化赋能农村金融服务供应链与乡村产业供应链"双链联动"，需要打造三大基础设施。一是行业技术基础设施，满足农村金融机构特别是农村中小银行数字化转型的技术需要；二是业务合作基础设施，满足中小金融机构服务乡村跨区域产业链的业务协同需求；三是行业交流基础设施，满足农村中小银行互通有无的典型案例交流需求。

参考文献

中文文献

著作

1. 陈辉. 金融科技：框架与实践［M］. 北京：中国经济出版社，2018.

2. 付晓岩. 银行数字化转型［M］. 北京：机械工业出版社，2020.

3. 郭立仑. 银行数字化转型路线图：一套系统的数字化解决方案［M］. 北京：机械工业出版社，2022.

4. 京东数字科技研究院. 数字金融［M］. 北京：中信出版社，2019.

5. 李伟. 中国金融科技发展报告（2019）［M］. 北京：社会科学文献出版社，2019.

6. 李伟. 中国金融科技发展报告（2020）［M］. 北京：社会科学文献出版社，2020.

7. 李伟. 中国金融科技发展报告（2021）［M］. 北京：社会科学文献出版社，2021.

8. 李勇坚，王弢. 中国"三农"互联网金融发展报告（2016）［M］. 北京：社会科学文献出版社，2017.

9. 李勇坚，王弢. 中国"三农"互联网金融发展报告（2017）［M］. 北京：社会科学文献出版社，2018.

10. 李兆前. 走向更加广阔舞台的中国民营经济："十四五"民营经济发展战略规划研究［M］. 北京：中国财政经济出版社，2021.

11. 孙国峰. 金融科技时代的地方金融监管［M］. 北京：中国金融出版社，2019.

12. 沈建光，金天，龚谨，等. 产业数字化［M］. 北京：中信出版社，2020.

13. 深圳发展银行，中欧国际工商学院"供应链金融"课题组. 供应链金融：新经济下的新金融［M］. 上海：上海远东出版社，2009.

14. 肖钢，等. 中国智能金融发展报告（2020）［M］. 北京：中国金融出版社，2020.

15. 谢平，刘海二. 金融科技与监管科技［M］. 北京：中国金融出版社，2019.

16. 谢平，邹传伟. 互联网金融风险与监管［M］. 北京：中国金融出版社，2017.

17. 徐忠，孙国峰，姚前. 金融科技：发展趋势与监管［M］. 北京：中国金融出版社，2017.

18. 徐忠，邹传伟．金融科技：前沿与趋势［M］．北京：中信出版社，2021.

19. 杨涛，李鑫，赵亮．金融科技与支付变革——技术、模式与账户［M］．北京：中国社会科学出版社，2019.

20. 杨涛．数据要素 领导干部公开课［M］．北京：人民日报出版社，2020.

21. 杨涛．开放金融．理论、实践与监管［M］．北京：社会科学文献出版社，2020.

22. 张承惠，潘光伟，等．中国农村金融发展报告（2017－2018）［M］．北京：中国发展出版社，2019.

论文与报刊

23. 程华，程伟波．新常态、新经济与商业银行发展转型［J］．金融监管研究，2017.

24. 陈放．乡村振兴进程中农村金融体制改革面临的问题与制度构建［J］．探索，2018.

25. 陈啸，陈鑫．普惠金融数字化对缩小城乡收入差距的空间溢出效应［J］．商业研究，2018.

26. 陈丹，姚明明．数字普惠金融对农村居民收入影响的实证分析［J］．上海金融，2019.

27. 陈文辉．金融产业数字化转型的几点思考［J］．中国金融，2020.

28. 蔡兴，蔡海山，赵家章．金融发展对乡村振兴发展影响的实证研究［J］．当代经济管理，2019.

29. 蔡普华，汪伟，郑颖，等．金融科技发展与商业银行数字化转型：影响与建议［J］．新金融，2021.

30. 董昀，李鑫．中国金融科技思想的发展脉络与前沿动态：文献述评［J］．金融经济学研究，2019.

31. 董晓林，朱晨露，张晔．金融普惠、数字化转型与农村商业银行的盈利能力［J］．河海大学学报（哲学社会科学版），2021.

32. 董春晓，徐晟．"双碳"目标下的绿色金融赋能乡村振兴研究［J］．社会科学动态，2022.

33. 邓建鹏，马文洁．大数据时代个人征信市场化的法治路径［J］．重庆大学学报（社会科学版），2021.

34. 冯兴元，孙同全，韦鸿．乡村振兴战略背景下农村金融改革与发展的理论和实践逻辑［J］．社会科学战线，2019.

35. 葛笑如，刘硕．十九大以来的乡村振兴研究文献综述［J］．山西农业大学学报（社会科学版），2019．

36. 葛和平，钱宇．数字普惠金融服务乡村振兴的影响机理及实证检验［J］．现代经济探讨，2021．

37. 郭晓蓓，邓宇，施元雪．商业银行数字化转型路径［J］．中国金融，2020．

38. 龚强，班铭媛，张一林．区块链、企业数字化与供应链金融创新［J］．管理世界，2021．

39. 韩科飞，蔡云杰．农村金融约束研究——基于信息技术、社会约束机制以及生产生活特点角度分析［J］．金融经济，2016．

40. 韩国强．金融服务乡村振兴战略的思考［J］．农村金融，2018．

41. 黄益平，黄卓．中国的数字金融发展：现在与未来［J］．经济学（季刊），2018．

42. 黄益平，王敏，傅秋子，等．以市场化、产业化和数字化策略重构中国的农村金融［J］．国际经济评论，2018．

43. 何广文，刘甜．基于乡村振兴视角的农村金融困境与创新选择［J］．学术界，2018．

44. 何婧，李庆海．数字金融使用与农户创业行为［J］．中国农村经济，2019．

45. 胡晓峰．农业供应链金融数字化转型的实践及其推进思路［J］．西南金融，2021．

46. 蒋远胜，徐光顺．乡村振兴战略下的中国农村金融改革——制度变迁、现实需求与未来方向［J］．西南民族大学学报（人文社科版），2019．

47. 姜松，周鑫悦．数字普惠金融对经济高质量发展的影响研究［J］．金融论坛，2021．

48. 李健．场景化金融时代商业银行的数字化转型趋势及策略［J］．武汉金融，2017．

49. 李健．互联网金融2.0时代商业银行应用大数据部署数字化营销的策略研究［J］．现代管理科学，2017．

50. 李创，吴国清．乡村振兴视角下农村金融精准扶贫思路探究［J］，西南金融，2018．

51. 李国英．乡村振兴战略视角下现代乡村产业体系构建路径［J］．当代经济管理，2019．

52. 李小青，何玮萱，霍雨丹，等．数字化创新如何影响企业高质量发展——数字金融水平的调节作用［J］．首都经济贸易大学学报，2022．

53. 刘新海．数字金融下的消费者信用评分现状与展望［J］．征信，2020．

54. 刘鹤．必须实现高质量发展［N］．人民日报，2021．

55. 刘春航．金融科技与银行价值链的重塑［J］．金融监管研究，2021．

56. 刘春航．积极稳妥实施银行业保险业数字化转型战略［J］．中国银行业，2021．

57. 雷健雄，张彧通．银行数字化用户经营的解决之道［N］．金融时报，2019．

58. 申云，李京蓉，杨晶．乡村振兴背景下农业供应链金融信贷减贫机制研究［J］．西南大学学报（社会科学版），2019．

59. 沈建光，朱太辉．金融数字化进阶之路［J］．中国银行业，2020．

60. 沈建光，朱太辉，张彧通．Big Tech 与金融数字化变革［J］．当代金融家，2020．

61. 沈建光，朱太辉，张彧通．互联网贷款新规守正出新［J］．北大金融评论，2020．

62. 沈建光，朱太辉，张彧通．农村中小银行数字化转型的方向与路径［J］．中国农村金融，2021．

63. 沈建光，朱太辉，张彧通．"双链联动"是乡村振兴的金融之路［J］．北大金融评论，2022．

64. 唐文进，李爽，陶云清．数字普惠金融发展与产业结构升级——来自 283 个城市的经验证据［J］．广东财经大学学报，2019．

65. 唐宇，龙云飞，郑志翔．数字普惠金融的包容性经济增长效应研究——基于中国西部 12 省的实证分析［J］．西南金融，2020．

66. 唐松，李青，吴非．金融市场化改革与企业数字化转型——来自利率市场化的中国经验证据［J］．北京工商大学学报（社会科学版），2022．

67. 唐松，苏雪莎，赵丹妮．金融科技与企业数字化转型——基于企业生命周期视角［J］．财经科学，2022．

68. 吴比，张灿强．实施乡村振兴战略对农村金融的需求［J］．农村金融研究，2017．

69. 吴江羽．金融科技背景下金融数据监管法律框架构建［J］．西南金融，2020．

70. 吴文婷，欧阳敏姿，陈会雄．数字化时代银行小微金融服务创新研究［J］．金融与经济，2021．

71. 王鹏虎．商业银行数字化转型［J］．中国金融，2018．

72. 王康仕，孙旭然，张林曦．金融数字化是否促进了绿色金融发展？——基于中国工业上市企业的实证研究［J］．财经论丛，2020．

73. 王四春，许雪芳．推进绿色金融助力乡村振兴［J］．人民论坛，2020．

74. 王诗卉，谢绚丽．经济压力还是社会压力：数字金融发展与商业银行数字化创新［J］．经济学家，2021．

75. 王雁飞，周茂青．我国数字金融发展的内生动力、现实挑战和政策建议［J］．金融理论探索，2022．

76. 汪小亚，李洪树．提升乡村振兴金融服务能力［J］．中国金融，2021．

77. 谢治春，赵兴庐，刘媛. 金融科技发展与商业银行的数字化战略转型［J］. 中国软科学，2018.

78. 许玉韫，张龙耀. 农业供应链金融的数字化转型：理论与中国案例［J］. 农业经济问题，2020.

79. 星焱. 农村数字普惠金融的"红利"与"鸿沟"［J］. 经济学家，2021.

80. 尹应凯，彭兴越. 数字化基础、金融科技与经济发展［J］. 学术论坛，2020.

81. 尹振涛，李俊成，杨璐. 金融科技发展能提高农村家庭幸福感吗？——基于幸福经济学的研究视角［J］. 中国农村经济，2021 年.

82. 杨涛. 商业银行数字化转型的重点与路径分析［J］. 农村金融研究，2019.

83. 杨林，邹江. 绿色金融助推乡村振兴的内在机理与逻辑框架［J］. 西南金融，2019.

84. 杨竑. 金融科技助力行业数字化转型［J］. 中国金融，2021.

85. 杨望，魏志恒. 金融科技：发展背景、国际现状及未来展望［J］. 国际金融，2022.

86. 周小川. 信息科技与金融政策的相互作用［J］. 中国金融，2019.

87. 周小川. 信息科技的发展与基层银行的前景［J］. 中国金融，2022.

88. 周孟亮. 脱贫攻坚、乡村振兴与金融扶贫供给侧改革［J］. 西南民族大学学报（人文社科版），2020.

89. 朱太辉. Fintech 的潜在风险与监管应对研究［J］. 金融监管研究，2016.

90. 朱太辉. 我国 Fintech 发展演进的综合分析框架［J］. 金融监管研究，2018.

91. 朱太辉. 企业融资难融资贵问题的根源和应对研究——一个系统分析框架［J］. 金融与经济，2019.

92. 朱太辉. 金融数字化蝶变［J］. 金融与经济，2020.

93. 朱太辉. 智能金融发展的潜在风险与监管应对［J］. 国际金融，2020.

94. 朱太辉. 金融科技破解小微企业金融服务困局［J］. 金融理论探索，2020.

95. 朱太辉，龚谨，张夏明. 助贷业务的运作模式、潜在风险和监管演变研究［J］. 金融监管研究，2019.

96. 朱太辉，张彧通，张夏明，等. 助贷业务的主要争论和解决方案研究［J］. 金融与经济，2020.

97. 朱太辉，龚谨. 助贷业务监管演进的逻辑与建议［J］. 中国银行业，2020.

98. 朱太辉，龚谨，张彧通. 助贷业务的监管框架和转型方向研究［J］. 金融与经济，2021.

99. 朱太辉，马晓．金融科技企业如何在开放金融中创新发展［J］．银行家，2020.

100. 朱太辉，张夏明．中台模式加速银行敏捷化转型［J］．中国农村金融，2020.

101. 朱太辉，张彧通．消费金融数字化加速国内大循环［J］．金融世界，2020.

102. 朱太辉，张彧通．金融数字化的发展逻辑［J］．中国金融，2021.

103. 朱太辉，张彧通．农村中小银行数字化转型研究［J］．金融监管研究，2021.

104. 朱太辉，张彧通．美国助贷业务的经营模式与发展演变［J］．国际金融，2021.

105. 朱太辉，张彧通．美国征信监管与助贷业务发展研究［J］．国际金融，2021.

106. 朱太辉，张彧通．"十四五"时期金融科技发展变化及策略研究［J］．金融时报，2022.

107. 朱太辉，张彧通．金融数字化的运行模式［J］．金融发展研究，2022.

108. 朱太辉，张彧通．金融机构数字化转型如何高质量推进？——基于内外联动框架的研究［J］．金融与经济，2022.

109. 朱太辉，张彧通．农村中小银行数字化转型赋能乡村振兴研究——兼论"双链联动"模式创新［J］．南方金融，2022.

110. 朱太辉，张彧通．农金数字化撬动双链联动赋能乡村振兴［J］．中国农村金融，2022.

111. 张彧通．互联网金控企业的特点与风险［J］．金融市场研究，2018.

112. 张林，温涛．农村金融发展的现实困境、模式创新与政策协同［J］．财经问题研究，2019.

113. 张磊，吴晓明．数字化金融缓解中小企业融资约束的机制、困境与对策分析［J］．理论探讨，2020.

114. 张继刚．传统金融行业如何走好数字化转型之路［J］．中国农村金融，2020.

115. 张烨宁，王硕．金融科技对商业银行数字化转型的影响机制——基于中介效应模型的实证研究［J］．武汉金融，2021.

116. 张黎娜，苏雪莎，袁磊．供应链金融与企业数字化转型——异质性特征、渠道机制与非信任环境下的效应差异［J］．金融经济学研究，2022.

117. 赵洪丹，朱显平．农村金融、财政支农与农村经济发展［J］．当代经济科学，2015.

118. 赵丹丹．我国商业银行普惠金融数字化转型研究［J］．西南金融，2020.

119. 赵丹丹．国内外领先银行数字化转型的实践与启示［J］．新金融，2021.

120. 钟成林，胡雪萍．科技金融数字化对科技型中小企业融资能力影响研究——基于异质性实现形式视角［J］．重庆大学学报（社会科学版），2020.

课题报告

121. 波士顿咨询，平安银行．中国开放银行白皮书［R］．2021.

122. 百信银行，安永咨询．产业数字金融研究报告（2021）［R］．2021.

123. 京东金融．智能金融白皮书［R］．2018.

124. 京东金融．区块链金融应用白皮书［R］．2018.

125. 京东科技，IDC．中国区域性银行数字化转型白皮书［R］．2020.

126. 京东科技，IDC．区域银行数字化转型与支持乡村振兴白皮书［R］．2021.

127. 交通银行．隐私计算金融应用蓝皮书［R］．2022.

128. 金融数字化发展联盟，银联数据．2021消费金融数字化转型主题调研报告［R］．2021.

129. 金融数字化发展联盟，银联数据．2021年中国区域性银行信用卡业务研究报告［R］．2021.

130. 零壹智库．核心技术崛起．中国金融信创产业发展报告（2021）［R］．2022.

131. 麦肯锡．全球资管行业数字化转型战略蓝图与实践［R］．2020.

132. 麦肯锡．开启全速数字化经营——打造银行新的增长工厂［R］．2020.

133. 麦肯锡．Fintech 2030：全球金融科技生态扫描［R］．2021.

134. 浦发银行，IBM，中国信通院．商业银行数据资产管理体系建设实践报告［R］．2021.

135. 上海长三角商业创新研究院，上海金融与发展实验室．长三角中小银行数字化转型白皮书［R］．2021.

136. 肖钢，等．中国金融四十人论坛重大课题：中国智能金融发展报告（2020）［R］．2021.

137. 中国人民银行金融消费权益保护局．中国普惠金融指标分析报告（2020年）［R］．2020.

138. 中国人民银行金融信息化研究所．金融业数字化转型发展报告（2020—2021）［R］．2022.

139. 中国人民大学．开放银行全球发展报告［R］．2020.

140. 中国社会科学院财经战略研究院，农业农村部信息中心和京东科技．数智乡村白皮书（2021）［R］．2021.

141. 中国农金30人论坛，京东科技研究院．农村中小银行数字化转型——方向、挑战与路径［R］．2020.

142. 中国农金30人论坛，京东科技研究院．农村中小银行数字化转型赋能乡村振兴研究［R］. 2021.

143. 中国金融认证中心. 中国电子银行调查报告［R］. 2020.

144. 中国金融认证中心. 中国数字金融调查报告［R］. 2021.

145. 中国互联网络信息中心. 第 50 次中国互联网络发展状况统计报告［R］. 2022.

146. 中国互联网金融协会，新华社瞭望智库. 中国商业银行数字化转型调查研究报告［R］. 2019.

147. 中国互联网金融协会，KPMG. 金融科技企业首席洞察报告［R］. 2021.

148. 中国信通院. "5G＋金融" 应用发展研究报告（2020 年）［R］. 2020.

149. 中国信通院. 中国金融科技生态白皮书（2020 年）［R］. 2020.

150. 中国信通院. 中国金融科技生态白皮书（2021 年）［R］. 2021.

151. 中国信通院. 金融人工智能研究报告（2022 年）［R］. 2022.

152. 中国信通院，京东科技. 金融云行业趋势研究报告（2021 年）［R］. 2021.

153. 中国信通院，平安银行. 物联网金融研究报告（2022 年）［R］. 2022.

154. 中国银行业协会. 中国银行业理财业务发展报告［R］. 2021.

155. 中国工商银行金融科技研究院. 数据驱动银行发展模式创新［R］. 2022.

156. 中国工商银行金融科技研究院，中国移动通信集团有限公司政企事业部. 5G 时代银行创新白皮书［R］. 2020.

157. 中国工商银行软件开发中心. 商业银行数字化转型的现状趋势与对策建议［R］. 2021.

158. 中国光大银行，普华永道. 商业银行数据战略白皮书［R］. 2021.

159. 中国银联技术管理委员会开放银行工作组. 开放银行数据保护与合规研究报告［R］. 2021.

160. 中关村互联网金融研究院. 中国金融科技和数字普惠金融发展报告（2022）［R］. 2022.

161. 中小银行联盟，金融壹账通和埃森哲. 中小银行金融科技发展研究报告（2019）［R］. 2019.

162. 中小银行联盟，金融壹账通和金融科技 50 人论坛. 中小银行金融科技发展研究报告（2020）［R］. 2020.

163. 中小银行联盟，金融壹账通和金融科技 50 人论坛. 中小银行金融科技发展研究报告（2021）［R］. 2021.

164. IBM. 平台经济中的银行业［R］. 2020.

165. IBM. 商业银行数字化转型［R］. 2021.

166. IBM. 数据要素视角下的商业银行数字化转型行动方略［R］. 2022.

167. KPMG，微众银行. 透镜 OPTIC：定义未来银行［R］. 2020.

168. KPMG，腾讯云. 区域性银行数字化转型白皮书［R］. 2021.

英文文献

169. Accenture. Accenture Insight Banking 2016：Next Generation Banking［R］. 2012.

170. Barclays. Payments & Fintech The Transition to Cash – Light Societies［R］. 2020.

171. BCG. BCG Retail Banking［R］. 2018.

172. BIS. Sound Practices：Implications of Fintech Developments for Banks and Bank Supervisors［R］. 2018.

173. BIS, IOSCO. Principles for financial market infrastructures：disclosure framework and assessment methodology［R］. 2012.

174. CGFS, FSB. Fintech credit market structure, business models and financial stability implication［J］. 2017.

175. Citi. Bank of the future：the abcs of digital disruption in finance［R］. 2018.

176. European banking authority. Discussion paper on the EBA's approach to financial technology（Fintech）［R］. 2017.

177. Emily B, Martin K, Leora F K. Learning to navigate a new financial technology：evidence from payroll accounts［J］. NBER Working Paper 28249, 2020.

178. Erik F, Jon F, Leonardo G, et al. Fintech and the digital transformation of financial services：implications for market structure and public policy［J］. BIS Papers, No. 117, 2021.

179. FSB. Fintech and market structure in financial services：market developments and potential financial stability implications［J］. 2019.

180. Greg B, Gregor M, Tomasz P, et al. Fintech, regulatory arbitrage, and the rise of shadow banks［J］. NBER Working Paper 23288, 2017.

181. GAO. Financial technology：agencies should provide clarification on lenders´use of alternative data［R］. 2019.

182. GAO. Privacy：federal financial regulators should take additional actions to enhance their protection of personal information［R］. 2022.

183. Gartner. Top strategic technology trends for 2022［R］. 2022.

184. Harish N, Solvej K, Helen G. Distributed ledger technology and blockchain［J］. World Bank Working Paper on Fintech Note, No. 1, 2017.

185. IBM. Digital banking reinvention executive report [R]. 2017.

186. IFC. Merchant payments digital financial services [R]. IFC Handbook, 2020.

187. IFC. Technology and digitization in supply chain finance [R]. IFC Handbook, 2020.

188. IFC. The emergence of new data ecosystems in financial services – recent developments in South East Asia [J]. IFC Discussion Paper, 2021.

189. IMF. Financial access survey – 2021 trends and developments report [R]. 2021.

190. IOSCO. Decentralized finance report [R]. 2022.

191. Johannes E, Denise G O, Camila Q V. Regulating Fintech financing: digital banks and Fintech platforms [J]. FSI Insight On Policy Implementation No. 27, 2020.

192. Jermy P, Jeffery Y. Humans keeping AI in check – emerging regulatory expectations in the financial sector [J]. FSI Insights On Policy Implementation No. 35, 2021.

193. Juan C C, Katharina K, Jermy P, et al. From data reporting to data – sharing: how far can Suptech and other innovations challenge the status quo of regulatory reporting? [J]. Fsi Insights On Policy Implementation No. 29, 2020.

194. Juan C C, Johannes E, Marcos F. Big techs in finance: regulatory approaches and policy options [J]. FSI Briefs, No. 12, 2021.

195. J. P. Morgan. Digital transformation and the rise of Fintech: blockchain, bitcoin and digital finance [R]. 2021.

196. Karen G M, Brayden M. The state of small business lending: innovation and technology and the implications for regulation [J]. Harvard Business School working paper, 2016: 17 – 42.

197. Luigi W, Jeo L, Michael C T. Disruptions and digital banking trends [J]. Journal of Applied Finance & Banking, vol. 10, No. 6, 2020.

198. Mckinsey & Company. Strategic choices for banks in the digital age [R]. 2015.

199. Mckinsey & Company. Payments: on the crest of the Fintech wave [R]. 2017.

200. Marco D M, Vincent Y. Fintech borrowers: lax – screening or cream – skimming? [J]. NBER Working Paper 28021, 2020.

201. OCC. Supporting responsible innovation in the federal banking system: an OCC perspective [R]. 2016.

202. Galazoval S S, Magomaeva L R. The transformation of traditional banking activity in digital [J]. International Journal of Economics and Business Administration Volume Vii, Special Issue, 2019.

203. Sylwester K, Bartosz G. Migration of the banking sector to digital banking in Poland [J].

Economic and Regional Studies, Volume 13, No. 3, 2020.

204. SFA, BCG. Digital challenger banks [R] . 2020.

205. S&P Gobal. Market intelligence's annual Fintech market report [R] . 2021.

206. Thomas Philippon. The Fintech opportunity [J] . BIS Working Papers No. 655, 2017.

207. World Bank Group. People's Bank of China. Toward universal financial inclusion in China: models, challenges, and global lessons [R] . 2018.

208. World Bank. Digital financial services [R] . 2020.

209. World Bank Group. Smart contract technology and financial inclusion [J] . World Bank Working Paper On Fintech Note, No. 6, 2020.